BASTEI
LÜBBE

Über die Autorin:

Maryam Ansary wurde 1959 in Teheran geboren. Sie wuchs in einer bürgerlichen Familie auf und studierte Physik, obwohl ihr Kunst doch viel lieber gewesen wäre. Die politischen Umstände zwangen sie 1983 zur Flucht aus dem Iran. Heute lebt sie in Hannover, sie arbeitet hier als Journalistin für den Deutschlandfunk und den WDR.

Maryam Ansary

Flieh, bevor der Morgen graut

Die Geschichte einer iranischen Frau

BASTEI LÜBBE

BASTEI LÜBBE TASCHENBUCH
Band 61567

1. Auflage: Juni 2005
2. Auflage: Dezember 2007

Vollständige Taschenbuchausgabe der im Ehrenwirth Verlag
erschienenen Hardcoverausgabe

Bastei Lübbe Taschenbücher und Ehrenwirth Verlag
in der Verlagsgruppe Lübbe

Lektorat: Anne Bubenzer
Titelbild: © Michael S. Yamashita/CORBIS,
Reiner Diart (Fotograf), Köln
Umschlaggestaltung: Bianca Sebastian
Satz: Bosbach Kommunikation & Design GmbH, Köln
Druck und Verarbeitung: Bercker GmbH & Co. KG, Kevelaer
Printed in Germany
ISBN 978-3-404-61567-4

Sie finden uns im Internet unter
www.luebbe.de
Bitte beachten Sie auch: www.lesejury.de

Der Preis dieses Bandes versteht sich einschließlich
der gesetzlichen Mehrwertsteuer.

ERKLÄRUNG

Dieser Bericht basiert auf einer wahren Geschichte. Namen und Daten der genannten Personen wurden zu deren persönlicher Sicherheit geändert.

Aufbruch

Die geliehenen Kleider könnten mich leicht verraten. Sie sitzen nicht richtig. Jedes geschulte Wächterauge muss sofort erkennen, dass ich keine Kurdin bin.

Der Busbahnhof im Westen Teherans ist voll von Reisenden, die mit ihrem Gepäck über diesen riesigen Asphaltplatz zwischen den großen Wartehallen hin und her laufen. Jedes Mal, wenn ein neuer Bus ankommt oder zur Abfahrt bereitsteht, verbreitet sich eine Geschäftigkeit wie in einem Ameisenhaufen. In der Mitte der Wartesäle sind Metallstühle aufgereiht. Voll besetzt von Frauen mit Kindern und von älteren Leuten, zu deren Füßen unzählige Koffer, Taschen oder primitiv zusammengeschnürte Bündel aufgetürmt sind. Vor den Ticketschaltern haben sich inzwischen endlose Schlangen gebildet. Hier drinnen ist die Luft kaum zu ertragen. Ich ziehe es vor, draußen zu warten.

Unter den Vordächern der kleinen Imbissstände sammeln sich die Menschen, die vor der sengenden Sonne Schutz suchen und einen kalten Granatapfelsaft oder eine *Phalude* bestellen. *Phalude* ist ein Getränk, das aus Süßmelone, Eis und Zucker gemischt und in gigantischen Gläsern ausgeschenkt wird. Gierig trinke ich ein Glas davon und beobachte das Treiben um mich herum. Im Spiegelbild der großen Glaswand des Wartesaals fließt das Gewimmel von drinnen und draußen ineinander.

An den meisten Haltestellen stehen die Leute dicht gedrängt und vertreiben sich das Warten bis zur Abfahrt ihres Busses mit einem Schwätzchen. Bärtige Männer stehen friedlich da und lassen unablässig ihre Gebetskette, die *Tazbih*, durch ihre Finger gleiten. Einige der Frauen tragen den *Tschador*, ein langes Tuch, das die Haare bedeckt und über die Schultern bis zum Boden reicht. Sie halten die Stoffenden mit den Zähnen fest, um die Hände für ihr Gepäck frei zu haben. Andere tragen ein kleines Kopftuch und einen langen Mantel. Ganz ohne Kopftuch wagt sich keine mehr auf die Straße.

Innerhalb von vier Jahren hat es die islamische Regierung nach der gewaltsamen Machtübernahme geschafft, die Frauen unter den islamischen *Hijab* zu zwingen. Frauen, die ihn verweigern, also ein bisschen mehr von sich zeigen möchten als nur ihr Gesicht, die Hände und ihre Füße, müssen auf der Straße mit gewalttätigen Übergriffen durch Hisbollahwächter rechnen und werden sofort aus ihrem Job entlassen. Die persönliche Freiheit hat sich in die Ecken der Privatsphäre verkrochen, und eine zersetzende Doppelmoral beherrscht das Familienleben. In der Öffentlichkeit und am Arbeitsplatz ist man gezwungen, sich als überzeugter Moslem zu zeigen, während man zu Hause alles, was damit zu tun hat, verdammt.

Immer wieder schaue ich unruhig auf die Uhr. Der Bus nach Baneh steht schon seit einer Weile bereit. Viele der Fahrgäste haben ihr Gepäck verstaut und steigen ein. Der Busfahrer ruft laut: »Nach Baneh, einsteigen bitte!«, um auch die letzten Passagiere auf die Abfahrt aufmerksam zu machen. Ich kann meine Kontaktperson nicht finden. Von Minute zu Minute werde ich nervöser. Ich weiß nur, dass es eine Frau ist, wie sie aussieht, ahne ich nicht. Sie allein hat eine Beschreibung von mir und darf wissen, wer ich bin. Das ist die oberste Sicherheitsregel. Damit sie mich in diesem Gedränge auf jeden Fall erkennen kann, halte ich das vereinbarte Zeichen so auffällig wie möglich in der Hand: ein Päckchen in blauem Geschenkpapier mit einem weißen, gekreuzten Band.

Der Busfahrer ruft zum letzten Mal: »Nach Baneh, einsteigen! Wir fahren jetzt ab!« Sie ist immer noch nicht aufgetaucht. Ich habe das Gefühl, alle anderen können sehen, wie mir vor Aufregung langsam die Luft wegbleibt. Alle scheinen mich plötzlich anzustarren. Die Laute von außen entfernen sich. Mein Herz schlägt so laut, dass ich denke, jeder könnte es hören. Was mache ich bloß? Ich stehe verzweifelt an der Bustür und frage den Fahrer, um Zeit zu gewinnen, ob der Bus über Bijar fährt. »Los, steig ein«, flüstert eine ruhige Stimme nachdrücklich, noch bevor mir der Busfahrer antwortet. Ich wende mich zur Seite. Neben mir steht eine zierliche Gestalt. Was denn? Dieses kleine Ding soll mich beschützen?, schießt es mir plötzlich durch den Kopf. »Beweg dich, bevor noch jemand was merkt«, drängt sie und schiebt mich in den Bus.

»Setzt euch dorthin.« Ruppig verweist uns der Fahrer auf zwei Plätze in der Mitte des Busses, während dieser sich langsam in Bewegung setzt.

Ich mustere meine Begleiterin. Sie ist kaum eine Frau, eher ein Mädchen, vielleicht gerade achtzehn Jahre alt. Und ich? Ich werde bald dreiundzwanzig. Wir werden nicht einmal die erste Kontrolle überstehen, sie werden uns direkt verhaften. Du lieber Gott, wie konnte die Organisation mir das antun?, denke ich. Die Angst macht sich wieder in mir breit. Die Reise werde möglichst gefahrlos arrangiert, hatten mir meine Verbindungsleute versprochen. Aber gibt es etwas Verdächtigeres als zwei junge Frauen, die nicht im Entferntesten wie Kurdinnen aussehen, auf der Strecke nach Kurdistan? Als ich meine Reisegefährtin genauer betrachte, bemerke ich ihr dunkles Gesicht und ihren scharfen Blick. Sie strahlt Stärke aus und langsam erweckt sie doch mein Vertrauen. »Du bist nicht die Erste, die ich heil ans Ziel bringe, falls dich das beruhigt.« Verschmitzt schaut sie mich an, als hätte sie meine Gedanken gelesen.

Der Bus biegt auf die Landstraße ab. Nach wenigen Minuten erreichen wir die Autobahn Richtung Westen. Links und rechts erstrecken sich kahle Hügel, sonst nichts. Es ist drei Uhr nachmittags, Anfang August 1983, und die Luft ist unerträglich heiß. Es riecht nach Schweiß und Gewürzen. Die ungewohnten Kleider kleben mir am Leib, und außerdem riechen sie, als hätten sie jahrelang in einem feuchten, muffigen Keller gelegen. Die Hose ist weit und faltig, darüber trage ich ein langes Kleid, das fast bis zu den Füßen reicht. Und dann dieses große Kopftuch. Ich komme mir so lächerlich vor!

Ich betrachte die Gesichter. Die meisten Reisenden schauen träge aus dem Fenster, so als ob sie von ihrem Nachbarn nichts wissen wollten und lieber an einem anderen Ort wären. Einige reden leise miteinander. Nur die Leute hinter uns sind laut. Eine fünfköpfige Familie mit einem Säugling, der unentwegt weint oder schreit. Um Himmelswillen!, denke ich. Ausgerechnet wir müssen vor dieser Familie mit dem kleinen Schreihals sitzen. Ich werfe der Mutter einen bösen Blick zu. Sie schaut betreten zurück und wiegt das Kind noch schneller im Arm.

Dass der Busfahrer uns diese Plätze zugewiesen hat, verärgert mich zunehmend. Er ist ein großer kräftiger Kurde und hat uns von Anfang an misstrauisch beäugt. Bestimmt hat er auf dieser Strecke schon viele Leute auf der Flucht erlebt. Er weiß vermutlich als Erster, dass mit uns etwas nicht stimmt.

»Wir haben nicht viel Zeit, fangen wir an«, unterbricht meine Begleiterin meine Gedanken. Sie heißt Rojar und ist ab jetzt meine Cousine. Wir fahren zusammen zur Hochzeit ihres Bruders. Und nun sind noch einige Fakten auswendig zu lernen: die Namen unserer Eltern, die Zahl unserer Geschwister, ihre Namen, ihr Alter und ihr Wohnort…, einfach alles, was zwei Cousinen eben voneinander wissen. Nach einer Weile haben wir uns jede Menge Fragen ausgedacht und die Antworten dazu erfunden. Ein »Spiel«, das uns sicher eine halbe Stunde beschäftigt und von der Reise ablenkt. Fast vergesse ich darüber, wie ernst meine Lage eigentlich ist: Ich bin eine Frau. Ich bin eine Oppositionelle. Ich bin auf der Flucht. Tatsache ist und bleibt, dass die besten Antworten Rojar und mir nicht viel helfen können, falls man uns aus dem Bus holen und verhören sollte. Das wissen wir beide, doch wir wollen nicht darüber nachdenken.

Als ich wieder aus dem Fenster schaue, hat sich die Landschaft verändert. Die Gegend erscheint jetzt in zartem Grün. Hier wurden erst vor ein paar Jahren diese kleinen, zerbrechlichen Nadelbäume gepflanzt, um die trockene Luft in Teheran zu verbessern.

Teheran. Zumindest bis heute Morgen war diese Stadt meine Heimat. Doch ich konnte nicht länger bleiben. Es ist zu gefährlich geworden.

Teheran 1983. *Vier Jahre liegt die Revolution gegen den Schah nun zurück. Über den Straßen von Teheran schwebt immer noch der Geruch von Schwefel und Rauch. Noch immer sind Reste von Barrikaden und Brandspuren von Molotow-Cocktails zu sehen. Das Blutvergießen durch die neue islamische Regierung hat deutliche Spuren hinterlassen. »Freiheit« steht an die Häuserwände geschrieben. Mit dieser Parole hatte damals die Revolution angefangen. Jetzt ist sie überklebt von riesigen Plakaten der neuen religiösen Führer, die schief, dreckig und hässlich an jeder freien Fläche hängen. Überall machen Hisbollahwächter Jagd auf Oppositionelle. An fast jeder Straßenkreuzung wird kontrolliert. Die Miliz durchsucht alles: Taschen, Kleidung, manchmal das ganze Auto. Finden sie auch nur ein Blatt aus einer verbotenen Zeitschrift, sieht man sein Zuhause, seine Familie, seine Freunde nie wieder. Bei jeder Kontrolle stockt einem der Atem und der Puls beginnt zu rasen. Und doch haben viele von uns noch immer die Hoffnung, dass dieser Albtraum bald ein Ende hat.*

Der Bus fährt plötzlich langsamer. Wieso schon hier? Mitten auf der Autobahn stehen ein paar Männer. Einer winkt den Bus mit seinem Gewehr raus. Wir halten. Zwei Männer in Hisbollahmiliz-Uniform steigen mit einem Gefangenen in den Bus. Der Junge sieht elend aus. In seinem Blick spiegelt sich eine Mischung aus Angst, Hass und Ratlosigkeit. Das ist der neueste Trick der Regierung: Die Gefangenen, die unter der Folter zusammengebrochen sind, werden als Spürhunde benutzt. Sie sollen nach bekannten Gesichtern suchen und Verschwörer denunzieren. Sie benehmen sich tatsächlich schon wie Hunde. Entdecken sie uns, spüren sie unsere Nähe, wittern sie das Ziel, das auch sie einmal verfolgten?

Der Mann betrachtet jetzt jeden Einzelnen ganz genau. »Kennst du den?«, flüstere ich Rojar zu. Sie schüttelt kaum sichtbar den Kopf. Die Angst pulsiert in meinem Hals. Der Junge zeigt plötzlich nacheinander auf einige junge Männer, die einer der Hisbollahwächter daraufhin aus dem Bus treibt. Aus dem Fenster kann ich sehen, wie sie durchsucht und verhört werden. Ich fühle ein schreckliches Ziehen im Bauch und suche krampfhaft nach einer Fluchtmöglichkeit. Wären die Bäume nur ein bisschen größer, könnte man sich vielleicht zwischen ihnen verstecken.

Auch Rojars Anspannung kann ich spüren, obwohl sie äußerlich ganz ruhig wirkt. Gleich sind wir an der Reihe. Mir stockt der Atem. Der Spürhund will sich gerade uns zuwenden, als sich die Mutter der Familie von hinten herüberbeugt. »Kannst du bitte das Kind kurz mal halten, damit ich ihm etwas zu essen machen kann?« Ohne meine Antwort abzuwarten, reicht sie mir das Baby über die Sitzlehne. Dankbar greife ich nach dem kleinen Wesen, das sofort wieder anfängt zu schreien. Die Wirkung ist verblüffend. Die Männer machen ein säuerliches Gesicht und gehen voller Missbilligung an uns vorbei. Ich presse den Kopf des Kindes an mein Gesicht und finde langsam meinen Atem wieder.

Erst als die Männer den Bus verlassen haben und er wieder losfährt, wage ich, aufzuschauen. Einer der jungen Männer, die kontrolliert wurden, sitzt nicht wieder im Bus. Was werden sie mit ihm machen? Die Antwort darauf will ich mir nicht ausmalen. Noch immer halte ich das Baby. Es schreit nicht mehr. Ich habe vergessen, das Kind zurückzugeben, und wiege es, als ob ich es immer gewiegt hätte. Dann sehe ich den erstaunten Blick der Mutter und lasse es mir abnehmen. Habe ich die Frau womöglich beleidigt, muss ich mich entschuldigen? Ich bleibe still und regungslos sitzen. Langsam wird mir klar, warum der Busfahrer uns auf die Plätze vor der Familie geschickt hat.

Ich schließe meine Augen, atme tief durch und kann kaum glauben, dass ich tatsächlich in diesem Bus sitze und mich auf eine Fahrt ins Ungewisse begeben habe.

Eigentlich war die Reise erst für den nächsten Tag geplant. Ich sollte in diesem Moment bei meinen Eltern sein. Ich sollte mich in aller Ruhe von ihnen verabschieden.

Als ich am Morgen meine Mutter in ihrem Büro aufsuchte, konnte sie vor lauter Sorge kaum mit mir reden. Sie hatte mir Geld für die Reise und für Medikamente gegen meine Herzkrankheit mitgebracht und wollte wissen, wann ich wegmüsse, wie und wohin. »Nur so lange, bis sich die Lage einigermaßen entspannt hat. Ich erzähle euch das alles heute Abend«, versuchte ich, sie zu beruhigen. Meine liebe Mutter! Sie hatte etwa dreißigtausend *Tuman* – damals fast tausend D-Mark – besorgt und fragte unsicher: »Wird dir das reichen?« »Ich weiß es nicht, Mama«, antwortete ich aufrichtig. »Ich weiß es nicht.«

Man hatte mir gesagt, ich würde nur für eine Weile nach Kurdistan geschickt. Vielleicht nur ein paar Monate, bis sich die Organisation von den Niederlagen der letzten Zeit erholt hatte. Danach würde ich wieder nach Teheran zurückkehren. All das wollte ich ihnen erzählen. Später. In Ruhe. Als ich meiner Mutter versprach, abends noch auf Wiedersehen zu sagen, ahnte ich nicht, dass es in den nächsten sieben Jahren nicht dazu kommen würde.

Kaum hatte ich das Büro verlassen, machte ich mich auf den Weg zu einer Verabredung mit Afsaneh, meiner Kontaktperson zur Organisation. Sie kam aufgeregt zu unserem Treffpunkt. »Du hast nur noch ein paar Stunden bis zur Abreise! Später gibt es keine andere Möglichkeit mehr!«, sagte sie, ohne sich näher zu erklären. Sie gab mir eine Tüte, in der ich Kleidung und ein paar geheime Briefe fand, die ich nach Kurdistan transportieren musste. Wunderbar! Mit diesen Briefen trug ich nun mein Hinrichtungsurteil bei mir, falls ich durchsucht würde. Nicht nur auf dem Weg nach Kurdistan würden sie eine große Bedrohung sein, sondern bereits auf den Straßen von

Teheran. Der Ausweis, den sie mir versprochen hatten, fehlte außerdem! Ich solle mich beeilen, war alles, was Afsaneh mir zu sagen hatte. Hals über Kopf verabschiedete sie sich von mir. Der Platz, an dem wir uns getroffen hatten, lag in einem armen Stadtteil Teherans, in dem viele der Bewohner sehr religiös sind. Die engen Gassen waren voll von treuen Regimeanhängern, die jede »verdächtige« Bewegung sofort registrierten. Warum Afsaneh ausgerechnet diesen Ort als Treffpunkt gewählt hatte, ist mir bis heute ein Rätsel. Mit tausend Fragen blieb ich allein auf der Straße zurück.

Afsaneh hatte gelernt, alle Befehle, die von »oben« kamen, ohne Wenn und Aber zu akzeptieren. Und das hatte sie in den letzten Monaten, die wir gemeinsam in einer Untergrundwohnung verbacht hatten, auch von mir verlangt. Ich habe Afsaneh nie wirklich gemocht. An diesem Tag noch weniger. Hätte ich gewusst, dass sie drei Wochen später verhaftet und ermordet würde, hätte ich wohl anders für sie empfunden.

Hektisch packte ich eine kleine Reisetasche und kaufte Kleinkram, den ich noch brauchte. Am wichtigsten war mir jedoch ein Brief an meine Eltern. Ich erklärte ihnen darin mit wenigen Worten, dass es mir furchtbar Leid tue, dass ich mich nun doch nicht mehr von ihnen verabschieden konnte und dass wir uns bestimmt bald wiedersähen!

Es wird langsam dunkel. Wir haben das Gebirge und die kurdische Stadt Bijar fast erreicht. Alle sind müde und brauchen eine längere Pause. Die wird es ohnehin geben, denn wir müssen bis zur Morgendämmerung in der Stadt bleiben. Die Straßen durch das Gebirge sind viel zu gefährlich. Man weiß nie, ob es nicht plötzlich zu einer Schießerei zwischen der kurdischen Miliz und den islamischen Truppen kommt. »Wer will, kann sich ein Hotel oder eine Pension suchen. Sonst können Sie auch hier bleiben«, ruft der Busfahrer. Dann kommt er zu uns. »An eurer Stelle würde ich den Bus nicht verlassen«, flüstert er. Das haben wir eigentlich auch nicht vor. Aber wir müssen dringend mal. »Na, dann kommt mit.« Wir steigen aus und folgen ihm durch die leeren und stillen Straßen. Kaum ein Laden ist geöffnet. Von der Hauptstraße zweigen schmale Gassen ab, die auf der linken Seite am Fuß eines Berges und rechts am Waldrand enden. In einigen der gedrungenen Häuser aus Lehm oder Mauerwerk ist noch Licht. Nach ein paar Minuten erreichen wir ein kleines Teehaus an der Ecke einer Gasse. Die alten Holzstühle und -tische erinnern an einen Saloon, wie man ihn aus Westernfilmen kennt. Nur die Cowboys fehlen. Es gibt keine Frauentoilette, und die einzige Toilettentür schließt nicht. Als wir hinauskommen, wartet der Busfahrer bereits mit einer Tüte Sandwiches und zwei Dosen Pepsi. »Ihr habt bestimmt Hunger, oder?«, fragt er mit einem freundlichen Lächeln.

Wir setzen uns auf den Fußweg neben den Bus und essen die Sandwiches. Nicht weit von uns erstreckt sich eine Parkanlage, von der kühle Luft herüberweht. Die kurdische Familie hat sich ebenfalls auf dem Bürgersteig ausgebreitet. Sie haben sogar ihr Bettzeug dabei. Sie sind ziemlich gut ausgerüstet mit Bettdecken und kleinen Kopfkissen. Wahrscheinlich fahren sie diese Strecke nicht zum ersten Mal. Die Mutter ist noch wach. Als sie uns sieht, steht sie auf und kommt zu uns herüber. »Sie fragt, ob wir eine Decke brauchen«, übersetzt Rojar. »Ich mag nicht in fremden Sachen schlafen«, antworte ich. »Das wirst du schon noch lernen, und nicht nur lernen, sondern auch schätzen.« Rojar steigt wieder in den Bus. Ich bleibe in der Dunkelheit zurück, zünde mir eine Zigarette an und will für mich allein sein.

Die kleine Stadt schläft. Die Nacht ist still und lang. Nur die Fliegen im Licht der Straßenlaterne sind noch aktiv, so wie meine Gedanken. Im Mondlicht sehen die Berge um die Stadt aus wie die Schatten riesiger Fabelwesen. Manchmal kommt es mir so vor, als ob sie sich wirklich bewegten und ihre Form veränderten. Was verbirgt sich hinter ihnen? Wie sehen die Menschen dort aus, vor deren Widerstand die Mullahs so viel Angst haben? Wie wird das Leben unter ihnen sein? Ich habe keine Vorstellung. Nicht einmal mein fantasievoller Kopf kann mir dabei helfen. Die Blätter tanzen im Wind. Ich befinde mich in einer Geisterwelt.

Bestimmt finden auch meine Eltern vor Sorge und Angst keinen Schlaf. Wenn sie bloß wüssten, wie sehr ich sie vermisse. Wie weh es mir tut, dass sie meinetwegen so leiden müssen. Wie gern wäre ich jetzt zu Hause. Ob sie sich überhaupt vorstellen können, wo ich mich gerade befinde? Auf einer dunklen Straße in einer Ecke des Landes, von der sie vielleicht noch nie etwas gehört haben ... Und trotzdem – irgendwie gefällt mir der Gedanke, etwas dermaßen Abenteuerliches angefangen zu haben. Manchmal ist die Begeisterung sogar größer als die Angst. Außerdem will ich über die Dinge, die mir tatsächlich Angst machen, nicht zu lange nachdenken. Ich schalte dann einfach ab.

Es wird langsam frisch. Ich bin müde und sehne mich nach meinem eigenen Bett, von dem ich mich mittlerweile mehr als vierhundert Kilometer entfernt habe. Im Bus ist es zumindest warm. Rojar hat sich ganz gemütlich auf der hinteren Reihe ausgestreckt, den Kopf direkt auf den dreckigen Sitzen.

Im Morgengrauen geht die Reise weiter. Das Schaukeln des Busses macht mich schläfrig. Die Passagiere verschwinden allmählich, und der Bus verwandelt sich langsam in das Auto von Jawad.

»Wann sehen wir uns wieder?«, frage ich ihn.

»Hoffentlich bald!«

Wir halten im Schatten eines Baumes vor seiner Wohnung. Die Straße ist leer. Kein Mensch, kein Auto sind zu sehen, nichts bewegt sich, es herrscht eine bedrückende Stille.

»Jawad, ich muss dir was sagen.«

»Schhhh.« Er legt seine Finger auf meine Lippen und nimmt mich in den Arm. Plötzlich nähert sich jemand dem Auto. Ich schrecke zurück. Ich erkenne Ebi, meinen Mann, der lachend auf uns zukommt. Hoffentlich hat er uns nicht gesehen, denke ich. Ich will aussteigen, ihm entgegengehen, aber etwas zieht mich an den Haaren zurück.

»Entschuldige, ich wollte dich nicht wecken«, sagt die Frau hinter mir, die meine langen Haare in der Sitzlehne eingeklemmt hat. »Ich muss den Kleinen wickeln«, sagt sie in ihrem gebrochenen Persisch und versucht, sich wieder zu entschuldigen.

Schon wieder habe ich von Jawad geträumt.

Ich bin in ihn verliebt. In den besten Freund meines Ehemannes. Kurz vor meiner Hochzeit begegneten wir uns das erste Mal. Ebi und ich holten ihn zu einem Picknick ab. »Jetzt wirst du endlich Jawad kennen lernen«, sagte Ebi. Er hatte sich darauf gefreut, mir seinen Freund, der erst vor kurzem aus Amerika zurückgekommen war, vorzustellen. Der sieht aber unverschämt gut aus, dachte ich, als ich ihn sah. Seine Ähnlichkeit mit Che Guevara, dessen Poster seit meinem fünfzehnten Lebensjahr über meinem Bett hing, war verblüffend. Ich verliebte mich sofort. Eine aussichtslose Liebe in jeder Hinsicht: Eine *heimliche* Liason in einer *verbotenen* Untergrundorganisation, wo es keinen Platz für Liebesgeschichten gibt, das konnte nicht gut gehen, das durfte es nicht geben. Ich habe nie gewagt, Jawad meine Liebe zu gestehen. Dafür war die Freundschaft zwischen beiden Männern einfach zu stark.

Ich werde Ebi, der irgendwo in den Bergen auf mich wartet, die Wahrheit sagen, wenn wir uns wiedersehen. Mit ihm habe ich immer über alles geredet. Diesmal ist das, was ich ihm sagen will, jedoch nicht so einfach. Ich kann mir seine Reaktion vorstellen: Er wird *nicht* in Wut ausbrechen. Er wird *nicht* fragen, wann und warum. Das passt nicht zu einem Führer der wichtigsten iranischen Widerstandsorganisation. Eine seiner markantesten Eigenschaften ist seine Selbstbeherrschung. Wenn ich ihm die Wahrheit sage, wird er obendrein einen guten Rat für mich bereithalten. Was er aber tatsächlich empfindet, wird er nie zeigen. Dafür, dass er so ist, wie er ist, empfinde ich großen Respekt, und ich hege eine tiefe Bewunderung für alles, was er getan hat und tun kann. Und dafür, dass ich mich trotz allem, was ich für ihn fühle, ausgerechnet in seinen besten Freund verliebt habe, werde ich jahrelang ein schlechtes Gewissen haben.

Der Bus fährt langsam eine steile Kurve bergauf. Kaum ein Fleckchen Grün ist zu sehen. So trocken habe ich mir Kurdistan nicht vorgestellt. Das Tal neben der schmalen Straße ist so tief, dass ich lieber nicht hinunterschaue. Mit Rojar übe ich tüchtig ein paar kurdische Wörter und Sätze, damit ich im Zweifelsfall nicht sofort auffalle. Ein paar Brocken Kurdisch sind jetzt das Einzige, was mein Überleben sichert.

Hätte mir die Politik keinen Strich durch die Rechnung gemacht, wäre ich längst an der »State University of Iowa« und schickte gute Zensuren nach Hause. Ich war eine fleißige Schülerin gewesen und sollte eigentlich Informatik studieren. Die Diskussion, ob ich an der Kunstschule Malerei studieren sollte oder aber ein »anständiges« Fach an einer »anständigen« Universität, hatte ich null zu drei gegen meine Mutter verloren, die damals meinte: »Erstens gibt es in unserer Familie traditionell nur Bauingenieure, Mediziner und Informatiker. Zweitens sind Schauspielerei, Musik und Malerei bestenfalls Hobbys. Und drittens sollst du nicht auf der Straße enden!« Die Studienplätze für Informatik waren aber dünn gesät. So hatte ich zunächst ein Physikstudium begonnen, in der Hoffnung, so bald wie möglich einen Studienplatz in den USA zu bekommen. Meine Bildungslaufbahn ließ sich gar nicht so schlecht an.

Doch kaum, dass meine Eltern sich auf meine steile Karriere hatten freuen können, wurde alles zunichte gemacht. Die Revolution 1979 gegen die alte Schah-Monarchie veränderte alles, was bis dahin wie selbstverständlich ausgesehen hatte, und ich landete schließlich doch auf der Straße – mit Tausenden Studenten, die gegen die Diktatur, die Folter in den Gefängnissen und die soziale Ungerechtigkeit demonstrierten.

Der erste große Protest gegen den Schah wird 1978 nach einem Lyrikabend am Teheraner Goethe-Institut laut. Etwa zehntausend Studenten, Intellektuelle und Künstler versammeln sich danach auf den Straßen. Die Demonstration dauert nur eine halbe Stunde, doch so etwas hat das Land seit vielen Jahren nicht mehr erlebt.

Blitzschnell weiten sich die Proteste über das ganze Land aus. Nun erhebt sich auch die riesige Masse der

»Barfüßer« gegen den Schah, die Ärmsten der Armen des Landes, allesamt zutiefst religiös, und anstelle der Universitäten sind nun die Moscheen die Führungszentralen des Landes.

Die Religiösen wollen den Gottesstaat und ziehen gegen alles, was nach Modernität und Zivilisation riecht, zu Felde: In ihren Augen sind vor allem Alkohol, Lippenstift und Bikini Ausgeburten des »Großen Satans«. Und so gehen auch die wenigen Freiheiten, die kleinen persönlichen Freiheiten, die es unter dem Schah-Regime noch gegeben hat, nach der Islamischen Revolution im Jahr 1979 verloren. Und kaum sind die Religiösen an der Macht, beginnt der Terror.[1]

»Kontrolle«, ruft der Busfahrer. Wieder hält der Bus an. Ich schaue ängstlich aus dem Fenster und frage mich, ob wir auch dieses Mal davonkommen. Drei Armeesoldaten des ehemaligen Schah-Regimes steigen ein. Diese Soldaten sind nicht daran interessiert, sich in den Konflikt zwischen Mullahs und Widerstandskräften einzumischen. Die meisten hegen sogar Sympathie für die Opposition. Die Männer werfen nur einen kurzen Blick auf die Reisenden und steigen wieder aus.

Wir sind beide erleichtert. Doch der schwierigste Teil der Reise liegt noch vor mir: der Übergang zur »Freien Zone«, dem Teil Kurdistans, über den Khomeini trotz eines ersten blutigen Militärschlags keine Kontrolle bekommen hatte. Hier sammeln sich die Kämpfer der Widerstandsorganisationen, die aus den Städten flüchten mussten, weil sie aufgrund ihrer politischen Tätigkeit verfolgt und gehetzt werden. Die Grenze zur »Freien Zone« wird deshalb von Hisbollahmilizen umso strenger bewacht. Werde ich es schaffen? Rojar kann mir leider nichts versprechen. Sie wird mich nur bis zur Stadt Baneh an der Grenze zur »Freien Zone« begleiten. Dort wartet jemand anderes auf mich.

»Und was machst du?«, frage ich.

»Na ja, ich fahre zurück, um die Nächste zu retten.« Ihre Augen glänzen vor Stolz!

Noch drei Stunden bis Baneh. Ich werde immer unruhiger. Nicht nur weil die gefährlichste Passage meiner Reise näher rückt, sondern weil damit auch der Gedanke in den Vordergrund tritt, hinter dieser Gebirgskette meinem Mann Ebi zu begegnen. Schon seit über neun Monaten ist er dort. Es kommt mir vor wie eine Ewigkeit.

Ebi ist ein Führer der »Fedayi«, einer Organisation, die einen Großteil der Jugend hinter sich hat. Er ist ein Halbgott für mich. Wäre ich ihm an jenem sonnigen Tag nach einer Demonstration, die von der islamischen Regierung brutal niedergeschlagen worden war, nicht begegnet, wäre ich jetzt wohl nicht hier.

»Fedayi«, deren Führungsmitglieder unter dem Schah-Regime fast bis zum Letzten umgebracht worden waren, schafft es, nach der islamischen Revolution 1979 innerhalb weniger Monate mehr als vier Millionen Anhänger im ganzen Iran zu mobilisieren. Mit der Parole »Freiheit, Arbeit, Wohnung und ein Recht auf ein menschliches Leben für alle« gewinnt »Fedayi« die Unterstützung vieler Arbeiter, der Mehrheit der Mittelschicht, die Stimmen der bis dahin unterdrückten Völker wie Kurden und Turkmenen und vor allem die der Intellektuellen und Studenten. »Fedayi« ist zu dieser Zeit die größte Oppositionsbewegung im Iran.

März 1980. *Bei den Universitätswahlen gewinnt die Opposition im ganzen Iran achtzig Prozent der Stimmen. Das Wahlergebnis ist für das Mullah-Regime vernichtend, und es ist eindeutig, dass die Gefahr für die neue Regierung von den Lagern der Uni ausgeht. Der Umsturz liegt in der Luft, aber das, was dann tatsächlich passiert, kann sich niemand vorstellen:*

16. April 1980. *Sämtliche Büros der Widerstandsgruppen in der Universität in Teheran werden über Nacht in Schutt und Asche gelegt. Islamistische Studenten und die Hisbollahmilizen verwüsten alles: Bücher, Akten und Zeitschriften verschiedener Oppositionsgruppen werden zerrissen oder verbrannt. Stühle und Tische werden zerschlagen, und an den Wänden steht in schwarzen Lettern: »Nieder mit den Agenten des Satans!« »Nieder mit den Feinden des Islam!« »Nieder mit Fedayi!«*

19. April 1980. *In der staatlichen Zeitung »Keyhan« wird proklamiert: »Alle Hochschulen werden innerhalb von drei Tagen geschlossen. Die Opposition muss für immer aus den Universitäten, Fachhochschulen und Schulen verbannt werden.« Zwar nicht in drei, doch aber in sieben Tagen gelingt es der Regierung, alle Universitäten im ganzen Iran zu besetzen. Hunderte von Studenten in allen Teilen des Landes werden verhaftet, brutal zusammengeschlagen, mit Stich- und Schusswaffen verletzt oder ermordet. Die Situation eskaliert vor allem in kleineren Städten, deren Bewohner überwiegend stark religiös sind. Aus Ahwas, einer Stadt im Süden, kommt die Nachricht, dass dort Leute ohne Prozess regelrecht abgeschlachtet werden. Eine Gruppe von Studenten wird ins Foyer des Rathauses getrieben, wo man ihnen befiehlt, sich auf den Boden zu knien. Zeugen berichten von einem anschließenden Dauerfeuer, durchsetzt mit Todesschreien aus dem Rathaus. Die Leichen der Ermordeten werden in den Karun,*

den Fluss, der durch die Stadt fließt, geworfen. Die oppositionellen Zeitungen berichten von Vergewaltigungen in den Gefängnissen. Familienangehörige, die sich vor den Gefängnissen gesammelt haben, um nach ihren verhafteten Kinder, Brüdern oder Schwestern zu suchen, werden brutal niedergeknüppelt.

20. April 1980. *Der Präsident der islamischen Regierung, Abol Hassan Banisadr, garantiert dem Ayatollah Khomeini, die Universitäten und Schulen von »Islamgegnern zu reinigen«. Diese Worte sind die Schlagzeile dieses Tages.*

21. April 1980. *Nach fünf Tagen blutiger Auseinandersetzungen ist die Universität Teherans die einzig bedeutsame Universität im Land, die noch von den Studenten gehalten wird. Eine letzte Trutzburg, die mit allen Mitteln verteidigt wird.*

Führungsleute der »Fedayi« verhandeln mit Präsident Banisadr, um eine Lösung zu finden, die weiteres Blutvergießen verhindern soll. Das Ergebnis dieser Verhandlung ist die Kapitulation der Studenten. Die Trutzburg fällt.

22. April 1980. *Banisadr begrüßt den Sieg gegen »die Feinde des Islam« und ruft diesen Tag zum »Tag der Herrschaft des Gesetzes in der Universität« aus. Nur vierzehn Monate später, als er sich in einer Rede über die Verletzung der Demokratie unter der nun offensichtlich totalitären Regierung beklagt, wird die Versammlung seiner Zuhörer und Anhänger gewaltsam durch die Hisbollah gestört und zerschlagen. Wenig später flüchtet Banisadr aus dem Iran und sucht Asyl in Frankreich.*

Erst drei Jahre nach der Schließung der Universitäten, welche die islamische Regierung als »Kulturrevolution« beschönigt, werden die Hochschulen im Iran wieder geöffnet. Doch Zugang bekommen fast ausschließlich Regimeanhänger. Für die kommunistischen oder demo-

kratisch orientierten Studenten bedeuten die Jahre nach der »Kulturrevolution« Gefängnis und Folter, Flucht aus dem Iran oder Tod durch Hinrichtung.

Nach einer Woche heftiger Kämpfe und Belagerungen verließen wir gegen drei Uhr nachts die Universität Teheran. Enttäuscht, demoralisiert und gebrochen. Unsere Gesichter, Hände und Kleider schwarz von Staub und Asche und von Tränengas verschmiert. Wir waren die Letzten gewesen, die versucht hatten, die Universität zu halten.

Viele von uns weinten. Wir weinten um unsere Verluste, um eine Niederlage, die unser Schicksal für immer veränderte. Wir weinten um eine ganze Generation im Iran, die für immer verloren hatte: unsere Generation!

In den Mittagsstunden erreichen wir die Stadt Baneh. Der Bus fährt die einzige größere Straße der Stadt entlang und hält am Stadtausgang vor einem alten, fast zerfallenen Gebäude. Dies ist also der Busbahnhof. Ein armseliges Gelände. Der Parkplatz ist übersät mit Essensresten, alten Verpackungen und leeren Flaschen. Die Fahrgäste steigen nur langsam aus dem Bus. Erschöpft von der langen Reise suchen sie lustlos ihr Gepäck zusammen und strecken ihre müden Glieder. Rojar und ich steigen als Letzte aus. Einen Koffer habe ich nicht. Nur die alte, abgewetzte, schwarze Reisetasche habe ich bei mir. Der Busfahrer fragt uns, ob uns jemand abholen wird. Seine freundlichen Augen sehen besorgt aus. »Seid vorsichtig, in dieser Stadt und dieser Gegend wimmelt es von *Jash*«, sagt er. *Jash* ist der Name der kurdischen Spione, die gegen ihr eigenes Volk für die Mullahregierung arbeiten. Er gibt uns eine Telefonnummer, für den Fall, dass wir Hilfe brauchen. Wir versichern ihm, dass wir zurechtkommen werden. Er winkt uns noch einmal zu, bevor er davonfährt. Es ist niemand zu sehen, der auf uns wartet, und wir sind gespannt, ob wir tatsächlich abgeholt werden. Um mir die Zeit zu vertreiben, betrachte ich mein verzerrtes Bild im schmutzigen Wasser einer Pfütze, die sich im löchrigen Asphalt gebildet hat. »Möchtest du auch was vom Kiosk?«, fragt Rojar gelassen und deutet auf einen kleinen Kiosk in einer Ecke des schäbigen Geländes. Seit gestern Abend haben wir nichts mehr gegessen. Aber die Aufregung betäubt meinen Hunger, essen möchte ich nichts . »Ja, bring mir bitte Zigaretten mit!«, rufe ich ihr nach.

Mittlerweile sind fast alle Fahrgäste weg, bis auf die Familie, die hinter uns gesessen hat. Irgendwie habe ich das Gefühl, dass die Mutter uns beobachtet. Zum ersten Mal auf dieser Reise schaue ich sie genauer an. Sie ist sehr hübsch, denke ich. Sie ist vielleicht Ende zwanzig und hat eine gute Figur, trotz ihrer vier Kinder. Ihre Augen sind ausdrucksvoll und dunkelgrau. Eine seltsame Augenfarbe. Als Rojar mit einer Packung Kekse und den Zigaretten vom Kiosk zurückkommt, kommt die junge Mutter auf uns zu und fragt: »Kennt ihr niemand in Baneh? Ihr könnt gern zu uns kommen. Wir haben zwar nur ein kleines Haus, aber unsere Tür steht euch offen.« »Danke vielmals, aber da kommt mein Bruder«, unterbricht Rojar und deutet auf die gegenüberliegende Straßenseite. Ich wende mich aufgeregt in die Richtung, in die sie zeigt, als erwarte ich, einen Geist zu sehen. Kein Geist, sondern ein kleiner Mann überquert jetzt die Straße und kommt herüber. Er hat ein leichtes Lächeln auf dem Gesicht, das eine verblüffend beruhigende Wirkung auf mich hat. *Der* kommt gerade aus dem Gebirge? Er trägt ein weißes

Hemd und einen hellgrauen Anzug. Für ein Leben in den Bergen ist er doch viel zu gepflegt angezogen! Erst, als er fast vor uns steht, sehe ich, dass sein Anzug abgetragen und speckig ist.

Auch die Mutter betrachtet den Ankömmling mit neugierigen Blicken, verabschiedet sich dann aber von uns. Rojars »Bruder« heißt Asad. Er hat sorgfältig gekämmtes, dunkelbraunes Haar und trägt einen penibel gezogenen Seitenscheitel. Endlich mal ein Mann ohne Schnurrbart! Besonders attraktiv finde ich Asad zwar nicht, aber auch nicht unangenehm. Er hat ein Gesicht, das man nicht unbedingt wieder erkennt, wenn man ihn nur ein Mal kurz auf der Straße gesprochen hat. Eigentlich genau das richtige Aussehen für ein Leben im Untergrund. Unauffällig.

Zu dritt gehen wir in die Richtung, aus der Asad gerade gekommen ist. »Es ist besser, wenn wir uns erst mal irgendwo setzen. Hier wimmelt es von Hisbollahwächtern, und wir sollten nicht auffallen«, schlägt er vor. Auf dem Bürgersteig unter einem der Bäume, die alle paar Meter ihren Schatten auf die Hauptstraße werfen, setzen wir uns nebeneinander auf eine Bank. Die Straßen sind wie ausgestorben. Nur die Autos der Hisbollahmiliz, die allgemein das »Komitee« genannt wird, patrouillieren durch die Straßen. Ein Jeep des Komitees fährt an uns vorbei. Die beiden Insassen mustern uns im Vorbeifahren, und der Jeep bremst ab. Der Wagen setzt zurück und hält direkt vor uns. Wir schenken ihnen keine weitere Beachtung. Rojar bietet uns von ihren Keksen an, ich greife dankbar zu, und wir unterhalten uns weiter. Die prüfenden Blicke des Beifahrers durchbohren uns. Der Fahrer schüttelt nur lustlos den Kopf. Nein. Diese Kombination, zwei junge Frauen in ärmlicher, ländlicher Kleidung mit einem kleinen, harmlos wirkenden Mann scheint keine

Beute für ihn zu sein. Er sagt etwas zu seinem Kollegen und sie fahren weiter. Wir atmen auf.

Asad verliert weiter keine Zeit und wendet sich abrupt an mich: »Ich muss dich leider enttäuschen. Gestern hat es einen heftigen Kampf zwischen der Regierung und den Kurden gegeben. Die Wege in die ›Freie Zone‹ werden im Moment noch schärfer kontrolliert.« Heute ist es also viel zu gefährlich für einen Übergang. Ich muss ein paar Tage warten, bis er eine passende Gelegenheit findet, um mich abzuholen. Bis dahin müssen wir in Bukan bei der Familie seines Bruders unterkriechen. »Ich habe schon einen Boten geschickt, sie wissen, dass ihr kommt. Jetzt müssen wir uns aber beeilen, sonst bekommt ihr keine Mitfahrgelegenheit mehr aus der Stadt.« Asad erhebt sich als Erster von der Bank. Er gibt Rojar die Adresse in Bukan. Die Stadt liegt nordwestlich von Kurdistan, etwa drei Stunden von Baneh entfernt.

Von Baneh fährt heute kein Bus mehr in Richtung Bukan. Lediglich ein paar Jeeps dienen als Minibusse. Die zehn Minuten bis zur Jeepstation gehen wir zu Fuß. Wir kommen durch eine schmale Straße gesäumt von kleinen Läden. Trödel- und Kurzwarenläden, die Seite an Seite jeden möglichen Krimskrams vor ihre Türen gestellt haben. Gähnend sitzen die Verkäufer in der gleißenden Mittagssonne vor ihren Geschäften und vertreiben sich gelangweilt die Fliegen vom Gesicht. Es riecht nach Kebab. Durch die Fenster eines kleinen Teehauses sehe ich Fleischspieße, die auf einem Kohlenbecken vor sich hin grillen. Diese Spieße werden heiß in ein *Taftun*, ein dünnes Weißbrot, gewickelt. Das Teehaus sieht dreckig aus und ist bevölkert von Männern, wahrscheinlich die Besitzer der benachbarten Läden. Vier klapprige Stühle und ein Tisch mit einer Plastiktischdecke, die früher einmal hellgrün gewesen sein mag, jetzt aber mit einer schmierigen, dunklen Schicht überzogen ist, die vor Fett glänzt, bilden die ganze Einrichtung. Die meisten der Männer stehen ohnehin draußen. Die ganze Straße ist erfüllt von dem herrlichen Duft der brutzelnden Fleischspieße, und plötzlich spüre ich meinen Hunger. Uns läuft das Wasser im Mund zusammen. Doch eine weitere Rast können wir uns jetzt nicht erlauben.

Die Zahl der Jeeps, die heute noch die Stadt verlassen, ist erschreckend gering. Die fünf Vehikel, die da stehen, werden schneller voll, als man schauen kann. Wir ergattern gerade noch einen Sitzplatz im letzten Wagen und müssen zu zweit vorne neben dem Fahrer sitzen. Asad verabschiedet sich von uns und geht fort, noch ehe wir losfahren. Hinter uns sitzen vier Männer mit dicken Schnurrbärten. Sie tragen kurdische Turbane und weite, faltige Hosen. Vielleicht sind es die Turbane, die ihren Gesichtern eine so derbe Erscheinung geben. Vielleicht ist es aber auch die Fremdheit der Umgebung, die mir alles schrecklicher erscheinen lässt, als es in Wirklichkeit ist. Eines weiß ich jedoch sicher: Nie wäre ich in diesen Wagen mit fünf wildfremden Männern eingestiegen, wenn ich eine andere Wahl gehabt hätte. Aber blindes Vertrauen ist manchmal der einzige Überlebensweg. Das habe ich in diesen vierundzwanzig Stunden schon mehrfach festgestellt.

Die Straße durch das Gebirge nach Bukan ist schmal und zum Teil nicht asphaltiert. Mir kommt es so vor, als würden wir den gleichen Weg wieder zurückfahren, über den wir Baneh erreicht hatten. Die kurdische Musik, deren Text ich nicht verstehe, begleitet uns so laut, dass ich das Gefühl habe, die Berge stimmten mit ihrem Echo ein und sängen mit. Den Refrain eines Liedes übersetzt Rojar für mich: »Kejals hübscher Busen ist übersät mit schwarzen Muttermalen.« Was kann denn daran so hübsch sein?, ist die Frage, die mich bis Bukan beschäftigt.

Am frühen Nachmittag erreichen wir Bukan. Es ist eine alte Stadt mit engen Gassen. An heißen Sommertagen liegt sie um diese Zeit verschlafen in ihrer Mittagspause und die Geschäfte sind noch geschlossen. Der Fahrer ist alle seine Gäste losgeworden – bis auf uns. Wir wissen nicht genau, wo wir aussteigen sollen. »Wo kann ich euch denn endlich absetzen«, will er müde wissen. »Ich habe langsam keine Lust mehr, bei dieser Hitze mit euch eine Stadtrundfahrt zu machen. Außerdem wäre ich ganz gern wieder zurück in Baneh, bevor es dunkel ist. Habt ihr denn keine Adresse?«, drängt er. Adresse? Natürlich haben wir eine. Sie steckt in einer von Rojars Taschen. Aber wir werden sie ihm sicher nicht nennen. Wer kann schon wissen, was dieser Fahrer für ein Typ ist? Der kurdische Busfahrer hatte uns schließlich eindringlich vor Spionen gewarnt. Und wenn der Jeepfahrer einer von ihnen ist, sollten wir uns schnell eine vernünftige Adresse ausdenken, bevor wir seinen Verdacht wecken. Weiter vorn an der Straße ragt plötzlich ein großes, aus Lehm gebautes Gebäude mit einem Kuppeldach auf. »Da, ja, genau dort möchten wir hin«, sagt Rojar, während sie auf das Gebäude zeigt. Der Fahrer guckt uns befremdet an und hält. »Meinetwegen, viel Spaß im öffentlichen Männerbad«, sagt er grinsend. Wir bezahlen das Fahrgeld und steigen aus. Er schaut uns, noch immer grinsend, in seinem Rückspiegel nach und fährt davon.

Ohne zu wissen, welche Richtung wir eigentlich einschlagen sollen, gehen wir durch die verlassenen Gassen. Rojar gesteht, dass sie die Stadt nicht kennt. Nur ein paar Kinder, die uns neugierig beobachten, lungern herum. Wir fragen sie nach der Adresse und ernten nur Kopfschütteln. Nein, die kennen sie nicht.

Die hohen Wände der alten Häuser lassen die Gassen noch enger und länger erscheinen. Durch offen stehende

Holztüren erhascht man einen Blick in die kleinen, stillen Innenhöfe. Die meisten von ihnen sind gepflastert, und hier und da steht ein kleines Bassin in der Mitte. Es sieht hier so hübsch und friedlich aus. Doch wir können uns nicht länger in diesem Viertel aufhalten. Hier scheint jeder den anderen zu kennen, und zwei fremde Frauen fallen sofort auf. Zu spät. Wir bemerken einen jungen Mann, der schon seit einigen Minuten hinter uns herzugehen scheint. An seinem Äußeren können wir nicht erkennen, ob er zu den Spionen gehört, ob er wissen will, wer wir sind und was wir hier verloren haben. Ich wage auch nicht, mich zu lange nach ihm umzuschauen. Vielleicht ist er einfach nur gelangweilt und hat bei der Hitze nichts Besseres zu tun, als zwei fremden jungen Frauen nachzusteigen. Rojar hält diese Möglichkeit eher für unwahrscheinlich. Wir beschleunigen unseren Schritt. »Wir müssen ihn so schnell wie möglich loswerden«, flüstert Rojar mir zu. Er könnte das Komitee oder die Sepah, beides Einheiten der Hisbollahmiliz, die überall in der Stadt herumfahren, auf uns aufmerksam machen. Wir suchen nach der besten Gelegenheit, um zu verschwinden. Sobald wir um die Ecke in eine der zahlreichen Seitengässchen gebogen sind, fangen wir an zu rennen. Der Mann, der bisher Abstand zu uns gehalten hatte, um unauffällig zu sein, folgt uns weiter und beginnt plötzlich ebenfalls zu laufen. Ohne eine Spur von Orientierung rennen wir weiter durch das Gewirr von Gassen und Straßen.

In Teheran kenne ich viele Fluchtwege. Sackgassen mit geheimen Auswegen. Läden mit Hintertüren. Straßen, mit Durchgängen in die Parallelstraßen, wo man mit ein bisschen Glück einfach verschwinden kann. Aber hier?

Hinter einer Straßenecke öffnet sich vor uns ein kleiner Platz, von dem sternförmig mehrere enge Wege in alle Richtungen abzweigen. Einer der Wege führt in den Bazar. Ein zweigeschossiges, atriumförmiges Gebäude mit vielen Ein- und Ausgängen, das einen quadratischen Innenhof umschließt. »Hier rein«, zische ich und ziehe Rojar hinter mir her. »Wir müssen eine Ecke finden, wo wir uns verstecken können. Weglaufen hat keinen Sinn mehr. Der ist schneller als wir.«

Nicht ein einziger Laden hat auf. So ein Mist! Wir springen eine der vielen Treppen hoch, die zur Galerie im zweiten Stock führt. Plötzlich sehe ich das Wellblechrollo eines Ladens nach oben gehen. »Schneller«, fahre ich Rojar an. »In den Laden rein, bevor der Typ uns sieht.« Wir stürzen gerade noch in den Laden. Atemlos, sprachlos, mit roten verängstigten Gesichtern. Der Besitzer weicht erschrocken zurück. Als er sich von diesem Schreck erholt hat, schaut er uns ärgerlich an und sagt aufgebracht: »Ich habe noch nicht geöffnet. Was wollt ihr?« »Helfen Sie uns bitte«, sagt Rojar. »Lassen Sie uns nur kurz hier bleiben.« Er überlegt eine Sekunde. Vom Fenster aus sehen wir unseren Verfolger, der nun unten im Hof steht und aufmerksam die Treppen beobachtet. Der Ladenbesitzer folgt unseren ängstlichen Blicken. Als er den Mann im Hof bemerkt, lässt er das Rollo wieder runter und dreht sich zu uns um. Er ist etwa fünfzig. Ein Mann mit schweren hängenden Wangen, runden Augen und einer Mönchsglatze. Leise, als ob unser Verfolger uns selbst aus dieser Entfernung noch hören könnte, fragt er, was der Kerl da von uns wolle. »Wir haben nur eine Adresse gesucht. Keine Ahnung, warum er hinter uns her ist«, lügt Rojar unglaubwürdig. Doch so dumm ist der Mann nicht, dass er nicht merkt, wie wir uns um die Wahrheit herumdrücken.

Es scheint ihm ganz recht, den wirklichen Grund nicht zu erfahren. Für den Fall, dass etwas schief geht und es herauskommt, dass er zwei Frauen bei der Flucht geholfen hat, ist es besser für ihn, nichts zu wissen. Rojar zeigt ihm den Zettel mit der Adresse von Asads Familie. »Ich werde für euch dorthin gehen. Bleibt hier, solange ich weg bin, und macht keinen Mucks«, warnt er uns. Schnell verlässt er seinen Laden, versichert sich, dass ihn niemand beobachtet, schließt die Tür ab und zieht das Rollo scheppernd hinter sich herunter. Wir bleiben allein im Dunkeln zurück. Schleichend ergreift mich wieder die Angst: Was, wenn er unterwegs seine Meinung ändert oder vielleicht selbst ein Regimeanhänger ist? Was, wenn er mit einem voll besetzten Landrover des Komitees zurückkommt? »Dann haben wir großes Pech!«, versucht Rojar nervös diese Gedanken zu vertreiben, die in meinem Kopf schon Schwindel erzeugen. Hätten wir doch besser weiterlaufen sollen? Vielleicht war es eine große Dummheit gewesen, in diesen Laden zu fliehen, und eine noch größere, uns auf diesen wildfremden Menschen zu verlassen, der uns zudem hier eingeschlossen hatte?

Erst jetzt bemerke ich, dass wir in einem Stoffladen stehen. Die Stoffballen liegen dicht an dicht bis unter die Decke aufgestapelt. Eine Fluchtmöglichkeit gibt es nicht. »Wir sitzen in der Falle. Hier gibt es nicht mal ein Mauseloch«, bemerkt Rojar. Wir können nichts anderes tun, als zu warten. Nach etwas mehr als einer halben Stunde, die uns allerdings wie eine Ewigkeit vorkommt, hören wir Geräusche vor der Tür. Ein Flüstern. Hat er uns verraten? Wir verkriechen uns hastig hinter der Ladentheke. Was für ein lächerliches Versteck. Hier würde doch jeder zuerst nach uns suchen. Das Wellblechrollo poltert langsam nach oben. Mein Herz schlägt immer heftiger. Durch einen kleinen Schlitz an der Theke sticht mir das grelle Tageslicht in die Augen und blendet derartig, dass nur zwei Schatten zu erkennen sind. »Wo sind die denn hin?«, fragt eine Männerstimme. Wir wagen nicht die kleinste Bewegung und schauen einander ratlos an. Es hat wohl keinen Sinn, sich weiter zu verstecken – selbst wenn er uns verraten hat. Langsam kriechen wir hervor. Hinter dem Ladenbesitzer steht ein junger Mann, dessen Ähnlichkeit mit Asad erleichternd ist. Das muss sein jüngerer Bruder sein. Der fremde Mann hat uns tatsächlich geholfen! »Ich weiß nicht, wie wir Ihnen danken sollen«, sagt Rojar mit schwacher Stimme. »Am besten verschwindet ihr, bevor Kundschaft kommt. Passt auf euch auf!«, gemahnt er uns freundlich.

Es ist fast vier Uhr nachmittags, als wir den Laden verlassen. Die Mittagsruhe ist vorbei, und die Stadt lebt langsam wieder auf. Die Läden im Bazar haben geöffnet, und auch auf den Straßen herrscht jetzt geschäftiges Treiben. Von dem Mann, der uns verfolgt hat, ist keine Spur mehr zu sehen. Trotzdem nehmen wir lieber einen Umweg und folgen Asads Bruder durch ein labyrinthartiges Wohngebiet. Kinder toben lärmend durch die Gassen, die jetzt gefüllt sind mit Menschen und Leben. Viele ältere Leute haben sich einen Stuhl vor ihre Haustür gestellt. Sie sitzen im Schatten und verrichten kleine Arbeiten, rauchen Pfeife, plaudern und lachen und beobachten das Geschehen um sich herum. Überall auf den Straßen leuchten uns die schillernden Farben Kurdistans entgegen. Und die Frauen! Frauen mit wunderschönen Kleidern. Sie tragen keinen islamischen *Hijab*, sondern bunte, lange Kleider aus dünnen, transparenten Stoffen, die in unzähligen Falten fallen. Nur im unteren Bereich haben diese Kleider ein Futter. Das Oberteil ist ziemlich durchsichtig. Und die Frauen tragen unter so einem Kleid keinen BH. Das Einzige, was den enthüllenden Blick ein bisschen behindert, ist eine kurze Weste mit mehreren Taschen, wo sie ihr Geld und andere kleine Dinge aufbewahren. Um die Taille wickeln sie sich einen langen Schal, und ein farbiges Tuch schmückt ihre Haare. Die Frauen erscheinen wie aufmunternde Lichtblicke.

»Ihr habt aber wirklich großes Glück gehabt«, eröffnet Salman, Asads Bruder, endlich das Gespräch. Er hat ein kindliches Gesicht, in dem sich dennoch bereits erste Falten zeigen. Salman ist erst achtzehn Jahre alt und arbeitet jeden Tag, gleich nach der Schule, bis zum Abend in dem kleinen Imbiss seines Onkels. Während er spricht, reibt er sich immer wieder die Nase. Eine komische Angewohnheit. Schon bald haben wir vergessen, dass wir vor einer Stunde noch atemlos durch die unbekannten Straßen gelaufen sind und bangend in einem dunklen Laden hockten. Auch die Ermahnungen des Ladenbesitzers, immer auf der Hut zu sein, kümmern uns nicht mehr. Wunderbarer jugendlicher Leichtsinn! Dreizehn Jahre später reicht schon der bloße Gedanke daran, dass mein Sohn eines Tages seinen Führerschein machen und Auto fahren würde, mich vom Schlafen abzuhalten! Würde er auch so rasen, wie ich manchmal?

Rojar, Salman und ich gehen durch die Straßen von Bukan und erzählen so angeregt, als wären wir alte Schulfreunde, die sich nach Jahren endlich wieder getroffen haben. Langsam spüre ich trotzdem, wie anstrengend die Reise hierher war. Ich hoffe inständig, dass heute Abend ein Bett auf mich warten möge, und freue mich darauf, wieder ein richtiges Dach über dem Kopf zu haben. Vielleicht kann ich mich endlich duschen, denke ich und fange an, von wärmenden und belebenden Wasserstrahlen in einem sauberen Badezimmer zu träumen.

Es kommt mir vor, als sei ich schon eine Ewigkeit von zu Hause fort. Das Leben im Untergrund von Teheran war aufreibend gewesen. Mehr als ein gefährlicher Nervenkitzel. Doch diese Reise ist noch etwas anderes. Ich merke zum ersten Mal in meinem Leben, dass die einfachen Dinge, denen ich bis vor eineinhalb Tagen kaum eine besondere Beachtung geschenkt habe, mir plötzlich unheimliche Freude bereiten.

Durch eine hellblaue Holztür betreten wir den kleinen Hof vor Salmans Haus. In den Ecken ranken zwei buschige Gewächse. Ich kann nicht genau erkennen, was für Büsche das sind, vielleicht ja Brombeeren. Ich bilde mir immer gern Dinge ein, die ich besonders mag. Ein großer Baum thront in der Mitte des Hofes, daneben befindet sich ein kleines Brunnenbecken. In einer anderen Ecke baumelt Wäsche auf einer Leine. Zwei kleine Rotznasen, ein Junge, vielleicht fünf, und ein Mädchen, etwa drei Jahre alt, sitzen neben der Wohnungstür und knabbern an einem Apfel. An der Hauswand führt eine Treppe auf die Galerie des Obergeschosses. Zwei Frauen grüßen von oben auf Kurdisch und lauern darauf, dass Salman preisgibt, wer wir sind. Er kümmert sich nicht um sie und redet weiter auf Persisch mit uns. Eine kleines Klo-Häuschen in der rechten Ecke des Hofes und ein Waschbecken daneben sind im Moment meine wichtigsten Entdeckungen. Eigentlich muss ich schon seit zwei Stunden. Ich entschuldige mich kurz und eile auf das Häuschen zu. Als ich die Tür öffne, schlägt mir der beißende Geruch von Urin entgegen, denn das »Häuschen«, in dem sich das Klo befindet, ist nichts weiter als ein verdammt enger Zementbau mit einem Loch im Keramikboden, ein so genanntes »französisches Klo«. In vielen Häusern im Iran ist das die gängige Ausstattung. Ich muss aufpassen, die schmuddeligen Wände nicht zu berühren. Anstelle von Toilettenpapier gibt es einen Wasserhahn mit einer Gießkanne darunter, damit man sich waschen kann. Gut, dass ich hier im Sommer zu Gast bin, denke ich. Es muss eine Tortour sein, im Winter auf dieses Klo zu gehen. Bereits vier Tage später wird sich herausstellen, welchen Luxus ich hier eigentlich vorgefunden habe.

Salman lebt mit der Familie seines ältesten Bruders zusammen. Nach einem Kampf in der Nähe der Hauptstadt Kurdistans, Sanandaj, war dieser im Jahr zuvor festgenommen und hingerichtet worden. Auch die Eltern leben nicht mehr. Der Vater ist schon vor langer Zeit an einer Herzkrankheit gestorben und die Mutter starb schließlich an ihrem gebrochenen Herzen: Sie überlebte die Hinrichtung ihres ältesten Sohnes nicht länger als ein paar Monate. Als auch Asad zum Kämpfen in die Gebirge ging, war Salman als Einziger zurückgeblieben. Jetzt kümmert er sich um Honja, die Frau seines hingerichteten Bruders und ihre Kinder.

In einem elektrischen *Samowar* kocht Wasser. Honja gießt Tee in kleine Gläser und schiebt sie auf einem Tablett in unsere Richtung. Wir sitzen am Boden, der mit dicken Teppichen bedeckt ist. An der Wand liegen große Kissen, *Poshti*, die als eine Art Lehne dienen. Der Schwarztee riecht angenehm nach *Hel*, einem hellgrünen Gewürz mit beruhigendem Duft, das man in den Tee gibt. Mit jedem Schluck fällt die Anspannung der vergangenen Tage ein wenig mehr von mir ab.

Das Haus hat nur drei Räume. Einer davon gehört Salman. Honja und die Kinder bewohnen ein weiteres Zimmer. Die Diele, die den Durchgang zu diesen Räumen und zur winzigen Küche ermöglicht, bildet das Wohnzimmer. Außer dem *Samowar* stehen hier noch ein alter, kleiner Fernseher und ein uraltes großes Radio. Auf einem tuchbedeckten Sims entdecke ich, eingefasst von zwei bunten Krügen mit künstlichen Blumen, die Bilder von Salmans Eltern und seinem Bruder. In der Ecke jedes goldglänzenden Bilderrahmens steckt eine Plastikrose.

Es riecht nach Rosenwasser, was ich eigentlich gar nicht mag, hier aber duftet es nach Geborgenheit.

Längere Zeit am Boden zu sitzen ist gar nicht so einfach. Schon nach fünf Minuten sind meine Beine eingeschlafen und ich muss ständig meine Sitzhaltung ändern. Es hilft leider nicht. Ich sage, dass ich ein bisschen frische Luft brauche und gehe hinaus in den Hof. Neben dem Brunnenbecken lasse ich mich nieder, ziehe mir die Schuhe und Strümpfe aus, in denen meine Füße seit gestern stecken, und halte meine Zehen in das kühle Wasser. Herrlich!

Wie lange werde ich wohl hier bleiben?, frage ich mich und versinke in Grübelei. Irgendwann kommt Rojar zu mir hinaus. Auch sie zieht ihre Schuhe aus und hält ihre Füße, ebenso dankbar wie ich, in das Becken. »Ich glaube, du kannst für die nächsten drei, vier Tage hier bleiben«, sagt sie. »Honja versteht ja ein bisschen Persisch, und ihr kommt bestimmt miteinander zurecht. Ich fahre morgen früh zurück.«

An diesem Abend schlafen wir im Wohnzimmer. Ich schaue mir Rojars schmales, dunkles Gesicht zum letzten Mal an. Zwischen uns ist eine eigenartige Freundschaft entstanden, die für die kurze Zeit, in der wir uns begegnet sind, viel zu intensiv ist. Genauso intensiv wie die Gefahren, die wir zusammen durchgestanden haben. »Sehen wir uns wieder?«, frage ich leise in die Dunkelheit. Von ihr kommt keine Antwort. Nur ein leises »Hmm«. Ich schlafe nach den Aufregungen des Tages sehr schnell ein. Als ich am nächsten Morgen die Augen aufschlage, ist Rojar schon fort. Salman hat sie um sechs Uhr morgens zum Bus gebracht. Selten habe ich in den letzten zwei Jahren so fest geschlafen.

Zwei Monate später werde ich von Mitgliedern der

Organisation in Kurdistan erfahren, dass Rojar nie in Teheran angekommen ist.

Mit stiller Bewunderung schaue ich mir immer wieder Honjas langes Haar an, das wie ein Wasserfall auf ihre Schultern fällt. Es ist hellbraun und so glatt, wie ich es mir von meinem immer gewünscht habe. Die Wellen meiner Haare sind so störrisch, dass ich sie erst kräftig föhnen muss, bis sie schön glatt werden. Manchmal, wenn Salman nicht zu Hause ist, zieht Honja ihre Weste aus. Bei jeder ihrer Bewegungen wiegen sich ihre vollen Brüste unter dem lichten Stoff ihres Kleides. Trotz ihrer zwei Kinder haben sie ihre Form behalten. Viele Jahre später, als sich unser Akt-Modell im Malereiatelier der Universität Hannover gerade auszieht, werde ich noch einmal an Honja denken.

Ich möchte so gerne duschen, aber hier gibt es ja kein Badezimmer. Also organisiert Honja einen Ausflug mit Kind und Kegel in ein öffentliches Frauenbad. Unter der hohen gewölbten Decke befindet sich in der Mitte des Bades ein großes, rundes Becken, am Rand verteilen sich mehrere kleine Bassins. An der Wand gibt es drei Duschen. Um das runde Becken sitzen mehr als zwanzig Frauen. Junge, Alte, Kinder, Freundinnen, Nachbarinnen und Schwiegermütter. Einige haben Tüten voller Kleinigkeiten zum Essen mitgebracht. Das gemeinsame Bad scheint für die Frauen eine richtige Zeremonie zu sein. Sie unterhalten sich unbekümmert, lachen ausgelassen miteinander und waschen sich gegenseitig den Rücken. Wieder ertappe ich mich dabei, wie ich die nackten Körper, die hier sitzen, herumlaufen oder sich im Becken abspülen, prüfend betrachte und ihre Proportionen mit den Idealmaßen vergleiche. Rund, schlapp, pummelig, dünn und flach – so unterschiedlich können menschliche Körper sein. Von dieser Neugier kann ich mich kaum befreien. Am liebsten würde ich jetzt einen Skizzenblock und einen Graphitstift herbeizaubern. Immer wieder stelle ich fest, dass viele Frauen, die große Busen haben, einen flachen Po besitzen, während die mit prallem Po oftmals kleine Brüste haben. Was würde ich an meiner eigenen Figur wohl ändern, wenn ich mich selbst entwerfen dürfte? Na ja, vielleicht hier und da etwas. Honja fragt erstaunt: »Warum wäschst du dich nicht?«

Khorkhoreh, das Dorf der Freiheit

Seit vier Tagen bin ich nun in Bukan. Langsam will ich wirklich weiter. Salman ist heute Abend spät dran, sonst ist er immer gegen acht Uhr zu Hause. Die Kinder schlafen schon, und wir warten auf Salman, um gemeinsam mit ihm zu essen. Wir sind heute Morgen zum Einkaufen auf den Markt gegangen, und ich habe Gemüse und Hühnchen gekauft. Honja hatte mir versprochen, eine Suppe daraus zu machen. Ich liebe Suppen, besonders Hühnersuppe. Jetzt duftet die kleine Wohnung nach dem leckeren Mahl, und ich werde immer hungriger und ungeduldiger. Honja strickt an einem Pullover. Ab und zu wirft sie dabei einen Blick auf das langweilige Fernsehprogramm.

Seit die islamische Regierung an der Macht ist, sieht man anstelle von ansehnlichen Moderatorinnen und attraktiven Sprechern jetzt überwiegend Männer mit Bart und ohne Krawatte. Alles, was schön und elegant ist, gilt als unislamisch. Nur noch selten sind Frauen zu sehen, Frauen mit Kopftuch natürlich. Es gibt kaum noch ausländische Filme im Fernsehen, und die wenigen, die gezeigt werden, sind zensiert, sie sind stümperhaft zusammengeschnitten, alle Liebesszenen sind entfernt worden. Die einzigen Filme, die noch so sind wie früher, sind die über die Welt der Tiere.

Anstatt von Liebeszenen gibt es im islamischen Fernsehen einmal in der Woche eine Sendung zur Analyse islamischer Regeln für den Geschlechtsverkehr. Die Analyse leitet ein Mullah. Er konfrontiert die Zuschauer mit unterschiedlichsten Fallbeispielen und widmet sich der Frage, ob diese als sexuelle Sünde zu bewerten seien oder nicht. Etwa: Ein Mann, der im ersten Obergeschoss eines Gebäudes schläft, stürzt während eines plötzlichen Erdbebens auf seine Tante, die im Erdgeschoss schläft. Durch das plötzliche Beben erregt und offenbar noch im Halbschlaf, hat er Geschlechtsverkehr mit ihr, ohne sich bewusst zu werden, dass diese Frau die Schwester seines Vaters ist. »Ist das nach islamischem Recht nun eine Sünde oder nicht?«, fragt der Islamlehrer mit ernster Miene. Der Tag nach der Sendung wird für viele zum Tag der Volksbelustigung. Die fantasievollen Fälle, die dort beschrieben werden und an Groteske kaum zu überbieten sind, werden eifrig durchdiskutiert und zur Zielscheibe des allgemeinen Spotts.

Kurz nach zehn Uhr abends kommt Salman nach Hause. Er sieht müde und erschöpft aus. Auf Honjas Frage, wo er so lange geblieben sei, gibt er keine Antwort. Stattdessen setzt er sich neben mich und erklärt kurz: »Wir brechen morgen auf. Ich werde dich in die Berge begleiten.«

Ich bin schon lange wach und warte unruhig darauf, dass auch Honja aufsteht. Es ist noch früh am Morgen. Sie hatte am Abend versprochen, mir ein Kleid zu leihen. Endlich kommt Bewegung ins Haus. Während Honja Tee kocht, sagt sie: »Ich werde dir etwas Schönes von mir geben. Du fährst einen gefährlichen Weg. Mit meinem

Kleid wirst du aussehen wie die meisten Frauen hier. So wird dich niemand so leicht als Fremde erkennen. Es wäre allerdings schön, wenn du es mir zurückschicken könntest, wenn du am Ziel bist und es nicht mehr brauchst. Ich habe nicht viele Kleider.«

Von ihren paar Kleidern gefällt mir ein blaues mit einem kirschroten, kleinen Blumenmuster am Rand der Ärmel und am Rocksaum am besten. Sie gibt mir noch die passende Weste dazu, in demselben Rotton wie die Blumen. Meine Lieblingsfarbe. Honja und ich haben eine Größe, und das Kleid sitzt so gut, als wäre es mir auf den Leib geschneidert. »Das würde ich am liebsten behalten«, gestehe ich Honja. »Wenn ich wüsste, dass du irgendwann wiederkommst, würde ich genauso eines für dich nähen lassen«, antwortet sie leicht bedrückt. Wir wissen beide sehr gut, dass wir uns sehr wahrscheinlich nie wieder begegnen.

Salman sitzt schon im Hof und wartet auf mich. Dass er mich begleitet, kann ihn das Leben kosten, und er weiß das besser als jeder andere. Ich beobachte ihn unbemerkt vom Fenster des Schlafzimmers aus. Er sieht ganz ruhig aus. Warum macht er das?, frage ich mich. In dem Teil Teherans, wo ich mit meinen Eltern gewohnt habe, bietet dir niemand seine Hilfe an. Ebenso wenig, wie jemand darum bittet. Die Nachbarn kennen untereinander kaum ihre Namen. An einem Abend nach der Revolution gegen den Schah, in einer Zeit, in der sich jeder ohne weiteres eine Waffe besorgen konnte, nahm sich ein Mann in unserer Nachbarschaft mit einem Kopfschuss das Leben. Der Schuss war kilometerweit zu hören. Doch niemand schaute auch nur aus dem Fenster, um zu erfahren, was passiert war.

Ich küsse Honja auf beide Wangen. Die Kinder schlafen noch. Wir müssen aufbrechen. Draußen im Hof mustert mich Salman von Kopf bis Fuß: »Das Kleid steht dir verdammt gut«, sagt er bewundernd. »Ohne so ein Kleid werde ich Kurdistan nicht verlassen«, verkünde ich stolz. Und wirklich werde ich mir zum Abschied von Kurdistan ein solches Kleid machen lassen, doch es wird nicht annähernd so schön werden wie das von Honja.

Zu Fuß brechen Salman und ich eilig zur »Brücke des Schicksals« auf. Die Einheimischen haben dieser Brücke über den Fluss Zarrineh am Rande der Stadt diesen Namen gegeben. Auf der anderen Seite beginnt der Weg in die »Freie Zone«. Es ist eine sehr schmale Brücke, auf der kaum zwei Autos nebeneinander fahren können. Auf einem Parkplatz etwa fünfzig Meter davor wartet eine Reihe Jeeps auf Fahrgäste. Die meisten wohnen in der »Freien Zone« und waren in der Stadt, um Einkäufe zu erledigen, oder es sind Städter, die ihre Bekannten in den Bergen besuchen wollen. Der islamischen Regierung ist es nicht gelungen, die Verbindungswege zu den Dörfern in der »Freien Zone«, die in der Hand der Widerstandsgruppen sind, vollständig unter ihre Kontrolle zu bekommen. Durch äußerst strenge Überwachung der Straßen versuchen sie, den Kontakt zwischen den oppositionellen Aktivisten aus den Städten mit ihren Verbindungsleuten in der »Freien Zone« zu unterbinden.

Wir steigen in den ersten Wagen. Zwei Männer und eine alte Frau sind die weiteren Fahrgäste. Die Männer sitzen nebeneinander auf der Rückbank. An meiner Seite sitzt die Frau, die ständig leise vor sich hin murmelt. »Sie hat schon angefangen zu beten«, flüstert Salman mir spöttisch ins Ohr. Ich kauere zwischen Salman und ihr und betrachte sie genauer. In ihrem hageren Gesicht fällt die markante Adlernase als Erstes ins Auge. Ihre kleinen Augen verschwinden beinahe unter den unzähligen, tiefen Falten. Sie sind nur wie zwei schwarze Punkte. Sie verströmt einen strengen, seltsamen Körpergeruch. Es riecht nach Wolle, wie sie in einer Teppichfabrik auf dem Webstuhl hängt. Aber in diesem Moment kann kein Geruch der Welt mich stören. Hauptsache, wir kommen unversehrt auf die andere Seite in die »Freie Zone«. Alle in diesem Auto sehen irgendwie bedrückt aus. Niemand spricht mehr. Worüber auch? Die Männer sind vielleicht in den Mittvierzigern. Die Frau scheint älter zu sein, doch ich kann nicht richtig einschätzen, wie alt sie wirklich sein mag.

Ziemlich schockiert werde ich etwas später in Kurdistan feststellen, dass Frauen, die ich für alt halte, oftmals nur wenige Jahre älter sind als ich. Das harte Leben dort zehrt an ihrer Schönheit, Jugend und Gesundheit.

Salman ist jetzt mein Mann. Wir sind frisch verheiratet und wollen seine Familie im nächsten Dorf besuchen. Das hat den Vorteil, dass ich in seiner Anwesenheit den Mund gar nicht aufzumachen brauche. In dieser Gegend ist es üblich, dass nur die Ehemänner angesprochen werden und für beide sprechen. Kommt es zu unangenehmen Fragen der Kontrollposten, darf »mein Mann« an meiner Stelle antworten. Ich hoffe inständig, dass auch die Hisbollahwächter diese Sitte kennen und sie respektieren. Ich will nur meinen Kopf retten. Die an sich furchtbare Regel, dass die Männer im Namen ihrer Frauen sprechen dürfen, stört mich in diesem Moment überhaupt nicht. Später werde ich noch jahrelang Zeit haben, um mich darüber zu ärgern.

Trotzdem hat Salman mir zur Sicherheit Fragen, die während einer Kontrolle gestellt werden könnten, wie auch einige Antworten, die ich auf Kurdisch geben müsste, beigebracht. In den letzten vier Tagen habe ich sie so oft geübt, dass ich sie nun fast akzentfrei wiedergeben kann.

Sollten sie uns aber als flüchtige Aktivisten verdächtigen, dann habe ich wohl nicht die geringste Chance. Ich habe zwar einen Ausweis bei mir, Honjas Ausweis, doch ist ihr Misstrauen erst geweckt, wird den Hisbollahwächtern auch der Unterschied zwischen meiner geraden und Honjas eher breiten Nase auffallen. »So genau werden sie dich nicht angucken«, hatte sie versucht, mich zu beruhigen. »Die werden nicht merken, dass diese Schönheit auf dem Passbild gar nicht du bist«, hatte sie aufmunternd gescherzt.

Noch mehr Angst als mein mangelndes Kurdisch machen mir die Geheimbriefe der Organisation, die ich mir mit einem Band unter meinem Kleid befestigt habe. Wenn sie mich erst verdächtigen, werden sie eine Wächterin holen, die mich bis auf die Unterwäsche untersucht.

Der Jeep fährt an, um die Brücke zu überqueren. Mir kommt es so vor, als verlangsamte der Fahrer stetig das Tempo. Oder der Weg wird einfach immer länger. Die Brücke ist kaum dreißig Meter lang. Für mich aber wird sie zur längsten Brücke meines Lebens. Sie ist die letzte Verbindung zu allem, was mir je vertraut war.

Auf der anderen Seite warten sie auf uns. Sieben bewaffnete Gestalten. Was, wenn sie mich nun verhaften? Ich weiß, was in den Gefängnissen auf die Mitglieder von Widerstandsgruppen wartet, und ich kann mir nicht vorstellen, dass ich unter Folter meinen Mund halten kann und die wenigen Informationen, die ich habe, nicht preisgebe. Für diesen Fall tragen Geheimnisträger der Organisation immer Zyankali bei sich. Eine kleine Ampulle, die beim Abbeißen zerbricht und den Mund verletzt. Durch diese winzigen Schnitte im Mund gelangt das Gift direkt ins Blut, und innerhalb kürzester Zeit tritt der Tod ein. Als ich dieses Zeug das erste Mal bei meinem Mann entdeckte, wurde mir übel vor Angst. Jetzt habe ich es selbst in der Tasche und weiß nicht, ob ich je den Mut hätte, es zu nehmen. O Gott, ich will gar nicht so weit denken.

Ich schaue mich um. Ein letzter Blick auf Bukan. Die Menschen dort kommen mir so weit weg, so klein vor. Ob sie jemals jemandem geholfen haben, der hier festgenommen wurde?

Salman sitzt jetzt da wie eine Statue, regungslos. Seine Augen sind starr auf einen Punkt gerichtet, einen Punkt inmitten des Nichts. Es scheint die Angst zu sein, der er sich gegenübersieht.

Der arme Salman. Spätestens jetzt fragt er sich wahrscheinlich, warum, zum Teufel, gerade er in meine Flucht verwickelt worden ist. Ich weiß darauf keine Antwort. Alles, was ich in diesem Moment empfinde, ist eine unbeschreibliche Dankbarkeit und ein noch unbeschreiblicheres schlechtes Gewissen.

Wir erreichen den Kontrollposten. Über eine mögliche Flucht brauche ich mir keine Illusionen zu machen, schon gar nicht auf einer Brücke. Der Wagen hält an. Jeder der Insassen schaut den anderen mit forschenden Blicken an, als wollten wir unter uns einen Verdächtigen ausmachen. Die beiden Männer tuscheln etwas auf Kurdisch, wirken aber ansonsten ziemlich ruhig. Salman ist plötzlich ganz blass geworden, doch auch er bemüht sich, äußerlich völlig ruhig zu bleiben. Dem Fahrer scheint alles egal zu sein. Er schaut unbeteiligt und routinemäßig genervt aus dem Fenster. Die alte Frau wischt sich wieder und wieder die tränenden Augen. Irgendwann hebt sie die Hände wie zum Gebet und richtet wieder ihr fragendes Gemurmel gen Himmel.

Ich hätte mich jetzt gerne selber gesehen. Die erste Lektion, die ich zu Beginn meines Untergrunddaseins gelernt hatte, war, meine Angst zu schlucken und mich nach außen hin gelassen zu benehmen. »Selbstbeherrschung ist das A und O des politischen Lebens«, wurde mein Mann nicht müde zu wiederholen. Das galt noch viel mehr für das Untergrundleben. Und nicht selten hatte mir die äußere Gelassenheit geholfen, unbeschadet aus kritischen Situationen zu entkommen. Ob das allerdings auch hier und heute gelingen sollte, war weniger von mir als von meinem Reisegefährten, von Salman, abhängig.

Einer der *Pasdar*, so heißen die Soldaten der Hisbollahmiliz, reißt die hintere Tür des Jeeps mit erschreckender Grobheit auf. Vier Männer mit G3-Waffen stehen vor dem Wagen, zwei links und zwei rechts von der Tür. Drei weitere stehen in der Nähe der Fahrertür. »Männer alle raus!«, schreit derjenige, der den Laderaum aufgerissen hat. Salman sitzt gleich an der Tür und steigt als Erster aus. Nach ihm die beiden kurdischen Männer und vorn der Fahrer.

Sie werden vom Wagen weggeführt und müssen ihre Papiere vorzeigen. Ich wage nicht, in die Richtung zu schauen, wo Salman steht, kann ihn aber kurdisch sprechen hören und wünschte, ich könnte ihn in diesem Augenblick verstehen. Er kommt zurück zum Jeep, kreidebleich, holt seine Tasche aus dem Wagen und reicht sie dem *Pasdar* zum Durchsuchen. Verflucht, was wollen sie denn nur von ihm? Hat er etwas Verdächtiges bei sich? Bringt auch er der Organisation irgendwelche Geheimbriefe? So dumm, dass er so etwas in seiner Tasche aufbewahrt, ist er doch wohl hoffentlich nicht? Die Fragen überschlagen sich in meinem Kopf, und langsam verliere auch ich die Fassung. Einer der *Pasdar* steckt seinen Kopf durchs Fenster, schaut mich voller Verachtung an und stellt laut eine Frage auf Kurdisch. Seiner Handbewegung entnehme ich, dass er scheinbar wissen will, ob wir noch mehr Gepäck haben. Meine schwarze Reisetasche ist zu diesem Zeitpunkt längst unter dem faltigen, langen Rock der alten Frau verschwunden, die sich jetzt nicht rührt oder in irgendeiner Weise angesprochen fühlt.

Ich habe mit dieser Frage gerechnet. In der Tasche sind meine Medikamente, und ich wollte inquisitorische Fragen vermeiden. Die Wächter wissen, wie sehr die Widerstandsgruppen in den Bergen auf Medikamente angewiesen sind. Die in meiner Tasche sind allerdings nur für mich. Doch wie würde ich ihnen das erklären? Auf Kurdisch jedenfalls nicht. Als ich kurz vor der Brücke den Rock der Alten anhob und dabei auf meine Tasche deutete, die ich darunter schieben wollte, konnte ich zum ersten Mal ihre Augen ausmachen. Sie waren vor Empörung ganz rund geworden und fast aus den Höhlen getreten. Trotzdem hatte sie wortlos die Tasche zwischen ihre Beine geschoben und ihren langen Rock wieder in Ordnung gebracht.

Dem *Pasdar* antworte ich etwas auf Kurdisch, von dem ich vermute, dass es bedeutet: Wir haben kein Gepäck mehr. Ich denke, dass er selbst kein Kurde ist, denn sonst wäre ihm wahrscheinlich mein Akzent aufgefallen. Er befiehlt auch mir, auszusteigen, und schaut unter die Sitze. Ob er auch unter dem Rock einer alten Frau suchen wird? So unverschämt ist er, Gott sei Dank, nicht. Er will jetzt meinen Ausweis sehen. Hoffentlich sieht er mir meine Panik nicht an. Ich ziehe Honjas Ausweis aus meiner Westentasche und reiche ihn hinüber. Wenn er richtig auf das Foto guckt, muss er doch merken, dass das jemand anderes ist. Er reißt mir den Ausweis ungeduldig aus der Hand und schaut allerdings eher flüchtig auf das Foto. Ich merke, wie seine Blicke verstohlen an einem anderen Punkt hängen bleiben: unter meiner Weste. Er fragt mich, wo wir hinwollen. Während ich antworte, schließe ich langsam die Knöpfe meiner Weste. Einen nach dem anderen. Drei Knöpfe. Er hört nicht einmal mehr richtig zu, was ich ihm antworte, und hakt auch nicht weiter nach, wer wir sind und was wir jenseits der Brücke zu tun gedenken. Seine Augen bohren sich jetzt förmlich in die Knöpfe, die ihm die Aussicht vermasseln. Ich danke dem Himmel für diese Dummheit. Einen Augenblick, einen unendlich langen Augenblick, verharrt der *Pasdar*. Salman schaut ihn inzwischen so wütend an, als wäre er tatsächlich mein Ehemann, und zwar ein sehr eifersüchtiger! Ein anderer Wächter neben Salman fragt ihn erbost, was mit ihm los sei, und stößt ihm mit dem Gewehrlauf in die Seite. Dann wendet er sich an den *Pasdar* vor mir: »Was gibt's da zu gucken? Hast du sie endlich überprüft?« Erst jetzt löst dieser seinen starren Blick von mir, gibt mir hastig den Ausweis zurück und faucht verärgert: »Verschwindet!«

Wir gehen zurück zum Jeep. Ich spüre, wie mir der kalte Schweiß den Rücken herunterläuft. In der gleißenden Sonne der heißesten Jahreszeit, Anfang August 1983, friere ich. Und noch immer halte ich mich an den Knöpfen meiner Weste fest.

Der Fahrer, die beiden Männer, die schon längst wieder im Jeep sitzen, und die alte Frau haben diese Szene mit Entsetzen verfolgt. Als Salman und ich wieder in den Wagen steigen, spüre ich, dass alle Augenpaare nach etwas unter meiner Weste suchen. Nur Salman schaut aus dem Fenster in die Ferne. Ich wüsste so gerne, was er in diesem Moment denkt. Denkt er an die Rückfahrt und die Kontrolle, die er wieder über sich ergehen lassen muss?

Wir fahren wieder los. Langsam. So langsam, als könnte der Fahrer nicht glauben, dass wir wirklich weiterfahren dürfen. Und wir sitzen alle so still und unbeweglich, als könnte das kleinste Geräusch die Wächter wieder umstimmen. Als wir in sicherer Entfernung sind, schiebt die alte Frau meine Tasche unter ihrem Kleid hervor und gibt sie mir zurück.

So weit das Auge reicht, sieht man nur Berge. Der anfangs noch asphaltierte Weg bricht ab und zu einfach ab, und der Jeep holpert querfeldein durch große Schlaglöcher und zwischen kleinen Hügeln durch. Mit jedem Loch habe ich das Gefühl, als säße ich in einem großen Eimer, der heftig geschüttelt wird.

Vor etwa einer Viertelstunde haben wir den letzten Kontrollposten der islamischen Regierung auf der »Brücke des Schicksals« und die Stadt Bukan hinter uns gelassen. Dort, wo von der Stadt und der Brücke längst nichts mehr zu sehen ist, hält der Fahrer unvermittelt an und verkündet freudig: »Wir sind in der ›Freien Zone‹!« Seine Botschaft rüttelt uns wieder wach. Wir springen aus dem Wagen, und die Männer fangen an zu tanzen. Die alte Frau holt eine kleine Tüte mit Süßigkeiten aus ihrer Tasche und bietet jedem davon an. Sie erzählt mir, dass sie unterwegs zu ihrem Sohn ist, der auf der freien Seite Kurdistans für die »Demokratische Partei« kämpft. *Peshmerge* nennen sich die kurdischen Widerstandskämpfer.

Ich nutze die Gelegenheit, um die Briefe, die ich immer noch am Leib trage, endlich abzubinden und sie in meine Reisetasche zu legen. Unsere Begrüßungsfeier für die Freiheit dauert nur kurz, denn wir haben noch einen langen, mühsamen Weg durch das Gebirge vor uns. Unser Ziel heißt Khorkhoreh. Es ist das erste Dorf hinter der Grenze in der »Freien Zone«. Khorkhoreh. Was für ein merkwürdiger Name! Wenn ich als Kind Unfug machte, hieß es immer: »Das Monster ›Lulu Khorkhoreh‹ wird dich fressen, wenn du nicht artig bist.« Wie es dort wohl aussieht?

Vor fünf Wochen berichtete die Tageszeitung »Keyhan«, dass die Regierung während eines blutigen Angriffs mehrere Dörfer der Widerstandsgruppen in Kurdistan erobert hat. Die »Freie Zone« schrumpft immer weiter zusammen. Ende Mai war sie noch eineinhalb Mal so groß wie jetzt. Das bedeutet, dass die Regierungstruppen in einem erschreckenden Tempo vorwärts marschieren. Die Frage, wie lange die Grenze noch dort bleiben wird, wo wir sie überquert haben, weiß keiner zu beantworten. Vor den Angriffen hieß das erste Dorf in der »Freien Zone« Baghche. Das bedeutet »kleiner Garten«. Ich wünschte, wir wären nicht nach Khorkhoreh, sondern nach Baghche unterwegs.

Es ist inzwischen Mittag, und in der Hitze rinnt uns der Schweiß aus allen Poren. Vier Stunden sind wir jetzt unterwegs. Salman, der die meiste Zeit schweigsam vor sich hin geträumt hatte, dreht sich plötzlich zu mir und sagt fröhlich: »Bald sind wir da.« Er hofft, auch Asad, seinen Bruder, wieder zu sehen. Bestimmt war meine Flucht nicht der einzige Grund, warum er diesen gefährlichen Weg auf sich genommen hat. Würde ihm aber etwas Schlimmes zustoßen, dann trüge ich allein die Schuld daran.

Der Jeep fährt den steilen Berghang hoch. Kaum zu glauben, dass der Wagen es wirklich schafft, uns heil nach oben zu bringen. Ich habe das Gefühl, das Fahrzeug droht jede Sekunde nach hinten überzukippen. Es ist so steil wie die Wege in meinen Albträumen, über die ich balancieren muss, so schwindelig, dass mich bei jedem Schritt die Angst vor dem freien Fall packt.

Die letzten Meter bewältigt das Auto nur dröhnend und qualmend. Am Gipfel halten wir an. Durch die geöffneten Fenster weht eine staubige, warme Brise. Meine langen Haare lösen sich aus dem Zopf und tanzen mit dem Wind. Sie riechen nach Erde und dem Staub, der sie fast grau gemacht hat. Ich sehe älter aus. Viel älter als vor fünf Tagen, als ich noch durch die Straßen von Teheran lief.

Weit unten, in der Hitze des Tals, flimmert ein kleines Dorf. Ein paar Lehmhäuser kleben eng nebeneinander am Berghang. Zwei Bäume sind das einzige Grün dort unten. Sonst hat alles die Farbe der Trockenheit. Es ist so ruhig hier oben. Nur das Bellen der Dorfhunde durchbricht ab und zu die Stille. Ob sie uns schon wittern können oder gehört haben? Der Wagen rollt langsam ins Tal hinab. Es geht so tief abwärts, dass ich lieber in den Himmel schaue. Er ist tiefblau und transparent, wie mein Kleid.

Gibt es tatsächlich eine Zeitmaschine?

Es scheint mir, als habe ich in weniger als einer Woche eine Zeitreise von mehreren hundert Jahren gemacht. Mit einer Maschine, die nur den Weg in die Vergangenheit kennt und mich nicht mehr in die Gegenwart zurückbringen kann.

Noch aus dem Wagen sehe ich zwei Frauen, die auf einem ausgedörrten Platz am Rand des Dorfes stehen und einen Balg aus Leder schwingen. Jede von ihnen hält ein Ende, und ihre Körper erbeben von der Kraft ihrer Bewegungen. Auf ihrer Stirn glänzt der Schweiß jener Anstrengung, die auch diese tiefen Furchen in ihre Gesichter gegraben hat.

Als Kind habe ich einmal eine Abbildung eines solchen Balges in meinem Geschichtsbuch gesehen. Ich beobachte demnach eine über sechshundert Jahre alte Zentrifugaltechnik. Die beiden Frauen sind dabei, aus Molke Butter herzustellen. Eine dritte Frau sitzt neben einem Berg aus Kuhmist und formt daraus kreisförmige Fladen, die sie der Reihe nach zum Trocknen in der Sonne ausbreitet. Das sei der beste Brennstoff für die Wintertage, die hier schrecklich kalt würden, versucht sie mir später zu erklären.

Hier findet sich kaum eine Spur des Zeitalters, aus dem ich gerade gekommen bin. In den Lehmhäusern gibt es weder Strom noch fließendes Wasser. Die einzigen Vertreter des zwanzigsten Jahrhunderts: Radios. Die gibt es in jedem Haus hier im Dorf, und pünktlich zu den Nachrichten ertönen sie laut durch alle Gassen. Die Bewohner Khorkhorehs empfangen die Nachrichten sämtlicher internationaler und oppositioneller Sender. »Radio Israel«, »Voice of America«, »BBC« und vor allem die Frequenzen kurdischer Widerstandsorganisationen. Die größten von ihnen sind »Komale«, eine linksorientierte Gruppe und die »Demokratische Partei Kurdistans«. Noch nie bin ich einem so armen und dennoch politisch so informiertem und engagiertem Volk begegnet. Die Revolution von 1979 gegen Schah, samt der bitteren Folgen, mit denen keiner gerechnet hatte, hatte zwangsläufig dafür gesorgt, dass die Politik in jeden Haushalt einzog. Selbst in den abgelegensten Dörfern im Iran.

Als wir in Khorkhoreh aus dem Wagen steigen, müde und mit steifen Gliedern nach der holprigen Fahrt, werden wir von einem hoch gewachsenen schnurrbärtigen Mann empfangen, der uns lang und kräftig die Hände schüttelt: »Willkommen, Salman! Willkommen, Genossin Zara! Ich heiße Nuri. Sieht ja so aus, als wärt ihr gut durchgekommen. Ich bringe euch zu unserer Niederlassung dort oben.« Er deutet auf ein Haus weiter oben am Berg. Vor dem Haus erkenne ich einen bewaffneten Wachposten, der mit einem Funkgerät beschäftigt zu sein scheint. »Es gibt bald Essen, aber vorher solltest du dich umziehen.« Nuri streckt mir eine Tüte mit Kleidungsstücken entgegen. Gleich am ersten Haus spricht er auf Kurdisch mit einer Frau, die vor der Tür sitzt. Sie zeigt mir ein Zimmer, wo ich mich umziehen kann, und lässt mich allein. In einer Ecke liegt das zusammengerollte Bettzeug, ansonsten ist der Raum leer. Es riecht nach Lehm und Kuhstall. Ich ziehe eine faltige Hose aus der Tüte, ein Hemd und einen dicken Schal, den ich mir um die Taille wickle. Die traditionelle Männerkleidung. Das schöne Kleid von Honja lege ich sorgfältig zusammen und packe es in die Tüte. In einer Nische in der Wand entdecke ich die Scherbe eines zerbrochenen Spiegels und versuche, mich darin zu betrachten. Doch diese Scherbe ist viel zu klein und zeigt mir immer nur ein winziges Stück von meiner Gestalt. Wie hässlich ich in diesen Fragmenten aussehe, denke ich.

Nuri erwartet mich vor der Haustür. Salman ist schon vorausgegangen. Wir steigen den Berg hinauf, dem Haus entgegen, das er uns gezeigt hatte. Es hat drei Zimmer, die von einem langen Flur abgehen. Die Lehmwände sind nicht verputzt, und mit vielen Bildern beklebt, auf denen die im Kampf gefallenen Mitglieder des Widerstandes abgebildet sind. In einem der Zimmer steht das Essen auf dem *Sofreh* bereit, einem großen bunten Tuch, das man auf dem Boden ausbreitet. Rundherum sitzen etwa vierzig Männer mit derben Gesichtern. »Das sind unsere Kameraden der *Peshmerge*«, sagt Nuri. Ich schüttele vierzig Hände und lasse mich neben Salman an einer Ecke des Tuches nieder. Das Essen, das die Kämpfer regelrecht in sich hineinschlingen, ist ein Eintopf aus weißen Bohnen, Tomaten und Kartoffeln. Fast alle sprechen Kurdisch und unterhalten sich laut. Keiner scheint sich besonders für mich zu interessieren. Nur einer fragt beiläufig, wie die Reise war. Ich fühle mich fremd und nicht gerade wohl. Salman, der seinen Bruder noch nirgends entdeckt hat, fragt seinen Nachbarn nach Asad. Die Enttäuschung über die Antwort ist nicht zu übersehen. »Was ist passiert?«, frage ich. »Asad ist in einen anderen Teil der ›Freien Zone‹ geschickt worden«, sagt er bitter. Ihn hält jetzt nichts mehr hier, er will gleich nach dem Essen mit dem Fahrer, der uns hergebracht hat, wieder zurückfahren. Salman ist sehr niedergeschlagen. Auf meine Frage, ob es nicht besser sei, noch eine Weile zu warten, um nicht denselben *Pasdar* auf der Brücke zu begegnen, die uns vor ein paar Stunden noch als Ehepaar kontrolliert haben, murmelte er nur: »Wird schon werden.« Dann gibt er mir die Hand, und ich reiche ihm die Plastiktüte mit Honjas blauem Kleid. Ich bleibe so lange draußen stehen, bis der Wagen in einer Wolke von Staub verschwindet. Danach mache ich einen Erkundungsspaziergang durchs Dorf. Es gibt hier nicht mehr als dreißig Häuser. Mir kommt die Welt hier so klein und eng vor, dass ich mir plötzlich wünsche, ich wäre auch mit dem Jeep zurückgefahren.

Es ist der zweite Tag meines Aufenthalts hier. Ebi bin ich noch immer nicht begegnet. Er hält sich in einem anderen Teil Kurdistans auf, und niemand kann mir wirklich sagen, wann und ob er hier eintreffen wird. Ich bin die einzige Frau in der Niederlassung unserer Organisation in Khorkhoreh. Die Männer hier gehören alle zu den »Kämpfern der ersten Reihe«. Als erstes Dorf hinter der Grenze der »Freien Zone« wird es auch das erste Ziel des nächsten Angriffs durch die Regierungstruppen sein. Hier bleiben nur diejenigen, die für den bewaffneten Kampf ausgebildet sind und die erforderliche körperliche Kraft mitbringen. Deshalb soll ich schon bald in ein anderes Dorf geschickt werden, weiter weg von der gefährlichen Front. Nur wenige Frauen aus der »Komale« und der »Demokratischen Partei« sind tatsächlich in der Lage, als *Peshmerge* gegen die Truppen der islamischen Regierung zu kämpfen. Dafür bedarf es neben einer guten militärischen Ausbildung auch enormer Kraft und Ausdauer. Die *Peshmerge* müssen oft mit schweren Rucksäcken, Munition und Waffen über mehrere Stunden ohne Rast durch das Gebirge gehen.

Die Männer, die das Dorf verteidigen sollen, leben alle in dem Haus am Berg. Einige von ihnen schlafen unter freiem Himmel. Stündlich wechseln sie sich bei der Wache ab, Tag und Nacht.

Ich schlafe bei einer Familie im Dorf auf einer Bastmatte. Wir alle teilen uns den einzigen Raum des Hauses. Die Eltern haben drei Töchter im Alter von vierzehn, fünfzehn und sechzehn Jahren. Dann, nach einer langen Pause, die Gott weiß wie zustande gekommen ist, haben sie drei weitere Kinder bekommen. »Diesmal drei Söhne!«, sagt die Mutter voller Stolz.

Ich mache Bekanntschaft mit dem einfachen Leben in den Bergen: Weder die Mutter und ihre Töchter noch sonst irgendeine Frau des Dorfes haben jemals von Monatsbinden gehört. Wenn sie ihre Regel haben, benutzen sie einen alten Stofffetzen, den sie auswaschen, um ihn wieder zu verwenden. Als eine Frau mir erzählt, dass sie ihren Fetzen immer unter einem Stein im Hof versteckt, bekomme ich eine Gänsehaut. Es gibt auch keine Toilette in den Häusern. Am Ende des Dorfes ist ein offener Lehmbau errichtet, mehrere Löcher sind darin in den Boden gegraben. Da hocken wir also nebeneinander. Einziger Sichtschutz ist eine Wand von einem halben Meter Höhe. In der Mitte des Baus befindet sich ein etwa einen Quadratmeter großes Becken. Durch einen dünnen Schlauch, den man vom Brunnen bis hierher gelegt hat, fließt langsam Wasser in dieses Becken hinein und auf der Seite in einem dünnen Rinnsal wieder heraus. Doch der Zufluss reicht bei weitem nicht aus, um das Wasser im Becken sauber zu halten, sodass immer eine dunkle, schmutzige Brühe im Bassin steht. In dieser Kloake waschen die Frauen ihre Hände, das Geschirr, die Wäsche, die Kinder und auch sich selbst. Seit ich das gesehen habe, beschäftigt mich die Frage, wie ich den Tee ablehnen soll, den sie mir so freundlich anbieten, ohne dass ich sie beleidige.

Furchterregend kämpferisch

Nach drei Tagen in Khorkhoreh fahre ich endlich weiter zum Nachbardorf. Wieder geht es über steile Wege und durch tiefe Täler. Diesmal habe ich weniger Angst. Vielleicht zwei Stunden liegen noch vor uns bis Mooseh. »Das ist ein wichtiger Ort, die Niederlassung einiger Führer der Organisation«, sagt Kasra, der mich begleitet. »Ist Ebi auch da?«, will ich von ihm wissen. »Soweit ich weiß, ist er bereits unterwegs. Er weiß, dass du kommst. Vielleicht ist er ja auch schon da.« Kasra ist ein ruhiger, bescheidener Mann um die fünfunddreißig. Über seinen hellblauen Augen trägt er eine Brille, die er zwischendurch immer wieder abnimmt, um sie mit einer Ecke seines Hemdes zu putzen. Er ist mit der Aufgabe betraut, Kleidung und Proviant für die *Peshmerge* zu organisieren, und er erzählt mir während unserer Fahrt einiges über die Leute in Mooseh. Einer der Führer in der Organisation namens Taher scheint in Kasras Augen sehr wichtig zu sein. Sobald er ihn erwähnt, wird seine Stimme leiser: »Du bist ja eine schlimme Raucherin, Genossin Zara. Der Genosse Taher hat es gar nicht gerne, wenn Frauen vor ihm rauchen!«, sagt er besorgt. »Raucht er selbst denn nicht?«, frage ich. »Doch, aber er findet es abstoßend, wenn die weiblichen Genossen rauchen«, erhalte ich zur Antwort. Was erhebt der denn für blödsinnige Regeln!

Ich dachte immer, in unserer Organisation seien Frauen und Männer gleichberechtigt. Kasra fährt fort: »Und in einer Diskussion darf er nie der Unterlegene sein. Jeden, der frisch aus der Stadt kommt, fragt er als Erstes nach den Neuigkeiten.« Heimlich beobachte ich Kasra und frage mich, ob er mich nur veralbern will, doch das scheint nicht der Fall zu sein. Da herrschen ja ziemlich fragwürdige Sitten, denke ich.

Vom Gipfel sehe ich weiter unten das Dorf. Es ist erstaunlich grün, umrahmt von nackten, hohen Felsen. Das Ufer des kleinen Flusses, der durch das Dorf fließt, ist mit Platanen bewachsen. Der erste grüne Fleck, den ich zu Gesicht bekomme, seit ich in der »Freien Zone« bin. Irgendwann bricht der Weg ab, und wir müssen zu Fuß ins Tal hinunter.

Nähere ich mich dem Ziel meiner Reise?

Die aus Lehm gebauten Häuser stehen terrassenförmig am steilen Hang. Auf den Dächern liegen bunte Kelims, dort spielen die Kinder, die Frauen machen eine Teepause und die älteren Männer rauchen eine *Ghalyun*, eine Wasserpfeife. Von oben sehen die Dächer wie ein Patchwork aus kräftigen Rot-, Grün-, Blau- und Gelbtönen aus. Farben der Natur, die sich in den Kleidern der Frauen wiederfinden. Ich mache eine interessante Feststellung: Je weiter ich mich von Teheran entferne, desto kräftiger werden die Farben, die die Menschen für ihre Stoffe benutzen.

Das Leben in Mooseh beginnt im Morgengrauen, im Sommer schon um vier Uhr. Die Luft füllt sich dann langsam mit dem Geruch der frisch angefachten Lagerfeuer, auf denen der morgendliche Tee oder Brot zubereitet werden. Ein Hirte sammelt die Kühe und Schafe von den einzelnen Häusern ein und treibt sie auf eine Weide. Jede Familie hat ein oder zwei Tiere; wenn sie »reich« ist, vielleicht sogar drei. Wenn die Herde durchs Dorf läuft, zieht eine staubige Wolke durch die Gassen, die nach Kuhstall riecht. Ab und zu brüllt eine Kuh, als beschwerte sie sich darüber, dass sie so früh aufstehen muss. Bald darauf kommen auch die Kinder aus den Häusern. Sie spielen mit herausgebrochenen Plastikstücken von einem Auto, das irgendwann einmal seinen Weg hierher gefunden hat. Die Frauen tragen große Tabletts mit Bergen von Wäsche oder Geschirr auf dem Kopf in Richtung Fluss. In Mooseh gibt es keine Toiletten und Wasserbecken für die Dorfgemeinschaft, wie noch in Khorkhoreh. Hier waschen die Menschen sich und ihre Kleider einfach im Fluss. Von wie vielen Dörfern der das Schmutzwasser schon mit sich führt, wenn er bei uns ankommt, und aus wie vielen Dörfern unterwegs er noch welches mitnimmt, will ich lieber gar nicht wissen.

Abends herrscht hier eine märchenhafte Stille, die nur ab und zu von den Glocken des Viehs oder vom Bellen der Hunde durchbrochen wird. Der Himmel sieht dann aus wie eine Zimmerdecke, die dicht mit Leuchtsternen beklebt ist. Das Mondlicht ist hier heller, als ich es je erlebt habe. Als ob eine riesige Laterne am Himmel hängt und alles in ihr silbriges Licht taucht. Ich wusste nicht, dass Mondlicht so hell sein kann, dass man jeden kleinen Stein ausmachen und jede Ratte auf ihrem Beutezug sehen kann.

In Teheran schlafen die Leute in solchen warmen Sommernächten oft auf dem Dach. Fast alle Häuser haben ein Flachdach, das als Terrasse dient. Dort stellen sie ihre Betten auf. Das nächtliche Leben auf den Dächern in der Stadt ist wie eine eigene Welt. Da die Dachterrassen nur durch niedrige Mauern voneinander getrennt sind, kann man abends vieles von dem mitbekommen, was auf den Nachbardächern passiert. Und der Weg zum Nachbarn führt auch mal über das Dach, vor allem wenn man gut befreundet ist. Meine Tanten wohnten gleich nebenan, und es gab nichts Schöneres, als mit meinen Kusinen und Vettern von einem Dach zum nächsten zu klettern. Nächtelang haben wir unter freiem Himmel nebeneinander gelegen, von unserem Liebeskummer oder dem neuen Freund erzählt und vor dem Einschlafen die Sterne gezählt. Doch sie waren nicht annähend so dicht beieinander und so schillernd wie hier. Dort, in der Millionenstadt Teheran, überstrahlen die vielen elektrischen Lichter alles.

Wenn es in Mooseh dunkel wird, verlässt kaum jemand mehr das Haus. Die Dorfbewohner schlafen sehr früh. Schon um neun wird das letzte Glimmen der Öllampen ausgepustet, und die letzten gesprochenen Sätze werden durch die offenen Fenster nach draußen getragen. Sätze, die ich noch nicht richtig verstehe.

Die Holztüren der Dorfhäuser stehen immer weit auf. Manche Häuser haben einen kleinen Vorhof, von dem aus man über ein paar Treppenstufen in die Wohnräume gelangt. Die Wände sind dick und die Fenster nur sehr klein, doch nicht ohne Grund: Die Winter hier sind hart. Die Menschen müssen mit wenig Brennstoff durch den Winter kommen. Und nicht alle Fenster haben auch eine Fensterscheibe! Glasfenster sind das Privileg der Reichen. In den anderen Häusern werden die Öffnungen im Winter mit einer Plastikfolie isoliert.

Unsere so genannte Niederlassung besteht aus drei Zelten, die nebeneinander außerhalb des Dorfs errichtet sind. Hier halten sich nur wenige Mitglieder der Organisation auf. Das größte Zelt ist der Wohn- und Arbeitsplatz der Männer. Hier ist nämlich die Redaktion einer unserer Zeitschriften untergebracht. Das kleinere Zelt ist das Frauenzelt und das dritte dient als Lebensmittellager, das allerdings nicht sehr üppig bestückt ist.

Kurz bevor Kasra und ich an diesem Morgen die Niederlassung erreichen, kommt uns ein Mann entgegen, den ich kenne. Ein bekanntes Gesicht. Ich habe ihn öfter in Teheran im Hauptquartier der »Fedayi« gesehen. Hamed ist ein gut aussehender Mann und überragt die meisten hier an Körpergröße. Er ist ein aufgewühlter Idealist mit wirrem Haarschopf und spricht laut und aufgeregt, als ob er seine Zuhörer ständig zu einer kleinen Rebellion bewegen will. Hamed begrüßt mich so herzlich wie eine alte Freundin, was mich erstaunt. Es dauert keine zwei Tage, bis ich merke, dass er immer eine Gruppe von Bewunderern um sich scharen muss. Abends am Lagerfeuer erzählt er gerne Geschichten aus seinen Guerilla-Zeiten in Palästina und singt kämpferische Lieder.

Eine kleine schwarzhaarige und eine größere dunkelblonde Frau stehen vor ihrem Zelt und beäugen mich neugierig. Diese Blicke bin ich gewöhnt, seitdem ich in einer linken Organisation arbeite und zudem einen Mann aus der Führung geheiratet habe. Azade und Minu arbeiten als Schreibkräfte und sind bislang die einzigen Frauen im Lager. Hier kommt jetzt also Genossin Zara, die dritte Frau im Bunde.

Die links orientierten Frauen im Iran erkennt man eindeutig an ihrem Äußeren. Sie uniformieren sich regelrecht in Jeans, Männerhemden und Sportschuhen. Sie tragen kurzes oder sehr stramm zusammengebundenes Haar und keine Schminke. Wenn sie Sport treiben, geht es ihnen nicht um Idealmaße, sondern um Kraft und Ausdauer.

Damals in Teheran machten wir paramilitärische Bergwanderungen in die abgelegensten Gegenden, wo es keine Wege gibt, wo Hartnäckigkeit und vor allem Mut gefragt ist. Wir wollten natürlich beweisen, dass wir in keinem Bereich schwächer oder ängstlicher waren als die

Männer. Wir trugen genauso schwere Rücksäcke wie sie und erkletterten jede Steilwand. Am Freitag, im Iran der einzige arbeitsfreie Tag in der Woche, stand ich oft um vier Uhr morgens auf, packte meine Sachen und fuhr zum Treffpunkt der »Uni-Wandergruppe«. Mit schrecklicher Höhenangst verdammte ich jeden Schritt, von Anfang bis Ende. Sicher konnte sich keiner aus dieser Gruppe vorstellen, wie sehr ich dieses Programm hasste. Noch mehr als die Höhe hasste ich allerdings meine Ängste. Sie mussten weg, und sei es mit Gewalt.

Gut oder gepflegt auszusehen sind »Merkmale der Bourgeoisie«, und dazu wollen die linken Frauen sich keinesfalls zählen lassen. Immer, wenn ich in der linken Szene nach meiner äußeren Erscheinung beurteilt werde, habe ich schlechte Karten. Denn egal wie ich mich anziehe, halten sie mich für eine aus »bourgeoisen« Verhältnissen. Weil ich viel lache und ein wenig lebensfreudiger bin als andere Genossinnen? Ich weiß es nicht. Aber eines weiß ich: Hier ist Ernsthaftigkeit gefragt! Besonders die Frauen versuchen damit ihre eiserne Entschlossenheit unter Beweis zu stellen. Um jeglichem Vorwurf aus dem Weg zu gehen, mache ich in der Anwesenheit unserer Kameraden oft eine finsterere Miene als sonst. Mit dem Ergebnis, dass ich obendrein noch arrogant wirke! Soll doch jeder von mir halten, was er will, versuche ich mich zu beruhigen. Im Grunde genommen halte ich wenig von ihren Klischees.

Dennoch werde ich mich jetzt ändern müssen, innerlich wie äußerlich. Die langen Haare müssen ab. Als nur drei Zentimeter von ihnen übrig sind und ich dazu noch die kurdischen Männerklamotten trage, finde ich mich schon furchterregend kämpferisch. Wie man sich irren kann! Das reicht hier längst nicht aus, um ernst genommen zu werden. Nicht in dieser Umgebung, die vom harten Leben und brutalen Krieg bestimmt wird und wo kaum Platz für irgendwelche *feinsinnigen* Gefühle, *sentimentale* Leidenschaften oder *romantische* Zärtlichkeiten ist. Diese Wörter spricht hier niemand ohne Spott und Ironie aus, sie sind ein Zeichen von Schwäche, und hier haben nur die Gröbsten das Sagen!

In meinen Kleidern aus Khorkhoreh sehe ich zumindest nicht so aus, als käme ich gerade von einer Modenschau, tröste ich mich und gehe lockeren Schrittes auf eine kleine Versammlung zu, die mich schon vor den Zelten erwartet. Aber wo ist Ebi? Warum ist er nicht dabei?

Ein kleiner, hagerer Mann mit Glatze und einem dicken Schnurrbart tritt aus der Gruppe hervor und begrüßt mich mit näselnder Stimme: »Ach, Genossin Zara, schön, dass Sie bei uns sind. Ich bin Taher!« Das ist also der Mann, den Kasra für die wichtigste Person der Organisation hält! Ich kann mich nicht erinnern, ihn schon einmal gesehen zu haben. Die Führer der »Fedayi« tagten früher regelmäßig in unserem Haus. Zwar kannte ich nicht alle Namen, aber an die Gesichter kann ich mich jederzeit erinnern. Seins ist mit Sicherheit nicht darunter. Während er sich von meiner Ankunft begeistert zeigt, spüre ich etwas in der Art seiner Begrüßung, das mir missfällt. Etwas Verlogenes. Ach, vielleicht bilde ich mir das auch nur ein.

Wir gehen ins Zelt und setzen uns in die Runde. Kaum hat er mich gefragt, ob ich den Weg gut überstanden habe, packe ich meine Zigarettenschachtel aus und frage nach Feuer. Lässig zünde ich mir eine Zigarette an und schaue genussvoll in seine verdrießliche Miene. Kampflustig warte ich darauf, dass er den Fehler begeht, seinem Unmut Luft zu machen. Doch so leicht macht er sich nicht angreifbar.

Er zündet sich selbst eine Zigarette an, schlürft seinen Tee und lässt seinen Blick über die Anwesenden schweifen, so, als wolle er eine große Ankündigung machen.

Während er nachdenkt und auch beim Reden, streicht er immer wieder über seinen großen Schnurrbart. »Wir wollen nun gerne von der Genossin Zara hören, was sie für Neuigkeiten aus Teheran mitgebracht hat«, hebt er an. Und noch bevor ich darauf antworten kann, fährt er fort: »Ich habe gehört, das unsere Gruppe die einzige ist, die noch aktiv Widerstand leistet. Neulich erreichte uns die Nachricht, dass unsere Leute in Qazvin während eines Streiks am helllichten Tag Flugblätter verteilt haben. Bestimmt weiß Genossin Zara noch mehr solcher erfreulichen Nachrichten zu berichten.«

Alle Anwesenden schweigen erwartungsvoll. Etwas Erfreuliches? Was will er denn von mir hören? Dass die Wahrheit keineswegs so schmeichelhaft ist, weiß er sicher besser als ich. Ich bin ziemlich verdutzt. »Ich wüsste nicht, von welchen erfreulichen Ereignissen ich berichten sollte. Die letzten Monate waren bekanntermaßen einfach grausam für die Organisation. Das ist ja auch der Grund, warum ich hier bin. Sonst hätte ich Teheran nicht verlassen müssen. Eine Niederlage jagt die nächste. Die Neuigkeit ist einfach die, dass wir in der letzten Zeit nichts anderes zustande gebracht haben, als irgendwie zu versuchen, die überlebenden Zellen der Organisation zu retten. Und selbst wenn ein paar lebensmüde Aktivisten bereit sind, in dieser Zeit des Terrors am helllichten Tage Flugblätter zu verteilen, bedeutet das längst nicht, dass es auch Leute gibt, die sich trauen, sie am helllichten Tag mitzunehmen«, entgegne ich hitzig. »So wie ich die Geschichte kenne, sind unsere Leute vor einer Woche in Qazvin mit dem Motorrad vor eine Fabrik gefahren, haben die Flugblätter in die Luft geworfen und sich dann schleunigst aus dem Staub gemacht. Solche Feldzüge haben aber doch wohl nur wenig mit organisiertem Widerstand zu tun.« Taher unterbricht mich aufgeregt: »Was Sie da verbreiten, sind nur Gerüchte, die die Regierung in die Welt gesetzt und die leider schon viele von uns in Angst versetzt haben. Gerüchte, die bedauerlicherweise auch Genossin Zara beeinflusst haben«, wendet er sich an die anderen.

Unser Gespräch nimmt einen immer unangenehmeren Verlauf. Auf so einen Angriff war ich nicht vorbereitet. Was veranlasst ihn, mich derart anzugehen? Nur selten macht in dieser Runde einer den Mund auf. Hamed ist der Einzige, der ab und zu zaghafte Versuche zu meiner Verteidigung macht, wird aber von Taher jedes Mal unterbrochen. Irgendwann merke ich, dass es unsinnig ist, weiter zu diskutieren. Ich entschuldige mich vor den Anwesenden und gehe frische Luft schnappen.

Im politischen Kampf gegen die Regierung weiß ich, mit wem ich es zu tun habe und warum. Doch Tahers Interessen erscheinen mir undurchsichtig. Will er wirklich auf jeden Fall vermeiden, den Tatsachen ins Auge zu sehen und sich mit der Wirklichkeit auseinander zu setzen? Ich habe gerade einen kleinen Vorgeschmack auf den Kampf gegen die eigenen Genossen bekommen, bei dem ich ein besonders dickes Fell werde brauchen müssen.

Verwirrt und ziellos streife ich nun zwischen den Felsen umher, an denen ich noch vor zwei Stunden so aufgeregt vorbeigegangen bin, in der Hoffnung, Ebi endlich wieder zu sehen, aber auch neugierig darauf, meine neuen Genossen kennen zu lernen. Wo bin ich hier bloß gelandet? Und wo ist Ebi? Dass ihm seine Arbeit wichtiger ist als unsere Partnerschaft, ist mir eigentlich nichts Neues. Es hat mich auch nie gestört. Nein, das stimmt nicht ganz! Ab und zu hat es mich schon gestört, zum Beispiel als ich krank wurde und er sich nicht um mich kümmerte, weil er etwas Dringendes für die Organisation zu tun hatte. Oder als er stunden-, tage- und wochenlang so in seine Arbeit und unzählige Diskussionen vertieft war, dass er meine Anwesenheit ganz einfach vergaß. Das ärgerte mich zwar, aber im Großen und Ganzen war mir bewusst, dass das Leben mit einem politischen Führer Einschränkungen mit sich brachte.

Dennoch erwarte ich nach neun Monaten, die für mich lang, einsam und lebensgefährlich waren, dass Ebi nun hier wäre. Dass er mich empfangen würde, egal welche wichtigen Sachen zu erledigen waren. Und angeblich sollte er ja schon vor mir hier ankommen.

»Was machst du hier so ganz alleine?«, holt mich ein vertraute Stimme aus meinen Gedanken. »Ebi!« Ich springe auf und laufe in seine Arme. Wir umarmen uns. Ich drücke ihn fest. So fest, als habe ich meinen Rettungsengel wieder gefunden. »Wo warst du denn? Warum hast du mich nicht selber in Khorkhoreh abgeholt?« »Es tut mir so furchtbar Leid, Zara, es ging wirklich nicht. Ich war ganz am anderen Ende des Landes. Seit gestern Abend bin ich unterwegs, in der Hoffnung, hier zu sein, bevor du ankommst. Es tut mir Leid.« Ebi löst sich von mir: »Lass mich dich anschauen, du hast ein bisschen abgenommen, oder?« Ich schaue ihn still an. Er hat sich nicht verändert, nicht im Geringsten. Das Leben hier scheint ihm ganz gut zu bekommen.

Arm in Arm sitzen wir still nebeneinander auf einem Felsbrocken. Ein prächtiger Baum spendet uns großzügig seinen Schatten. Von hier hört man das Rauschen des Flusses unten im Tal. Ein wilder Vogel schreit am Himmel. Am Horizont erstreckt sich eine endlose Bergkette. So lange habe ich auf diesen Moment gewartet, Ebi wieder zu sehen, wieder mit ihm zu reden. Jetzt sitzt er endlich neben mir und ich weiß nicht, womit ich anfangen möchte. Die ganze sehnsuchtsvolle Spannung, mit der ich der ersten Begegnung mit Ebi nach so langer Zeit entgegengefiebert habe, wird von meiner missglückten Ankunft überschattet. Das hat mich so mitgenommen, dass ich alles, was ich ihm erzählen wollte, längst vergessen habe. »Du bist ja so schweigsam, Zara. So kenne ich dich gar nicht.« Da hat er allerdings Recht. Früher fing ich, kaum dass wir zusammensaßen, immer an, wie ein Wasserfall zu reden, zu erzählen und zu fragen. Ja, vor allem zu fragen, wieso, weshalb und warum … »Erzähl mir von deiner Reise, von Teheran«, versucht Ebi mich aufzuheitern. »Ach, was interessiert mich denn Teheran! Ich komme hier an, und erst bist du nicht da, und dann kommt da auch noch dieser Taher …« »Ich weiß, ich weiß, ich habe es schon gehört, von Hamed.«

»Was geht hier eigentlich vor, Ebi? Ich frage mich ernstlich, ob ich hier nicht im falschen Film gelandet bin.« Ebi schaut mich hilflos an. »Vielleicht hätte ich dich etwas besser auf die Atmosphäre hier vorbereiten sollen. Es herrscht eine Krise in der Organisation. Wir haben es gerade erst geschafft, eine Art Waffenstillstand herzustellen. Das wird sich alles schon wieder einrenken.«

Von welcher Krise redet er? Haben wir nicht schon genug Krisen in dieser Organisation gehabt?

Mehr als alles andere in dieser Welt wünsche ich mir, dass Taher Recht hätte und wir im Iran tatsächlich noch etwas bewegten. Und ich bin bereit, für die Organisation, auf die noch immer so viele Menschen ihre Hoffnung setzen, alles zu tun. Ich würde ja mit meiner ganzen Kraft zu allen, wenn auch nur kleinen, aber doch ernst zu nehmenden Initiativen beitragen. Aber so einfach ist es nicht, denn die Wahrheit sieht ganz anders aus.

Die Wahrheit ist, dass die Widerstandsgruppen im Iran 1983 bereits in den letzten Atemzügen liegen.

Die Wahrheit ist, dass wir in der politischen Szene kein großes Gewicht mehr haben.

Und eine noch bitterere Wahrheit ist, dass sich die Organisation, noch bevor die Regierung es schafft, »Fedayi« zu zerschlagen, durch ihre inneren Zerwürfnisse selbst zersetzt.[2]

Kurz nach der Schließung der Universitäten 1980 verliert »Fedayi«, ehemals wichtigste Kraft der Opposition, durch interne Machtkämpfe nach und nach an Bedeutung in der politischen Szene des Iran. Es bilden sich innerhalb der Organisation drei Gruppen heraus, die unterschiedlicher Auffassung sind, wie mit der diktatorischen Mullah-Regierung zu verfahren ist. Die konservative »Mehrheit« steht der Regierung wohlwollend gegenüber. Die linksradikale »Minderheit« verdammt die Regierung als menschenfeindlich und fordert den sofortigen Sturz mit allen Mitteln. Die gemäßigte »Linke Front der Mehrheit« will mit politischen Mitteln gegen das Regime kämpfen. Bald sind die internen Meinungsverschiedenheiten so groß, dass eine einheitliche Arbeit unmöglich wird. »Fedayi« zerbricht in drei Teile.

Von dieser Entwicklung profitiert vor allem die islamische Regierung, aber auch eine religiöse Widerstandsgruppe: die »Volks-Mujaheddin«.[3] *Sie ergreifen die günstige Gelegenheit, sich in den Vordergrund zu drängen.*

20. Juni 1981. *Die »Volks-Mujaheddin« mobilisieren all ihre Kräfte und rufen zu einem endgültigen Krieg gegen die islamische Republik Iran auf. Dieser Aufruf gibt wiederum der Regierung Anlass, den finalen Kampf gegen den Widerstand im Iran einzuläuten. Die islamische Regierung, die schon lange nach einer Gelegenheit sucht, die Halbdemokratie, die im Zuge der Revolution von 1979 entstanden war, zu beseitigen, bekommt diese nun unverhofft geliefert.*

Die Straßen von Teheran und anderen großen Städten

verwandeln sich in das Szenario eines gewalttätigen und verheerenden Bürgerkriegs. Alle paar Minuten ertönt ein Dauerfeuer. Wenn die »Volks-Mujaheddin« zu einem ihrer Spontanproteste zusammenkommen – und zwar zu Tausenden –, schießen die Regierungstruppen auf jeden Menschen in dieser Masse.

Die Hisbollahwächter nehmen alle fest, die ihnen verdächtig vorkommen. In den überfüllten Gefängnissen wird Verhafteten der letzte Prozess gemacht, der nicht länger als fünf Minuten dauert.

Der Höhepunkt dieses Grauens ist das allabendliche Radioprogramm. Nach den Nachrichten um 22 Uhr wird die Liste der Hinrichtungen verlesen. Abend für Abend, wochenlang. Familien, deren Söhne oder Töchter bis zum Abend nicht zu Hause erschienen sind, sitzen vor dem Radio.

Der Aufstand der »Volks-Mujaheddin« wird nach einer Woche niedergeschlagen, und die gesamte Opposition muss dafür büßen. Der 20. Juni 1981 wird zu einem Wendepunkt in der Geschichte des iranischen Widerstandes. Die islamische Regierung erhebt diesen Tag der Niederschlagung zum »Tag des Willens Gottes«.

In diesem Sommer suchte eine Flut von Menschen nach einem rettenden Unterschlupf. Jeder, der im Widerstand aktiv war oder auch nur im Entferntesten verdächtigt wurde, versuchte, seine Adresse zu ändern oder zumindest vorübergehend bei Bekannten eine Bleibe zu finden. Doch kaum jemand war in der Lage, diesen Menschen zu helfen. Fast jede Familie hatte zumindest einen Angehörigen unter den Verdächtigten, den sie zuerst retten musste. Und in keinem Land der Welt gibt es Verstecke für mehr als hunderttausend Verfolgte. Im Namen des »Willens Gottes« musste nach dem 20. Juni jeder Vermieter seine Papiere zusammen mit Namen und Kopien der Ausweise seiner Mieter bei der Hisbollahpolizei vorlegen. Durch dieses Verfahren kam die Regierung Tausenden von verdächtigten oder untergetauchten Menschen auf die Spur.

Dass ich diese schlimme Zeit überlebt habe, ist mehr als Glück. Nur kurz vor jenem verhängnisvollen Tag des »Willens Gottes« wurde ich durch einen dummen Zufall verhaftet und landete im Gefängnis.

Im Untergrund

Nach der so genannten »Kulturrevolution« hatte die Hisbollah zunächst begonnen, mithilfe von Fotos und Akten aus der Universität politisch aktive Studenten zu verfolgen. Meine gesamte Familie war in ein anderes Haus umgezogen, und ich durfte mich nicht mehr an der Universität sehen lassen. Vorsicht war geboten. Dafür hatte ich jetzt reichlich Zeit für meine politische Arbeit. An einem Mittag, als meine Freundin Fariba und ich auf der Straße Flugblätter verteilten, wurden wir von einem Studenten der islamischen Initiative erwischt und nur fünf Minuten später festgenommen.

In einem Landrover des »Komitees« brachte man uns in das größte Gefängnis Teherans, nach Ewin. Wir nannten es ironisch auch »Hotel Ewin«, weil es ganz in der Nähe eines der luxuriösesten Hotels von Teheran gebaut worden war. In den Gefängnissen waren die Verhältnisse vor dem 20. Juni 1981, dem »Tag des Willens Gottes«, noch nicht ganz so katastrophal. Es gab dort noch keine systematischen Folterungen, und die Mehrzahl der Inhaftierten waren Prostituierte. Ihr Viertel, ein riesiger Stadtteil im Süden Teherans, war nach der islamischen Revolution »gereinigt« und die Bordelle waren geschlossen worden. Diejenigen, die nicht entwischen oder keinen neuen Unterschlupf finden konnten, waren kurzerhand ins Gefängnis gesperrt worden.

In einem Raum im vorderen Teil des Gefängnisgebäudes wurden wir gründlich von einer Hisbollahschwester abgetastet. Sie fand nichts bei uns, denn wir hatten alle Flugblätter vor der Verhaftung in einen *Jub* geworfen, einen der offenen Wasserkanäle am Straßenrand, wie es sie in Teheran fast überall gibt. Man nahm unsere Personalien auf. Ich gab meine ehemalige Adresse an, die nur noch in den Akten der Universität existierte. Damals gab es noch keine zentrale Datenbank, wo man so eine falsche Information mit einem Klick hätte feststellen können. Zu meinem Glück.

Uns einfach wieder auf freien Fuß zu setzen, obwohl wir so unschuldig dastanden, war ihnen aber auch nicht recht. Wir sollten wenigstens noch einen Denkzettel bekommen.

Fariba und ich wurden getrennt. Eine Hisbollahschwester drückte mir einen zerknüllten *Tschador* in die Hand: »Zieh das über, du schlampige Hure, das hier ist kein Bordell, wo du rumlaufen kannst, wie du willst.« Zwischen zwei schwarz verhüllten Schwestern ging ich durch einen der schmalen, dunklen Flure von Ewin, entlang einer endlosen Reihe von eisernen Türen mit kleinen vergitterten Fenstern. War dies der Ort, über den ich damals unter der Schah-Regierung so viele Geschichten von grausamsten Folterungen und heldenhaftem Widerstand gehört hatte? Dass es nur drei Wochen dauern würde, bis hier noch viel grausamere Dinge geschahen, ahnte ich zu diesem Zeitpunkt nicht.

Sie brachten mich in eine Einzelzelle, zwei Quadratmeter aus grauem Beton. Auf dem Fußboden lag eine schmutzige dünne Wolldecke, und in der linken Ecke gab es ein verschmiertes WC und ein noch dreckigeres Waschbecken. Mir wurde schlecht. Noch vor einer Stunde hatten meine Freundin und ich uns über Gott und die

Welt amüsiert. Ich konnte es nicht fassen, dass die Tür hinter mir mit einem kalten Geräusch zuknallte und ich nirgendwo mehr hindurfte. Ich war kein freier Mensch mehr! Ich war eine Gefangene. In dieser Nacht träumte ich immer wieder, dass ich die eiserne Tür öffnete und auf die Straße ging. Ich träumte, dass ich eigentlich zu Hause wäre und nur träumte, im Gefängnis zu sitzen. Mein Zimmer verwandelte sich in eine Zelle und umgekehrt. Diese erste Nacht im Gefängnis werde ich nie vergessen. Seither bereitet mir immer alles, was mich irgendwie festhalten oder fesseln könnte, eine unterschwellige Angst, sodass ich mich früher oder später losreißen muss. Es gibt nichts Wertvolleres im Leben als die Freiheit.

In der rechten Ecke der vermeintlichen Einzelzelle saß jemand. Eine rothaarige, ältere Frau, die mich neugierig musterte. Sie machte nur einmal den Mund auf, da war mir klar, dass ich in der Gesellschaft einer Prostituierten gelandet war. »Kannst du mir ein bisschen Urin leihen?« »Wie bitte?« »Nun mach nicht so ein Gesicht. Was ist denn ein bisschen Urin schon wert, sei nicht so geizig!« Ich war so baff, dass es eine Weile dauerte, bis ich kapierte, was sie von mir wollte. Sie war drogenabhängig und brauchte meine Hilfe für ihren Urintest am nächsten Tag. Auf meinen Protest reagierte sie mit einem erbärmlichen Geschrei, wobei sie aus einer unerschöpflichen Quelle von Schimpfwörtern schöpfte, die mich fast vom Stuhl hauten. »Schon gut, schon gut...«, versuchte ich sie zu beruhigen und nahm ihren Plastikbecher. Plötzlich war sie wieder friedlich. Ja, nun war sie sogar viel zu nett. Madam Mahwash ließ sich von meiner missmutigen Miene nicht im Mindesten beeindrucken und nannte mich unablässig »Küken«. Das ärgerte mich fast noch mehr als mich ihr Geschrei gestört hatte. Ein paar Stunden später öffnete sich die eiserne Tür wieder. In der

Hoffnung, ich würde endlich freigelassen, sprang ich zur Tür. Für meine Begeisterung bekam ich einen harten Stoß vor die Brust, der mich in die Ecke der Zelle zurückbeförderte: »Mach Platz, du Nutte!« Sie brachten uns das Abendessen. Auf einem Tablett lagen zwei Stücke Brot, die ihre besten Tage schon hinter sich hatten, und zwei Teller mit einem Haufen gelber Brei, der aussah, als hätte eine Katze darauf gekotzt. Einmal mehr wurde mir übel. Meine Gefährtin freute sich riesig, dass ich keinen Appetit zeigte, und verschlang augenblicklich beide Portionen. Ich schaute lieber weg, während sie aß, und begann, die zahllosen Gedichte an den Wänden zu lesen. Dass diese Frauen einen solchen Drang zum Literarischen verspürten, hatte ich nicht gedacht. Es waren die billigsten, kitschigsten und sexistischsten Stücke, die ich bis dahin gelesen hatte, geschmückt von kunstvollen Malereien. Gebrochene Herzen und rot gemalte dicke Lippen, die jedem ein Küsschen schenkten, aber auch viele bemerkenswerte, informative Abbildungen. Die Zwangsbekanntschaft mit Madam Mahwash lenkte mich von meinem Gefangenendasein ab und bot mir die einmalige Gelegenheit, eine Prostituierte einmal aus nächster Nähe kennen zu lernen. Und ich war schon neugierig auf das Leben in einem Viertel, in das ich nie auch nur einen Fuß zu setzen gewagt hätte. Man hatte uns von diesem Stadtteil solche schrecklichen Geschichten erzählt, dass wir immer einen großen Bogen darum machten. In der Tat passierten dort die übelsten Verbrechen, und für eine »normale« Frau ist es absolut undenkbar, sich dort zu bewegen. Dass es in vielen Rotlichtvierteln Europas so ist und sie andernorts sogar touristische Attraktionen sind, war später eine der vielen Überraschungen, die ich im Exil erlebte. Stundenlang bin ich längs der Bordellschaufenster durch die engen Gassen von Amsterdam gelaufen. Ich war entsetzt und fasziniert zugleich.

Siebzehn Tage saß ich mit Madam Mahwash gemeinsam in dieser kleinen Zelle. Genügend Zeit für die merkwürdigsten Geschichten. Als ich entlassen wurde, verfügte ich über einen viel größeren und lebhafteren Wortschatz als zuvor.

Mein Vater hatte in dieser Zeit alles Erdenkliche unternommen, um mich aus dem Gefängnis zu holen. Er besuchte jeden, von dem er auch nur annahm, dass er gute Kontakte zur Regierung habe. Endlich gelang es ihm, beim Leiter des Gefängnisses einen Termin zu bekommen. Dort konnte er eine Art Bürgschaft für mich abgeben. Er musste schriftlich erklären, dass er mir in Zukunft jegliche politische Aktivität strengstens verbieten werde. Andernfalls drohe mir, dass ich »die Welt nie wieder ohne Gitter sehen« würde, wie der Gefängnisdirektor betonte, und meinem Vater eine Geldstrafe von dreihunderttausend *Tuman*, damals fast zehntausend D-Mark.

Es gab nur ein einziges Verhör. Irgendwie gelang es mir, dem Mullah in weniger als einer Stunde glaubhaft zu machen, dass ich seit der Schließung der Universitäten nichts mehr mit Politik zu tun gehabt hatte. Und, nein, natürlich dachte ich auch nicht daran, je wieder etwas damit zu tun zu haben, Gott bewahre! Ich wunderte mich selbst über meine schauspielerischen Fähigkeiten. »Vielleicht hättest du mich lieber auf eine Schauspielschule schicken sollen«, scherzte ich erleichtert mit meiner Mutter, als ich nach den siebzehn Tagen wieder nach Hause kam. Nur drei Wochen länger im Gefängnis und kein Theater der Welt hätte mir mehr helfen können.

Meine Freundin Fariba hatte weniger Glück. Sie wurde in ein anderes Gefängnis verlegt und hatte niemanden, der eine Bürgschaft für sie übernehmen konnte. Sie saß neun Jahre lang im Gefängnis.

Kaum war ich aus dem Gefängnis entlassen, musste ich nach dem 20. Juni 1981, wie hunderttausend andere auch, mein Zuhause verlassen und untertauchen. Meine Erinnerung an das »Hotel Ewin« war noch sehr lebendig, und die Bedingungen dort hatten sich inzwischen drastisch verschlimmert, außerdem konnte man bei so vielen Verhafteten nicht mehr sicher sein, wer unter Folter was und wen verraten würde.

Vielleicht würde ja auch jemand meine Beziehung zu Ebi preisgeben. Wir hatten uns ein Jahr zuvor kennen gelernt und trafen uns häufig. Es war ganz und gar denkbar, dass wir beschattet wurden. Ein Risiko, dem ich mein Elternhaus nicht aussetzen wollte. Nein, meine Familie sollte nicht in meine Aktivitäten hineingezogen werden. Ebi und ich wollten bald heiraten. Doch auch das musste streng geheim bleiben. Niemand aus meiner Familie durfte es wissen. Ich zog zunächst zu Ebi.

»Ich ziehe zu einer Freundin«, sagte ich zu meiner Mutter. »Können wir dich dort erreichen?«, fragte sie besorgt. »Mama, ich werde dir weder die Telefonnummer noch die Adresse geben. Das ist sicherer für uns alle, glaub mir.« Meine Eltern akzeptierten diesen Umstand nur, weil sie dachten, er sei vorübergehend, »bis die Lage sich beruhigt«, wie sie zu sagen pflegten. Ja, bis die Lage sich beruhigte. Wie sehr wir uns wünschten, dass sie sich entspannte, aber eigentlich war niemand wirklich überzeugt davon.

Unser gemeinsames Leben in Ebis Wohnung dauerte kaum ein Jahr. Viel zu viele Oppositionsführer wurden während dieser Zeit erwischt und ermordet. Für Ebi, eines der bekanntesten Gesichter der »Fedayi«, dessen Bild bei der ersten »freien« Parlamentswahl 1980 an jede freie Fläche plakatiert worden war, wurde ein Leben in Teheran unmöglich. Er musste verschwinden! Im Oktober

1982 entschied er sich, in Richtung Kurdistan zu fliehen. Ihn zu begleiten kam für mich nicht infrage. »Wer kennt mich denn hier schon?«, fragte ich, als wir an einem späten Septemberabend zusammen saßen. »Ich will nicht weg aus Teheran. Hier ist doch meine Familie, mein Leben.« »Du bist hier auf Dauer nicht sicher, Zara. Du glaubst doch nicht, dass diese Jagd auf uns morgen vorbei ist? In Kurdistan haben wir vielleicht eine Chance, auch noch etwas zu bewegen!« Ebi stocherte lustlos in seinem Essen herum. Er kannte meinen Sturkopf. »Nein, nach Kurdistan zu fliehen ist wirklich die letzte aller Möglichkeiten. Ich will hier bleiben, Ebi, und ich werde es auch ohne dich schaffen.« Er konnte mich verstehen, doch er machte sich große Sorgen. »Wer weiß, wann sie diese Wohnung entdecken. Wenn du erfährst, dass einer unserer Freunde, die über die Wohnung Bescheid wissen, verschwunden ist, musst du hier sofort verschwinden«, warnte Ebi eindringlich, bevor er seine Siebensachen packte und ging. Es dauerte keine zwei Wochen, bis mich Afsaneh anrief: »Du darfst keine Minute länger in der Wohnung bleiben. Bahram ist verhaftet worden. Du musst sofort da raus.« An diesem Abend, Ende Oktober, verließ ich die Wohnung für immer, und für mich begann die Hölle.

Alle paar Tage suchte ich bei Freundinnen, Freunden oder Bekannten einen neuen Unterschlupf. Sogar bei Leuten, die ich seit Jahren nicht mehr besucht hatte. Ich blieb nie länger, als sie mich gefahrlos beherbergen konnten. Nach einigen Wochen war allerdings auch dieser Bekanntenkreis allmählich ausgeschöpft. Ich war rastlos, ich war immer auf der Hut, alarmiert von der kleinsten Bewegung, und ich war allein.

Ich klingelte bei einem alten Sandkastenfreund. Mehran war vier Jahre älter als ich. Als er siebzehn war, hatte er mich gefragt, ob ich ihn heiraten wolle. Doch mit dreizehn hatte ich diese Idee gar nicht gut gefunden, und wir waren einfach Freunde geblieben, auch nachdem er eine andere geheiratet hatte. Er war sehr überrascht, mich zu sehen, bat mich aber sofort herein. Seine Frau Nasrin saß im Wohnzimmer vor dem Fernseher. Kurz nachdem ich das Zimmer betreten hatte, entschuldigte sie sich. Sie sei sehr müde und wolle früh schlafen. Derartig unterkühlt hatte sie mich noch nie begrüßt. Mehran führte mich in die Küche und machte uns einen Tee. Schweigend hielten wir unsere Tassen in Händen. Er sah bedrückt aus, wie jemand, der unbedingt etwas beichten will und sich nicht traut. Nach einer Weile erhob er sich und trat ans Fenster. »Wie lange willst du hier bleiben?«, fragte er leise, mir noch immer den Rücken zugewandt. »Nasrin ist schwanger. Du weißt selbst, wie empfindlich schwangere Frauen sind. Gerade jetzt, in dieser schrecklichen Zeit. Ich würde dich wirklich gerne hier behalten. Es ist bloß so …«, er zögerte. Ich wollte nichts mehr hören, wollte nicht hören, wie er versuchte, seine Angst zu begründen. Wortlos ging ich zur Tür. Als ich wieder auf der Straße stand, bereute ich, dass ich zu ihm gegangen war. In der letzten Zeit hatte ich viele meiner Bekannten in Gewissenskonflikte gebracht. Es war nicht schwer, die Angst davor, einer Verfolgten Schutz zu bieten, nachzuvollziehen.

Eine Weile streifte ich ziellos durch die dunklen, fast leeren Straßen Teherans. Die Stadt, die früher bis spät in die Nacht vor Leben bebte, war seit dem 20. Juni 1981 in eine furchteinflößende Finsternis gesunken. Selten hielt sich noch jemand nach Einbruch der Dunkelheit auf der Straße auf. Nur die Hisbollah-Wächter drehten ihre Runde und suchten nach Verdächtigen.

Wo, zum Teufel, sollte ich an diesem unglücklichen Abend bleiben? Bliebe ich auf der Straße, könnte ich ebenso gut direkt zur Polizei gehen. Am besten kehrte ich zu der Familie zurück, bei der ich schon die letzten fünf Tage verbracht hatte. Soheyla war sehr freundlich, und ihre beiden Kinder mochten mich. Soheyla war Grundschullehrerin. Eine laute, lebendige Frau, die sich über die ständig neuen Regeln in den Schulen beschwerte: »Dieses blöde Kopftuch macht mich noch verrückt. Neulich hat eine Kollegin erzählt, dass einem die Haare ausfallen, wenn man dieses Ding auf Dauer trägt.« Oder: »Die neuen Religionsstunden, mit denen wir die armen Kindern neben Mathe und Persisch jetzt auch noch plagen müssen, machen mir zu schaffen. Ich muss den ganzen Kram selbst erst lernen.« Und weiter: »Diese neuen Hisbollahschwestern lassen uns keine Minute aus den Augen. Du kannst dir nicht vorstellen, wie vergiftet die Atmosphäre in der Schule ist.« Ich mochte Soheyla sehr. Sie behandelte mich fast wie eines ihrer eigenen Kinder, obwohl ich eher ihre jüngere Schwester hätte sein können. Ihr Mann arbeitete beim Finanzamt und war das absolute Gegenteil von ihr. Ein schweigsamer, ernsthafter Typ. Er lachte selten und ärgerte sich, wenn Soheyla mal wieder den Mund nicht halten konnte und sich über alles beschwerte. »Was, wenn die Kinder in der Schule davon erzählen?« Bei ihnen zu Hause ging es nur so lange lustig zu, bis er nach Hause kam. Sobald Herr Abedi aber von der Arbeit zurück war, hatte ich das Gefühl, leiser, weniger und vor allem durchdachter reden zu müssen. Sein ernsthafter Gesichtsausdruck ließ keinen Zweifel daran, dass er mich nur duldete – und auch das nur begrenzte Zeit.

Etwa eine halbe Stunde später stand ich wieder vor ihrer Haustür. Ich klingelte. Niemand öffnete. Ich klingelte wieder. Nichts regte sich. Wo können sie um diese

Uhrzeit noch sein? Nein, sie waren bestimmt nicht weg. Sie wollten die Tür nicht aufmachen. Offenbar hatten auch sie keine Lust mehr, mich weiter bei sich zu beherbergen.

Es war schon halb elf abends, und auf der Straße war es beängstigend einsam. Jeder Lichtkegel eines sich nähernden Autos, jedes Geräusch von Schritten auf dem Pflaster war eine Bedrohung. Ich versteckte mich hinter einem Baum oder duckte mich hinter einen geparkten Wagen. Unter manchen Autos schliefen herrenlose Straßenköter, vor denen ich nicht weniger Angst als vor den *Pasdar* hatte. Ich hatte die gruseligsten Geschichten über diese ausgehungerten Bestien gehört, um keinen Preis wollte ich die Nacht mit einem von ihnen unter einem Auto verbringen.

Zu wem konnte ich jetzt noch gehen? Ich wusste mir keinen Rat mehr. Angst und Hilflosigkeit ließen mich das erste Mal seit Wochen verzweifeln. Vielleicht hätte ich doch mit Ebi gehen sollen? Das hätte mir zumindest erspart, von all meinen Freunden vor die Tür gesetzt zu werden. Ich hatte niemanden mehr. Niemanden, außer meinen Eltern. Obwohl es für uns alle sehr gefährlich werden konnte, entschied ich, zu ihnen zu gehen. Es war nicht nur die Verzweiflung, die mich zu ihnen trieb, auch die Sehnsucht. Seit ich untergetaucht war, hatte ich meine Eltern kaum gesehen. Ihre neue Adresse war dem Geheimdienst natürlich nicht lange verborgen geblieben. Jetzt wurden ihre Telefongespräche abgehört, Briefe wurden kontrolliert und zeitweise wurden sie sogar beschattet. Wie etliche andere Familien von Flüchtigen auch. Eines aber wusste ich: Nur die Familien und der Bekanntenkreis der wichtigsten Mitglieder der Widerstandsgruppen wurden rund um die Uhr beschattet. Keiner Regierung der Welt gelingt eine vollständige Überwachung in so großem Stil. Deshalb hatte ich manchmal, allerdings mit größter Vorsicht, meine Mutter in ihrem Büro besucht. Sie leitete ein privates Englisch-Institut in der Teheraner Innenstadt. Bei den vielen Menschen, die täglich bei ihr ein und aus gingen, war die Überwachung für den Geheimdienst gar nicht so einfach. Wenn das Telefon meiner Mutter am späten Vormittag zwei Mal klingelte und dann nach ein paar Sekunden wieder zwei Mal, wusste sie, dass ich auf dem Weg zu ihr war.

Meinen Vater traf ich ab und zu im »Chatanooga«, einem großen Eiscafé im Norden der Stadt. Es lag an einer der schönsten Hauptstraßen und der beliebtesten Flaniermeile Teherans. Unter der Schahregierung trug sie den Familiennamen des Schahs, »Pahlawi«, jetzt heißt sie »Vali-e-Asr«. Die breiten Bürgersteige mit zahlreichen Läden, Boutiquen und Cafés liegen im kühlen Schatten großer Bäume. Zu beiden Seiten der Straße fließen die *Jubs*, Kanäle, die das Regenwasser aus den Bergen in den Süden der Stadt leiten. Einst war das »Chatanooga« einer der edelsten Treffs Teherans gewesen. Man stieg nur ein paar Stufen nach oben, und von der Terrasse bot sich ein toller Blick auf das lebendige Gewimmel. Mehrstöckige Eis-Berge wurden in gigantischen silbernen Bechern serviert. Nicht nur die Designerstühle, sondern auch die Gäste mit ihren Yves-Saint-Laurent-Kostümen und Christian-Dior-Täschchen schmückten das Lokal. Aber wie überall litt auch dort die Atmosphäre. Trotzdem war vom alten Flair noch viel zu spüren. Jetzt trugen die Frauen zu ihren Chanel-Brillen eben Chanel-Kopftücher.

Mein Vater saß stets an einem Fensterplatz zur Straße, die er aufmerksam beobachtete, bis ich mit einem Taxi vorfuhr. Wir hatten verabredet, dass er das Café sofort verlassen würde, falls er sich verfolgt oder beobachtet fühlte. Jedes Mal, wenn ich ihn an seinem Stammplatz sitzen sah, freute ich mich wie verrückt. Jedes gelungene Treffen war ein Geschenk.

Unser Haus lag in völliger Stille. Es war inzwischen kurz vor Mitternacht. Ich beobachtete die Einfahrt und, soweit ich es einsehen konnte, auch die Straße. Standen irgendwo auffällige Gestalten? Parkten in der Nähe Autos, die vom Geheimdienst sein könnten? Ich wartete eine Weile, verharrte still und regungslos an einen Baum gedrückt. Als ich niemanden entdecken konnte, ging ich leise und sehr schnell zur Tür und klingelte. Macht bloß auf, bevor mich jemand sieht, bat ich inständig. Es dauerte ein paar Minuten bis meine Mutter die Tür vorsichtig einen Spalt öffnete. Ich atmete auf, als ich sie sah und drängte mich schnell an ihr vorbei ins Haus. Meiner Mutter entfuhr ein stiller Schrei. Vor Schreck und vor Erleichterung.

Nach über einem Jahr war ich das erste Mal wieder bei meiner Familie. Zu Hause. Warm und geborgen. Ich hatte sie alle, meine jüngere Schwester, meinen kleinen Bruder, der gerade mal zwölf war, und meine Eltern so sehr vermisst.

Meine Schwester war bei einer Freundin. Wie gern hätte ich sie in ihrem Zimmer überrascht und mal wieder eine Nacht mit ihr über Gott und die Welt geplaudert. Mein Bruder schlief schon. Auf Zehenspitzen schlich ich in sein Zimmer, stand im Dunkeln neben seinem Bett und küsste ihn auf seine noch kindlichen, süßen Wangen. Noch ein schneller Blick in mein Zimmer. Mein Bett, mein Schreibtisch, die Bücher und der Schminktisch, alles war genau so geblieben, wie ich es verlassen hatte.

Meine Mutter hatte auf Umwegen erfahren, dass ich alle paar Tage bei den verschiedensten Bekannten aufkreuzte. »Was ist mit dieser Freundin passiert, bei der du gewohnt hast?«, fragte sie sofort. »Wo bleibst du denn jetzt, und überhaupt, wie lange wird das denn noch so weitergehen? Wann gedenkst du endlich damit aufzuhören? Findest du nicht, es ist an der Zeit, zu einem normalen Leben zurückzukehren?« Sie war ganz außer sich. »Jetzt lass sie doch erst mal Luft holen«, sagte mein Vater beschwichtigend. »Ich denke, dass diese Verfolgungen langsam nachlassen. Wahrscheinlich kannst du bald wieder nach Hause kommen.« Er wischte seine Tränen weg. Dass es dafür zu spät war, dass eine Rückkehr in mein altes Leben nicht mehr möglich war, ahnten sie sicher, doch sie wollten es einfach nicht wahrhaben. Sie wussten von meiner Beziehung zu Ebi, aber dass ich in der Zwischenzeit ohne ihr Wissen geheiratet hatte, sollten sie noch nicht erfahren.

Wir saßen bis zum Morgengrauen zusammen. Bei jedem Geräusch wurden sie unruhig und schauten vorsichtig aus dem Fenster, woher es gekommen sein könnte. Keiner ging in dieser Nacht zu Bett.

Um sieben Uhr weckte ich meinen Bruder, der sich verwundert die Augen rieb: »Bleibst du jetzt wieder bei uns?« »Nein, ich bin nur zu Besuch«, antwortete ich und gab ihm einen Kuss. Nach dem Frühstück ging er in die Schule und meine arme Mutter total übermüdet ins Büro. Mein Vater meldete sich krank und blieb zu Hause. Was für eine Freude, ein geschenkter Tag mit ihm! Ich musste ohnehin bis zum Abend bleiben, denn erst im Dunkeln konnte ich das Haus wieder verlassen.

Mit ihm war alles so einfach. Er ist ein sehr sensibler Mensch und im Gegensatz zu meiner Mutter äußerst tolerant. Schon früher, immer wenn ich ein heikles Problem hatte, länger fortbleiben wollte oder etwas in der Art, wandte ich mich lieber an ihn. Wenn ich dann spätabends nach Hause kam, empfing mich meine Mutter mit finsterer Miene: »Wo zum Teufel kommst du jetzt her?«

Mein Vater saß fix und fertig im Wohnzimmer. Er hatte schon sein Fett weg, und jetzt kam ich an die Reihe. Jedes Mal nach so einem Theater wurde er für eine Weile ein bisschen vorsichtiger: »Frag deine Mutter, ob du heute Abend wegdarfst, ich sage dazu lieber nichts.«

Zu der Zeit, als ich aufs Gymnasium ging, war es nicht üblich, einen Freund zu haben oder in die Disco zu gehen. Es gab genug Familien im Iran, die dies sogar ihren erwachsenen Töchtern verboten. Bis ich einen Studienplatz hatte, verlangte auch meine Mutter Gehorsam. Ich wunderte mich immer darüber, dass mein Vater, ein attraktiver, tapferer Mann, der allgemein geachtet wurde, sich von ihr bevormunden ließ. Aber vielleicht mochte er ja gerade das an ihr.

Am Nachmittag kam auch meine Schwester zurück. Ein freudiger Aufschrei entfuhr ihr, als sie mich sah. Alle zusammen saßen wir gemütlich in der Küche, tranken Tee und endlich war es wie früher. Der Gedanke, sie schon am Abend wieder verlassen zu müssen, machte mich zutiefst traurig. Aber jetzt saßen wir ja zusammen, und diesen Moment des Glücks wollte ich, so gut es ging, genießen.

Als meine Mutter gegen sieben Uhr abends von der Arbeit nach Hause kam, war sie nicht allein. Ihre engste Freundin war bei ihr. »Was will die denn hier?«, fragte ich meine Mutter verärgert. »Ich kann es nicht mehr aushalten, dass du wie eine Obdachlose jeden Abend in den Straßen nach einer Bleibe suchst«, antwortete meine Mutter ungeduldig. »Sie hat eine Möglichkeit, und du kannst vielleicht dort bleiben, bis hier endlich wieder normale Zustände herrschen.« »Und ausgerechnet sie soll mir Schutz bieten, du machst Witze«, sagte ich prompt. Meine Mutter wollte mal wieder für mich entscheiden, wo es langgehen sollte. Ihre Freundin, Parisa, war eine hübsche Frau Anfang vierzig, die meines Erachtens nur um ihre Fitness, ihre Massagen und ihr Make-up besorgt war. Morgens, wenn sie es nicht mehr rechtzeitig geschafft hatte, sich zu Hause zurechtzumachen, schminkte sie sich im Auto vor jeder roten Ampel und fuhr erst weiter, wenn hinter ihr ein lautes Hupkonzert begann. In der Firma angekommen, schloss sie sich als Erstes in ihrem Büro ein und vollendete ihr Kunstwerk. Erst dann durfte der Diener den Tee servieren. Von Politik hielt sie nicht viel, außer dass sie über alle Dinge schimpfte, die das Land in derartiges Elend geführt hatten. Und der Umstand, dass sie nun Kopftuch und Mantel tragen musste und sich nicht mehr so auffällig schminken durfte, demütigte sie zutiefst.

Kopftuch- und Mantelpflicht wurden damals auf jeder Party diskutiert. Nur Frauen aus religiösen Familien, die diese Tracht gewöhnt waren und freiwillig den islamischen *Hijab* trugen, hatten kein Problem damit. Im Gegenteil. Viele von ihnen triumphierten gehässig, dass auch die »Feinde des Islam« nun dazu gezwungen waren, sich dem Willen Allahs unterzuordnen. »Das ist alles eure Schuld«, pflegte Parisa mir vorzuwerfen. »Was fehlte euch denn schon unter der Schah-Regierung, dass ihr sie ausgerechnet gegen eine Mullah-Regierung eintauschen musstet? Jetzt seht bitteschön zu, wie wir die wieder loswerden.« Auch über das Aussehen der oppositionellen Frauen empörte sie sich nur zu gern und fand es unmöglich, dass Frauen mit unrasierten Beinen, ungeschminkt und ungepflegt herumliefen.

Und nun sollte gerade sie mich retten. Wie war meine Mutter bloß auf diese Idee gekommen? Parisas spöttische Art war wirklich das Letzte, was mir im Moment noch gefehlt hatte.

Zu meiner Überraschung fragte sie mich ohne Umschweife, ob ich eine Weile bei ihrem Freund leben wolle.

Die Arme dachte auch, dass in ein paar Wochen alles vorbei sei. Diese Illusionen, dass der Schrecken schon bald ein Ende finden könnte, war vielleicht nicht so sehr ein Zeichen der Naivität vieler, als vielmehr eine letzte Hoffnung auf bessere Zeiten, die sie nicht aufgeben wollten, nicht so einfach, und nicht so schnell.

»Ich habe mit meinem Freund gesprochen und er ist bereit, dir ein Zimmer in seiner Wohnung zu geben. Allerdings nur …« Die Reihe der Bedingungen nahm kein Ende. Solange ich bei ihm wohnte, sollte ich ein braves Mädchen sein, keine politischen Aktivitäten unternehmen, zu keinem Treffen mit jemandem aus der Organisation gehen, keine Anrufe von seiner Wohnung aus führen und, alles in allem, ihm keinerlei Umstände bereiten. Außer meinen Eltern und natürlich Parisa, dürfte mich niemand besuchen oder auch nur wissen, dass ich dort war. »Och, wenn es weiter nichts ist«, amüsierte ich mich über diese Anweisungen. Ich konnte nicht wirklich versprechen, alle diese Auflagen zu erfüllen, aber da ich im Moment keine Alternative hatte, willigte ich ein, packte einen kleinen Koffer und fuhr mit Parisa zu ihrem Freund.

Die beiden waren wie füreinander gemacht. Herr Tahami war elegant und attraktiv und wohnte in einer luxuriösen Wohnung in einem der besten Stadtteile Teherans. Die Wohnung war sehr geschmackvoll eingerichtet. Weiß und Beige bestimmten die Farbgebung der Einrichtungsgegenstände. Er hatte sich auf wenige Designer-Möbel beschränkt, und in dem geräumigen, fast leeren Wohn- und Esszimmer mit dunkelbraunem Parkett hingen riesige Bilder. Aktmalereien in kräftigen Erdfarben, Rostrot, Ocker und Braun. Wunderschöne Farben. Parisas Freund war ein gutmütiger Mensch mit romantischen Träumen vom Leben und einer ziemlich krassen Einstellung zu Frauen.

Zwei Wochen blieb ich bei ihm, dann musste ich zu einem Treffen mit Afsaneh. Danach kehrte ich nicht mehr zu ihm zurück, genau, wie er es verlangt hatte. Die Zeit in seiner gemütlichen Wohnung hatte ich genutzt, um viel zu lesen und mich so vom Grübeln abzulenken. Auf so viele Fragen, die sich seit Monaten wie ein Karussell in meinem Kopf drehten, fand ich einfach keine Antwort. Und immer, wenn ich zu sehr danach suchte, geriet ich in eine düstere Welt der Hoffnungslosigkeit und Verzweiflung.

Herr Tahami kam jeden Abend mit Pizza, Hamburgern oder gegrilltem Hähnchen nach Hause. Gemeinsam saßen wir dann in der Küche, aßen und tranken und unterhielten uns bis spät in die Nacht. Er erzählte mir vor allem von seinen häufigen Liebschaften. Bald kannte ich sie alle bis in kleinste Detail, wusste, warum er diese geliebt und jene verlassen hatte. Natürlich hatte größtenteils er die Beziehung beendet! Manchmal kam auch Parisa zu uns. Dann saßen wir eine Weile zu dritt, bevor ich die beiden allein ließ. Parisa wollte immer genau wissen, wie er mich behandelte, ob er charmant sei. »Er ist ein echter Gentleman«, versicherte ich ihr immer wieder. Von seinen unzähligen Eskapaden brauchte sie nichts zu wissen. Ich war mir ohnehin sicher, dass jede Menge von dem, was Herr Tahami mir erzählte, lediglich seiner Fantasie entsprang.

Ich traf mich also mit Afsaneh. Seit Ebis Flucht war sie meine Kontaktperson zur Organisation, und wir trafen uns alle zwei Wochen, jedes Mal an einem anderen Ort. Sie hatte für uns beide eine Wohnung organisiert. Ich kannte Afsaneh eigentlich kaum. Nun sollten wir eine Wohnung teilen! Die Vorstellung, mit dieser eisernen Frau zusammenzuleben, war nicht gerade reizvoll. Dennoch war ich froh, endlich nicht mehr alle paar Tage bei Leuten unterkriechen zu müssen, denen meine Anwesenheit eigentlich Angst bereitete. Herr Tahami, der sich wenig später von Parisia trennte, beteuerte, dass er keine Angst habe. Er könne sich gut vorstellen, mit mir zusammen in einer Wohngemeinschaft zu wohnen. Allerdings nur, »wenn du mit dem Unsinn, den du treibst, aufhörst«, versuchte er mich charmant zu bekehren.

Es war Mitte Dezember 1982, als Afsaneh und ich in ein Haus in Kashanak, einem Vorort von Teheran am Fuß der nördlichen Gebirge, zogen. Das kleine Haus bestand aus zwei Durchgangszimmern. Eines hatte einen kleinen Kamin in der Ecke. Es gab eine kahle, kalte Küche und ein WC. Hinter dem Haus lag ein großer Garten mit uralten Bäumen, einer wunderschönen Pergola und einem leeren Schwimmbad. Die reiche Frau Sohrabi hatte vor Jahren diese kleine Villa in Auftrag gegeben. Im Jahr darauf war ihr Mann gestorben und sie wurde sehr krank. Nur wenige Jahre zuvor hatte sie ihre Tochter verloren. Sie hatte den Weiterbau einstellen lassen, bezog ein Luxusapartment in der Stadtmitte, und das Haus blieb im Rohzustand. Als Afsaneh und ich sie besuchten, um den Mietvertrag zu unterschreiben, fragte sie mich, ob ich Zeit hätte, ihr ab und zu Gesellschaft zu leisten. »Die Ähnlichkeit zwischen dir und ihrer verstorbenen Tochter ist wirklich verblüffend«, stellte Afsaneh später fest. Ob sie mich deshalb gefragt hatte? Aber gut, warum nicht? Außer ein paar Treffen mit der Organisation und mit meinen Eltern hatte ich zur dieser Zeit nichts anderes zu tun. Es herrschte eine Leere in meinem Leben, die mir bis dahin völlig fremd war. Von meiner alten Umgebung, meinem Elternhaus, das ich so liebte, hatte ich mich verabschiedet. Gita und Mojgan, zwei Schulfreundinnen, mit denen ich zusammen groß geworden war, waren nach

Amerika ausgewandert, um dort zu studieren. Ein Leben unter der islamischen Regierung war für sie, wie für viele andere, unvorstellbar. Und mit Mitra, meiner ehemals besten Freundin, konnte ich auch kein Wort mehr sprechen. Sie gehörte nun zur »Mehrheit« der »Fedayi« und wir hielten uns gegenseitig für Verräter. Was für ein Jammer! Die Zeiten hatten sich geändert: Die wilden Jahre nach der Revolution, in denen wir mit ungeheurer Energie für unsere politischen Ziele alles riskierten, waren vorbei. Nun ging ich zu den Treffen der Organisation, in der schwachen Hoffnung, wieder eine Aufgabe zu bekommen. Nichts. »Bald organisieren wir unsere Zellen in den Stadtteilen neu und dann gibt es wieder genug zu tun«, hieß es. Nichts. Es herrschte Eiszeit. Tage, Wochen und Monate der Leere. Eine Zeit, die mir aber wiederum Gelegenheit gab, Dingen Aufmerksamkeit zu schenken, die ich früher vollkommen übersehen hatte … In meinem bisherigen Alltag hätte ich jemanden wie Frau Sohrabi womöglich nie wahrgenommen. Einmal in der Woche ging ich zu ihr und wir saßen zusammen und tranken Tee. Von draußen fiel nur spärliches Licht herein, und es war warm und gemütlich. Frau Sohrabi erzählte mir von ihrer Tochter. Sie hatte in Paris gelebt und sich aus Liebeskummer das Leben genommen. Während sie noch sprach, konnte ich meine Augen kaum von einem Foto auf einem Ecktisch im Wohnzimmer lassen. Es zeigte eine junge Frau mit vollem schwarzem Haar. Sie trug ein dunkelrotes Top und legte ihren zierlichen nackten Arm um die Schulter eines ausgesprochen gut aussehenden Mannes. »Wegen ihm hat sie es getan«, sagte Frau Sohrabi leise. »Wegen ihm hat sie sich das Leben genommen.« Ich schwieg und blies leise über meine Teetasse.

Bei Frau Sohrabi lebte ein kleiner Junge. Angeblich war er adoptiert, ob er nicht doch eher der Sohn ihrer verstorbenen Tochter war, blieb mir verborgen. Ihr »Enkel« war kein normales Kind. Er hatte sehr schöne, große Augen, wenn man mit ihm redete, schlug er sogleich den Blick nieder. Er bemühte sich auch nicht um eine Antwort, wenn man ihn etwas fragte. Er schaute einfach in die Ferne, irgendwohin, und vergaß seine Umgebung. Einmal, als ich sie besuchte, saß er da und zeichnete. Ich war beeindruckt. Der Junge hatte mit außergewöhnlicher Begabung einen kleinen blinden Hund aufs Blatt gezeichnet. »Malst du viel?«, versuchte ich aus ihm herauszubekommen, doch er verfiel wieder in diesen seltsamen Dämmerzustand und schwieg in seiner ihm eigenen Art. Als ich Frau Sohrabi und ihren »Enkel« einige Tage später wieder besuchte, nahm er mich wortlos bei der Hand und führte mich in sein Kinderzimmer. Ich traute meinen Augen kaum. Das ganze Zimmer war voll gehängt mit Zeichnungen. Zeichnungen, die für einen Achtjährigen geradezu unheimlich perfekt waren. Doch sie alle zeigten ein und dasselbe Motiv: einen kleinen blinden Hund. Der Junge war als behindert eingestuft und von der Schule verwiesen worden.

Frau Sohrabi war eine der einsamsten Frauen, die ich in meinem Leben kennen gelernt habe. Damals konnte ich mir nicht vorstellen, dass im Abendland diese Einsamkeit den Alltag vieler Menschen bestimmt. Und auch mich ergriff dieses furchtbare Gefühl in der kleinen, unfertigen Villa nur wenig später.

Frau Sohrabi meldete mich unter dem Namen ihrer Tochter beim *Komitee* des Stadtteils an. So konnten Afsaneh und ich unter dem Deckmantel ihrer verstorbenen Tochter eine Weile unbehelligt in Kashanak leben.

Das Haus hatte lange Zeit leer gestanden und war nun ziemlich heruntergekommen. Die Ecken waren noch voll von Baustaub und die Wände überzogen mit Spinnweben.

Außer dem kleinen Kamin gab es keine andere Heizmöglichkeit. Nie werde ich die unerträgliche Kälte in diesem Haus vergessen. Wir hatten kein warmes Wasser und meine Hände fühlten sich oft noch lange Zeit taub an, wenn ich sie eiskalt gewaschen hatte. Der Winter 1982 war ein harter Winter. Die schneebedeckten, steilen Straßen nördlich von Teheran waren selbst mit Winterreifen kaum befahrbar. So parkte ich das alte Auto meiner Mutter, das sie mir für diese Zeit überlassen hatte, oft auf der Hauptstraße und ging das letzte Stück zu Fuß. Afsaneh war selten zu Hause und ich war fast immer allein in dem eiskalten, abgelegenen Haus. Mit meinen Eltern traf ich mich seltener denn je, und auch der Weg zu Frau Sohrabi war mir oft zu beschwerlich. Mein einziger, ständiger Gefährte wurde Mishka, eine Hündin, die ich, ausgehungert und traurig, auf der Straße gefunden hatte. Welcher Dummkopf hat denn so einen hübschen Hund auf die Straße gesetzt?, fragte ich mich. Mishka war eine deutsche Schäferhündin. Sie bewachte mich Tag und Nacht. Abends legte sie sich vor meine Schlafzimmertür, und wenn ich wegging, wartete sie auf der Dachterrasse, bis ich wiederkam. Schon von weitem, selbst wenn ich noch nicht mal in Sichtweite war, konnte sie mich riechen und ich konnte ihr begrüßendes Bellen hören.

Die wenigen Abende, die Afsaneh zu Hause verbrachte, diskutierten wir über die Zukunft des Widerstandes und der Organisation. Eine sinnlose Diskussion. Wir waren in jeder Beziehung verschieden. Sie hielt mich für überzeugungsschwach, und ich hielt sie für verbohrt und starr. Nie stellte sie etwas infrage. Sie lebte nach dem Motto: Befehl ist Befehl, und unsere Führer wissen schon, wo es langgeht. Später erfuhr ich, dass ihr Mann ein Opfer solcher Befehle geworden war. Er hatte zum Zentralkomitee der »Minderheit« gehört und war damit beauftragt worden, die bewaffneten Einheiten zu organisieren. Doch bevor er auch nur eine gegründet hatte, war er verhaftet worden und ums Leben gekommen. Afsaneh hatte ihren Mann sehr geliebt. Mit Mitte dreißig war ihr Haar fast gänzlich grau.

An einem dieser kalten Winterabende rief ich unter der einzigen Telefonnummer an, die ich von Jawad erhalten hatte. Es war die Nummer eines Freundes, bei dem er sich ab und zu aufhielt. Seit auch er seine Wohnung und Arbeit verlassen musste, hatten wir selten Kontakt zueinander. Ich hatte Glück als sein Freund ihm gesagt hatte, wer dran war, kam er selbst an den Apparat. Endlich hörte ich wieder seine vertraute Stimme!

»Kannst du zu mir kommen?«, fragte ich ihn. »Es ist fürchterlich, hier die ganze Zeit allein zu sein.« Jawad zögerte. Seit Ebi weg war, hatte er sich von mir fern gehalten. »Wir leben beide im Untergrund. Jeder von uns kann den anderen in Gefahr bringen«, hatte er gesagt, als wir uns zuletzt bei seinem Freund getroffen hatten. War das nur ein Vorwand gewesen? Für einen Moment schwiegen wir beide, und ich fragte mich, ob er gleich wieder Entschuldigungen hervorkramen würde, nur, um nicht hierher kommen zu müssen. Erst ein einziges Mal war er bei mir gewesen. Und auch das nur so kurz, als befürchtete er, ich hätte eine ansteckende Krankheit. Wir hatten einen ganzen Haufen geheimer Akten in einer Ecke des Gartens vergraben. Kaum waren wir fertig, musste er wegen eines Termins plötzlich wieder weg. Und wenn sein Freund dabei war, drehte sich alles nur um die unerträglichen politischen Zustände. »Ich bin in einer halben Stunde da«, sagte er völlig überraschend. »Soll ich etwas zum Essen mitbringen? Ich kann unterwegs was Leckeres besorgen, falls du auch noch nicht gegessen hast.« Tatsächlich stand Jawad in weniger als einer halben

Stunde vor meiner Haustür. »Wie bist du bei dem Schnee so schnell hierher gekommen?« Ich war erstaunt. Jawad hatte aus einem Restaurant Steak und Brot mitgebracht und unter seinem Mantel zauberte er eine Flasche Weißwein hervor. »Ich weiß, du magst lieber Rotwein, aber Fery hatte nur diesen«, entschuldigte er sich. Nach der islamischen Machtübernahme waren Wein und andere alkoholische Getränke nur auf dem Schwarzmarkt und zu astronomischen Preisen zu bekommen. Erstaunlicherweise wollten, seitdem es das Alkoholverbot gab, auch die, die sich vorher kaum für Alkohol interessiert hatten, nun doch sehr gerne mal »einen Schluck probieren«.

Ich holte zwei Gläser aus der Küche und wir setzten uns in die Sessel, die ich vor den Kamin geschoben hatte. »*Salamati*!«, stießen wir an. »Hast du was von Ebi gehört?«, fragte Jawad, während er in der Glut im Kamin stocherte. »Vor zwei Wochen hat Afsaneh mir einen Brief von ihm gebracht. Ehrlich gesagt, bin ich daraus nicht ganz schlau geworden. Ich weiß nicht, wie es ihm wirklich geht. Er hat so allgemein und abstrakt geschrieben. Aber wahrscheinlich geht es ihm besser als mir«, sagte ich leise. Jawad sah den Funken zu, die in die Luft stoben. »Was ist mit dir los, Maryam?«, wollte er unvermittelt wissen. »Wenn ich dich so anschaue, sehe ich eine unglückliche junge Frau.« So, so. War das alles, was er sehen konnte? »Wie, bitte schön, soll man denn unter diesen Umständen vollkommene Zufriedenheit ausstrahlen? Es gab eine Zeit, da wusste ich, was ich tue und warum. Eine Zeit, in der wir uns von morgens bis abends für ein Ziel engagiert haben. Wir hatten die Hoffnung, etwas ändern zu können, viele von uns haben dafür alles aufgegeben. Und jetzt hänge ich hier ohne jede Aufgabe, ohne zu wissen, was die Organisation, verdammt noch mal, macht und ob es sie überhaupt noch gibt. Von Afsaneh bekomme ich darauf auch keine richtigen Antworten«, brach es aus mir heraus. Was sagte ich da? Ich wollte diesen Abend doch auf keinen Fall mit Gejammer über die politische Situation im Iran verschwenden. Und doch war ich in diese Falle getappt. Ich versuchte das Thema zu wechseln: »Aber das ist es nicht allein. Ich weiß auch nicht, ob Ebi und ich uns je wiedersehen werden. Ich weiß nicht einmal mehr, was ich für ihn empfinde. Ich bin einfach verzweifelt, verzweifelt, verzweifelt. In jeder Hinsicht.« Wenn der liebe Jawad doch diesmal nur verstehen würde, worauf ich hinauswollte. Natürlich tat er das. Jawad ist einer der einfühlsamsten Menschen, denen ich je begegnet bin. In seiner Gesellschaft wurde es nie langweilig. Und es gibt kaum etwas Schrecklicheres für mich, als mich mit Menschen zu umgeben, in deren Anwesenheit sich eine plötzliche Leere einstellt. Jawad hatte immer erstaunlich viel zu erzählen. Ebi allerdings auch. Das hatten diese beiden Männer, die in meinem Leben eine Rolle spielten, gemeinsam. Jawad kannte viele Geschichten, war viel herumgekommen und konnte endlos lange Gedichte rezitieren. Er war ein heller Kopf, in dem jede Menge interessanter Gedanken Platz gefunden hatten. Außerdem hatte er die Gabe, seine Leidenschaft genauso intensiv auszudrücken, wie er sie erlebte. Eine ebenso erstaunliche wie schöne Eigenschaft für einen Mann. Umso mehr litt ich darunter, dass ausgerechnet er sich mir gegenüber jetzt so zurückhaltend verhielt. Zurückhaltend und still. Ich rückte meinen Sessel näher an den Kamin, direkt neben ihn. Als mein Knie seines berührte, durchzuckte eine Welle – Starkstrom – meinen Körper. Er schaute mich verwirrt an. In seinen Augen spiegelte sich das Feuer und erfasste mich nun von Kopf bis Fuß. Ich war kurz davor, mich in seine Arme fallen zu lassen, als er die Stille durchbrach. »Wusstest du, dass ich mal in die Freundin meines besten Freundes verliebt war?« Das saß. »Nein, das wusste ich nicht.« Ich hörte, wie meine Stimme zitterte. Jawad betrachtete mich merkwürdig abwesend, und in seinen Augen sah ich nur ferne Trauer. »Ich habe sie mehr geliebt als alles andere in meinem Leben. Sie und alles, was ihr gehörte und nach ihr roch.« Jawad erzählte weiter von seiner Liebe, während ich immer näher an das Feuer rückte, aber auch das konnte mich nun kaum noch wärmen. Ich fror, vielleicht konnte man sogar den Hauch meines Atems in der Luft sehen. »Sie konnte sich zwischen mir und meinem Freund nicht entscheiden. Dieses Hin und Her war sehr schmerzhaft für alle Beteiligten. Am Ende verließ sie uns beide und ging ihren Weg.« Von Ferne vernahm ich Jawads Stimme, doch ich hörte ihm nicht mehr richtig zu. Erst seine letzten Sätze rüttelten mich wieder wach: »Es dauerte Jahre, bis wir uns wieder versöhnten. Ich und mein Freund. Die Freundschaft ist aber nie wieder so geworden, wie sie mal war. Die Verletzung stand immer irgendwie zwischen uns. Das war nicht mehr zu heilen. So etwas Bitteres möchte ich in meinem Leben nicht noch mal durchmachen müssen.«

Zwischen uns war nur noch das Knistern des Feuers zu hören, das alles in sich verbrannte. Jawad hatte eine Mauer errichtet, die ich nicht durchbrechen konnte. Zumindest damals nicht. Das Einzige, was ich nach einem langen Schweigen hervorbringen konnte, war die Frage, ob er diese Frau immer noch liebte. »Was von dieser Liebe geblieben ist, sind die Schmerzen«, sagte er. Als ich ihn zur Tür brachte, um von ihm Abschied zu nehmen, nahm ich ihn endlich in die Arme. Wir wussten beide nicht, dass es ein Abschied für Jahre werden sollte. Hätte er anders reagiert, wenn er es gewusst hätte? Wäre ich mutiger gewesen, wenn ich es geahnt hätte?

Drei Jahre später, als ich in meiner kargen Behausung in einem abgelegenen, gottverdammten Dorf namens Gelaleh mitten im irakischen Teil Kurdistans von seiner traumhaften Hochzeit in der Villa seines Vaters hörte, fieberte ich bis in die Morgenstunden nach ihm. Tage, Monate und Jahre habe ich noch von ihm geträumt. Doch in meinen Träumen war er nie anwesend. Immer wenn ich irgendwo ankam, war er gerade gegangen. Ich fand nur Spuren von ihm. Den Hauch von etwas, das mir sagte: »Jawad ist bis vor kurzem hier gewesen.«

Nach Monaten des Versteckspiels in den Straßen und Häusern meiner Heimatstadt Teheran blieb mir irgendwann trotzdem keine andere Möglichkeit, als zu fliehen. An einem Abend im Juli 1983 kam Afsaneh Hals über Kopf in die »Villa« gestürzt: »Wir müssen sofort hier weg!« Jemand war verhaftet worden, der unsere Unterkunft kannte. Ich nahm nur meine Handtasche und Mishka mit. Ich bat einen Nachbarn in unserer Straße, der auch einen Hund hatte, Mishka für eine Weile zu behalten. Afsaneh kam bei einer Freundin unter und ich ging zu Frau Sohrabi, die Einzige, die mir jetzt vielleicht noch eine Unterkunft bieten würde. Vier Wochen blieb ich bei ihr, bis Afsaneh mich mit einer Tüte Geheimbriefen zum Teheraner Busbahnhof in Richtung Kurdistan sandte.

Ich flüchtete, wie viele tausend andere Menschen, die alles aufgeben und ihre Heimat verlassen mussten.

Manche versuchten es über die Türkei, den Irak, über Afghanistan, Pakistan und über den Persischen Golf. Viele wurden verhaftet, bevor sie eine Fluchtmöglichkeit organisieren konnten. Sie erwartete ein grausames Schicksal.

Unter der Folter und der Angst vor der Hinrichtung brachen viele zusammen. Die Menschenwürde wurde mit Füßen getreten, und die Leute verloren jegliche Achtung vor sich und anderen.

Die besten Freunde verrieten und beschuldigten einander. Im Fernsehen wurden täglich mehrere dieser Elenden vorgeführt, die öffentlich bereuten, gegen die islamische Regierung vorgegangen zu sein. Sie nannten sich selbst, ihre Kameraden, ihre Organisationen und deren Führer Verführte, schimpften sich selbst Verräter, Kriminelle und den letzten Abschaum! Sie weinten, schlugen sich vor der Kamera und bettelten um Gnade. Manche wurden trotzdem hingerichtet. Andere wurden selbst zu Henkern und folterten ihre ehemaligen Leidensgenossen.

Zehn Jahre nach diesem Höhepunkt des Grauens im Iran habe ich am 21. März 1991 meine Freundin Fariba während eines persischen Neujahrsfestes in Köln das erste Mal wiedergesehen. Ich konnte meinen Augen kaum trauen. Sie hatte das Gefängnis überlebt! Allerdings nicht, ohne einen schlimmen Preis dafür zu zahlen: »Diese Albträume lassen mich nicht mehr los. Wenn ich nachts wach werde, merke ich zuerst gar nicht, dass alles ein Traum war. Vor jedem Schatten und allem, was sich bewegt, bekomme ich Angst. Nicht einmal meinen Mann erkenne ich dann. Sein Körper und sein Atmen erschrecken mich zu Tode. Oft bin ich schweißgebadet, kann nicht mehr aufhören zu schreien und zu weinen und habe das Gefühl, zu ersticken. Manchmal weiß ich nicht mehr, was um mich herum real ist und was ein Traum. Auf den Straßen hier sehe ich plötzlich Gesichter, die ich zu erkennen glaube. Sind das nicht die aus dem Gefängnis? Wie sind sie hierher gekommen? Suchen sie mich?«

Als sie mir erzählte, dass sie von ihrer eigenen Freundin gefoltert wurde, lag auch ich nächtelang wach. Ihre Freundin war auch meine Freundin gewesen. Zu dritt hatten wir gespielt, waren in dieselbe Schule gegangen und hatten gemeinsam Hausaufgaben gemacht. Jeden Morgen waren wir drei unter dem Banner durchgegangen, das über dem Eingang zu unserer Schule hing. Darauf war zu lesen gewesen: »Liebe und Frieden lernt man als Kind.«

Eine leckere, cremige Suppe

Es ist Anfang September. In der Dunkelheit weht ein starker, kühler Wind und dringt zusammen mit der Feuchtigkeit der Nacht durch die Nähte und Löcher in unser Zelt. Die Blätter einer großen Platane streichen raschelnd über das Dach. Ab und zu fällt etwas von oben auf das Zelt herab. Ein abgebrochener Ast. Vielleicht ein kleiner Vogel, überrascht vom plötzlichen Wind? In drei Stunden ist der Morgenappell.

Minu und Azade schlafen tief und fest. Ich liege schon seit einiger Zeit wach in meinem Schlafsack, als ich eine lautlose Bewegung neben mir spüre. Dicht neben meinem Kopf kriecht etwas Leichtfüßiges. Langsam wende ich mich in diese Richtung. Im Licht der Öllampe sehe ich, nur ein paar Zentimeter von meinem Gesicht entfernt, ein faustgroßes, gelbes Etwas. Als ich mich bewege, verharrt es regungslos. Ich schäle mich ein bisschen weiter aus dem Schlafsack und erkenne, bevor ich mich noch ganz aufgesetzt habe, eine handtellergroße, haarige Spinne, die sich nun langsam auf ihren langen, fusseligen Beinen weiter in meine Richtung bewegt. Ich schreie so laut auf, dass ich selbst überrascht bin: »Was, zum Teufel, ist das?« Fast gleichzeitig schrecken Azade und Minu hoch. »Was soll das Geschrei? Das ist doch nur eine Spinne«, fährt Minu mich gereizt an, während sie selbst in ihrem Schlafsack in eine andere Ecke des Zeltes kriecht. »Jetzt tu bloß nicht so, als ob du viel mutiger wärest«, entgegnet ihr Azade. »Keine Panik, die sehen nur schrecklich aus. Eigentlich sind sie ganz harmlos, solange man sie in Ruhe lässt. Vor den Skorpionen sollte man eher Angst haben«, versucht Azade jetzt mich zu beruhigen, während sie die Spinne aus dem Zelt scheucht. »Und vor Schlangen«, ergänzt Minu. »Einmal, als ich gerade den Reißverschluss meines Schlafsacks aufmachen wollte, lag da so ein Ungeheuer drin.« »Und was hast du gemacht?«, frage ich. »Sie hat sie überredet, ihren Schlafsack zu verlassen.« Azade grinst. »Was glaubst du, wie Minu geschrien hat! Man konnte sie bis nach Teheran hören.« »Was ist denn bei euch los? Es ist drei Uhr morgens. Ist hier eine Frauenversammlung?«, fragt eine Stimme hinter unserem Zelt. Es ist Ali, der gerade Wache hat. »Genossin Zara hat eine Spinne gesehen«, antwortet Minu laut. »Deswegen schreist du so? Das arme Vieh ist sicher ganz verstört. Ich dachte schon, eine von euch wäre von einer Schlange gebissen worden«, scherzt Ali. »Gut, dass du keinen Drachen gesehen hast, die sind noch fieser«, witzelt er noch, bevor er wieder geht. Oh nein! Ausgerechnet er hat alles mitbekommen. Am Morgen werden alle wissen, wie Genossin Zara spinnt, wenn sie eine Spinne sieht. Ali ist eine Klatschtante sondergleichen. Der beste Weg, in der Gruppe ein Gerücht zu verbreiten, ist Ali etwas »versehentlich« zu erzählen und ihn anschließend darum zu bitten, es auf keinen Fall weiterzusagen. Ach, soll er doch erzählen, was er will. Ich werde wieder müde und will nur noch schlafen. Aber wohin ist das Monster jetzt verschwunden? Ich untersuche alles um mich herum. Schaue unter den Teppich, den Schlafsack und in alle Ecken des Zeltes. Vielleicht ist die Spinne wieder irgendwo hereingekrochen? »Die ist längst über alle Berge. Jetzt leg dich hin, und lass uns endlich schlafen«, beschwert sich Minu mit einem lauten Gähnen. Ich verkrieche mich wieder in meinen Schlafsack. Aber die Vorstellung, dass eine Spinne über meine Hand krabbeln könnte, lässt mich nicht schlafen. Jedes kleinste Geräusch alarmiert mich. Gerade weil ich weiß, dass Spinnen keine Geräusche machen. Ob ich noch schlafen kann, bevor die Wache mich weckt? Ich muss etwas früher hoch als alle anderen. Bei Sonnenaufgang beginnt ein harter Tag für mich: Ich bin zum ersten Mal Tageskoch. Im Angesicht meines Küchendienstes gerät die Spinne schnell in Vergessenheit. Meine erste Amtshandlung wird das Zubereiten von Tee sein. Eigentlich keine allzu schwierige Aufgabe, aber wie stelle ich es an, mit dem verdammten Kuhmist ein Feuer in Gang zu bringen? Und wie bekomme ich den riesigen Topf darauf? Jeden Tag ist ein anderer für das leibliche Wohl der Gruppe verantwortlich, das bedeutet alle zwölf Tage einmal zaubern. Dazu gehört nicht nur das Kochen – auch das Aufdecken, Abräumen, Abwaschen und die anschließende Reinigung der Zelte mit dem Besen. Das Geschirr ist ein Sammelsurium aus verkratzten, bunten Plastikbechern, aus denen wir mindestens vier Mal am Tag schwarzen Tee trinken, und aus uralten, verbeulten Blechtellern und entsprechendem Besteck. Aufzudecken gibt es also nicht viel. Dafür gibt es aber zwölf hungrige Mägen und keine Küche. Nicht mal ein Waschbecken.

Ich frage mich plötzlich, wie lange ich noch in einem Zelt werde schlafen müssen. Noch drei Wochen? Drei Monate? »Was, wenn es drei Jahre werden?«, platzt dieser beunruhigende Gedanke unvermittelt laut aus mir raus. »Was ist denn nun schon wieder?«, fragt Azade genervt. »Stell dir vor, wir müssten noch drei Jahre hier bleiben.« »Drei Jahre! So ein Blödsinn! Jetzt versuch doch endlich zu schlafen, und mach dir nicht so viel dumme

Gedanken«, murmelt Azade schon wieder abwesend. Die dummen Gedanken lassen sich aber nicht so einfach vertreiben. Sogar drei Wochen sind mir zu viel.

Keiner kann ahnen, dass wir nicht einmal mehr drei Tage hier bleiben werden. Ein dunkler Schatten, schrecklicher als tausend Spinnen, ist in diesem Moment noch weit weg, aber er kommt näher und näher.

Ich wälze mich hin und her, um eine bequemere Position zu finden. Der Boden unter dem Zelt ist hart und uneben. Die kleinen, unscheinbaren Steinchen unter dem dünnen Teppich sind lästiger als man denkt. Um einigermaßen schlafen zu können, muss man sich so lange zurechtrücken, bis die Wölbungen des Körpers eine passende Lücke zwischen ihnen gefunden haben.

Die Nächte hier sind still und lang. Der schwache, flackernde Schein der Öllampe beleuchtet nur einen kleinen Radius. Alles andere, unsere Schlafsäcke, Bücher und Rucksäcke, die überall verstreut herumliegen, die G3s und Kalaschnikows, bilden rätselhafte Schatten in der Dunkelheit. Jeder hat hier eine Waffe, auch diejenigen, die nicht im bewaffneten Kriegerteam sind, ebenso wie die, die nie von einer Waffe Gebrauch machen wollen. Ich bekam gleich am dritten Tag ein G3 samt Munitionsgürtel – und ein mulmiges Gefühl in der Magengegend. Den Geruch des mit Öl geschmierten, kalten Eisens finde ich widerlich. Ganz zu schweigen vom unerträglichen Knallen und den harten Rückschlägen beim Üben. Das erste Mal, dass ich ein Gewehr in der Hand hielt, war kurz nach der Revolution, als die Kasernen der Schah-Armee geplündert wurden. Fast jeder besorgte sich von dort eine Waffe. Man verglich sogar, wer die bessere und größere erwischt hatte. »Ach du hast nur einen Revolver!«, prahlten die frisch gebackenen Besitzer einer Uzi Maschinenpistole oder besser noch einer russischen Panzerfaust RPG7.

In jeder Ecke der Stadt gab es jetzt Schieß-Schnellkurse. Bis dahin hatte ich schon diverse Kurse belegt, einen Tanzkurs, einen Malkurs, einen Schwimmkurs und Ähnliches. Dies war das Neueste von allem, und es zeigte sich ein bisher unentdecktes Talent. Ich traf gleich beim zweiten Mal! Aber gleichzeitig entdeckte ich noch etwas anderes: Ich hatte eine ungeheure Angst, wenn ich auf etwas schoss.

Ich kann noch immer nicht schlafen und lasse meine Blicke und Gedanken durchs Zelt schweifen. Die beiden schlafenden Gestalten neben mir erinnern mich an alte Filme über die Partisanen im zweiten Weltkrieg. Auf der anderen Seite des Zeltes stehen eine mechanische Schreibmaschine und ein Matrizendrucker aus der Steinzeit, der noch mit einer Kurbel ausgestattet ist. Das sind die einzigen Hilfsmittel für Azade und Minu, um Pamphlete und andere Texte für die Organisation zu verfassen. Damit beschäftigen sie sich fast den ganzen Tag. Ein fertiges Musterexemplar wird dann per Bote nach Teheran geschickt, um es dort in größerer Zahl drucken zu lassen. »Wir haben wirklich schon bessere Zeiten erlebt«, sagte Minu resigniert, als sie an einem meiner ersten Tage hier mit schwarzen Fingern versuchte, ein Blatt Papier aus dem Drucker zu befreien.

Um das Licht der Öllampen sammelt sich immer eine Wolke von Insekten aller Art. Ich hasse dieses fliegende Gewimmel und versuche mich, so oft es geht, in eine halbdunkle Ecke zu verdrücken. »Es ist unmöglich, auch nur eine Seite zu lesen. Und Lesen wäre das einzige Vergnügen, das man hier abends haben kann«, hatte ich mich vor ein paar Tagen beschwert, als wir nach dem Abendessen in unser Zelt gekommen waren. »Lass dir doch eine Einladung vom Sheraton-Hotel kommen«, hatte Minu spöttisch geantwortet. »Auf dieses Nomadenleben kann man wirklich nicht gerade stolz sein«, warf ich Minu wütend an den Kopf. »In einem Kampf muss man zu allem bereit sein, Genossin Zara«, war es mit verächtlicher Arroganz zurückgekommen. Gott, wie verabscheue ich dieses klischeehafte Gefasel, das man hier immer wieder zu hören bekommt. Minu spricht nur wenig. Macht sie aber den Mund auf, hat sie eine ziemlich spitze Zunge, so viel habe ich inzwischen verstanden. Die Ähnlichkeit zwischen ihrer Augen- und Nasenpartie und der einer Katze verblüfft mich immer wieder. Oft habe ich das Gefühl, sie wird gleich ein aggressives »Miau« fauchen, wenn sie nicht gleich kratzt, vor lauter Wut. In ihren hellbraunen Augen entdecke ich nur selten einen Funken von Freude oder Leidenschaft. Ich weiß nicht viel von ihr. Ich habe gehört, dass sie bei ihrer Mutter in Teheran ein Kind zurückgelassen hat, als das Untergrundleben für sie so unerträglich wurde, dass sie von dort fliehen musste. Doch von ihrem Kind oder dem Vater des Kindes habe ich sie noch nie sprechen hören. Minu strahlt die Unzufriedenheit einer Frau aus, für die es in dieser Welt nichts Liebenswertes mehr zu geben scheint. Nur Taher gegenüber bleibt sie immer freundlich. Minu und Azade sind ein Jahr vor mir nach Kurdistan gekommen. »Seitdem wir hier sind, mussten wir schon ein paar Mal unsere Zelte abbrechen. Die Regierungstruppen haben uns Stück für Stück weiter in Richtung Grenze getrieben«, hatte Azade mir kürzlich trübsinnig erzählt. »Heißt das, dass unsere Flucht noch nicht zu Ende ist?« Azade hatte zur Antwort geschwiegen. Sie hatte keine.

Ich höre, wie sich die Schritte der letzten Wache unserem Zelt nähern. »Ich bin schon wach«, sage ich leise, bevor Ghasem, der die letzte Wache hat, mich ruft. Schnell ziehe ich mir den einzigen Pullover über, den ich mitgebracht habe, und gehe raus. Der hellrosa Kaschmirpullover gehört meiner Mutter. »Wirklich, sehr geeignet, deine

Garderobe. Hast du nicht vielleicht noch was Feineres zur Hand gehabt?«, hatte Ebi gestern Abend gespottet. »Doch«, war ich auf seine Stichelei eingegangen. »Ich habe es nur nicht mehr geschafft, es noch einzupacken, als ich aus Teheran losgefahren bin.«

Unsere Zelte sind auf einer Lichtung aufgebaut, die zu drei Seiten von alten Bäumen umschlossen wird. An den Bäumen entlang fließt ein schmaler Bach, der irgendwo in den Bergen über uns entspringt und unten im Tal in einen kleinen Fluss mündet. Das Tal vor uns liegt in der engen Umarmung grauer Berge, die bei Sonnenaufgang Tausende von leuchtenden Farbtönen reflektieren. Abstufungen von Rot, Orange und Gold, die mit der aufsteigenden Sonne immer heller werden, bis sie sich in ein helles Grau verwandeln. Abends, bei Sonnenuntergang, beobachten wir manchmal feierlich das umgekehrte Schauspiel auf den gegenüberliegenden Felsen, wenn das Schimmern von kräftigem Orange über Goldbraun und Dunkelrot langsam in die Farbe der Nacht übergeht.

Entlang des Baches haben wir unsere behelfsmäßigen Sanitäranlagen erschlossen, bestehend aus einer Art Toilette, einem Bad und einer Ecke zum Abwaschen. Das Bad ist eine Konstruktion aus vier Holzpflöcken, um die wir ein Tuch gespannt haben. Aus dem Bach, der hier hindurchfließt, können wir mit einem Topf Wasser schöpfen und es uns über den Kopf gießen. Die Toilette ist ähnlich gebaut, hier haben wir allerdings einen dickeren Stoff benutzt, der auf der einen Seite überlappt und sich wie eine Tür öffnen lässt. In der Mitte dieser Toilette gibt es ein tiefes Loch. Man kann diese Tiefe hören. Wenn es richtig heiß wird, stinkt es dort gewaltig. Mit einer Gießkanne kann man sich nach jedem Toilettengang waschen. Ich hoffe sehr, dass der Schacht für die Zeit, die wir noch hier sein werden, tief genug ist.

Viele Jahre später werde ich in einer Vorlesung über »Technischen Ausbau« an der Universität Hannover einen Vortrag über Kompostklos hören. Begeistert lobt die Dozentin die Vorzüge dieser Toiletten, die mich an unsere Plumpsklos in den Bergen erinnern. Darüber könnte ich ihr einen lebhaften Bericht liefern. Doch bevor ich den Mund aufmachen kann, holt sie eine Flasche mit dem Inhalt eines Kompostklos hervor, öffnet diese und hält sie von allen Anwesenden ausgerechnet mir direkt unter die Nase: »Riechen Sie mal, es stinkt wirklich nicht!« Nach dieser Vorlesung gehe ich geradewegs zum Augenarzt, hole mir endlich eine Brille und sitze nie mehr in der ersten Reihe des Hörsaals.

»Heute muss ich nicht beim Sport mitmachen. Ich habe Küchendienst«, sage ich erleichtert zu Ghasem, der die letzten Minuten seiner Wache auf einem großen Stein am Fluss sitzend verbringt. »Ob das einfacher als die Sportstunde ist?«, lacht Ghasem. »Ich habe noch nie auf Kuhmistfeuer gekocht. Hoffentlich bringe ich den Mist überhaupt zum Brennen.« Innerlich hoffe ich darauf, dass er mir seine Hilfe anbietet. »Na, dann wird es ja höchste Zeit, das auszuprobieren. Viel Spaß beim Teekochen!«, sagt Ghasem scheinheilig und geht davon, um die anderen zu wecken. Mein Hilferuf hat ihn nicht im Mindesten beeindruckt. »Aufstehen!«, höre ich ihn in die Zelte rufen, als ich am Bach hocke, um mein Gesicht zu waschen.

»In einer Viertelstunde legen wir los. Seht zu, dass ihr fertig seid, Genossen«, kommandiert Hamed laut. Er hält sich für den durchtrainierten und überaus heldenhaften Partisanen schlechthin. Bei der Gymnastik und den anstrengenden Übungen überwacht er genauestens, dass niemand schummelt. Ob es wirklich sein lautstarker Befehlston ist, der denjenigen, die noch müde gähnen und sich am

Kopf kratzen, den Kick gibt, wage ich zu bezweifeln. Niemand scheint seinen Appell besonders zu beachten. Und doch sammeln sich allmorgendlich immer alle pünktlich an der Weggabelung, wo wir unsere Sportstunde beginnen. Wir müssen einen schmalen Pfad bergauf joggen, der sich durch die Felsen in Richtung des Berggipfels schlängelt. Etwa auf halber Strecke gibt es einen kleinen ebenen Platz, wo wir unsere Gymnastik machen. Ich bin fast immer die Letzte, die hier oben ankommt, und dann bin ich meist so atemlos und fertig, dass ich eine Weile nur huste, bevor ich weiterturnen kann. Wenigstens diese Strapaze bleibt mir heute erspart.

Der große Leinensack im Vorratszelt, in dem wir das Brot aufbewahren, ist leer. Nur ein paar einsame Krümel rieseln noch heraus. Mist. So passen die Leute also auf unsere Vorräte auf. »Demnächst müssen wir wohl auch hier noch eine Wache postieren«, sagt Ali verärgert. Eigentlich ist er für die Beschaffung und Rationierung der Lebensmittel zuständig. »Du kannst dich gleich auf den Weg machen«, weist er mich an. »Heißt das, ich muss noch ins Dorf, um Brot zu holen?« Jetzt werde ich meinerseits ärgerlich. »Ja, wer denn sonst? Du hast doch Küchendienst. Es ist die Aufgabe des Tageskochs, alles zu erledigen, was mit Essen zu tun hat«, hält er mir streitlustig vor. »Schon gut, schon gut, ich besorge das verdammte Brot.« Ich habe einfach keine Lust, mit ihm zu diskutieren. »Sei vorsichtig, Genossin Zara. Vielleicht nimmst du am besten dein G3 mit.« Plötzlich ist Ali wie verwandelt und schaut mich mit einem besorgten Gesicht an. »Was soll das denn jetzt?«, frage ich beunruhigt. »Der Weg zum Dorf…«, beginnt Ali leise und beugt sich Unheil verkündend mit weit geöffneten Augen zu mir. »Er ist voll von gefährlichen Spinnen!« Er lacht laut auf. Sehr witzig! Warum habe ich Dummkopf nicht gemerkt, worauf er hinauswill? Ich lache mit ihm, dabei würde ich ihn am liebsten erwürgen. So ungefährlich ist der Weg nämlich nicht. Noch bevor man das Dorf erreicht, wird man von den Hunden mit Gebell und Schwanzwedeln empfangen. Vor ihnen habe ich keine Angst. Vor den Hähnen allerdings, die im Dorf frei herumlaufen, fürchte ich mich schon eher. Wenn ich an diesem Federvieh vorbeigehe, verfolgen sie mich oft, gerade so, als würden sie merken, dass ich sie nicht ausstehen kann.

Als ich vor ein paar Tagen im Dorf spazieren ging, fühlte ich auf einmal etwas Hartes an meinem Bein. Ich drehte mich um. Hinter mir war niemand zu sehen. Komisch, hatte ich mir das eingebildet? Ich ging weiter und war noch keine paar Meter gekommen, als mir wieder etwas Scharfes gegen das Bein schlug. Au, verflucht! Ich drehte mich wieder um, doch es war nach wie vor niemand außer mir auf dem Weg. So dachte ich jedenfalls. Bis ich zu meinen Füßen plötzlich einen schwarzen Hahn mit weiß gepunkteten Federn entdeckte, der mir böse Blicke zuwarf. Ach, du warst das? Der Hahn, der eben noch angriffslustig mit seinen Krallen auf dem Boden scharrte, sprang an mir hoch und kratze mich diesmal mit seinen messerscharfen Nägeln am Hemd. Ich wich einige Schritte zurück, ergriff einen Stein und warf ihn dem Hahn an den Kopf. Da, du Mistvieh! Doch da wurde er erst richtig wild, flatterte ein paar Mal aufgeregt hin und her und sprang mit ausgestreckten Krallen so hoch, dass er mich fast im Gesicht erwischte. Ich zögerte keine Sekunde mehr und lief, so schnell wie ich konnte, davon. Ich wagte kaum, mich umzuschauen, denn der Hahn setzte mir nach. Als ich mich schon in der Nähe unseres Camps befand, sah ich mich vorsichtig um, ob dieses Ungeheuer mich immer noch verfolgte. Er war weg. Ich blieb eine Weile stehen, bis ich wieder normal atmen konnte.

Hoffentlich hatte mich keiner bei meiner Flucht vor einem Hahn beobachtet! So eine Peinlichkeit brauchte nun wirklich niemand aus dem Camp zu erfahren.

Ich traue meinen Augen nicht, als ich zwölf Jahre später durch ein kleines Dorf namens Wolfshagen in Deutschland spaziere und mich nach einem scharfen Stoß am linken Bein umdrehe. Ein rotköpfiger Hahn ist mir hinterhergelaufen und blickt mich aus runden, feindseligen Augen an. Seither gehe ich Hähnen aus dem Weg.

Aber jetzt muss ich mich beeilen. Bis zum Dorf brauche ich zehn Minuten, wenn ich schnell bin. Den Rückweg werde ich kaum so schnell schaffen. Mit einem großen Sack voll Brot den Berg wieder hinaufzusteigen dürfte nicht so einfach sein. Wir holen immer gleich für mehrere Tage Brot. Mehr als sechzig, siebzig Stück auf einmal.

Das Brot, das man hier backt, ist rund, vielleicht dreißig Zentimeter im Durchmesser, und sehr dünn und zerbrechlich. Es wird auf einem gewölbten Blech gebacken, das direkt auf dem Feuer liegt. Eine Knochenarbeit. Von morgens früh bis abends spät sitzen zwei Frauen gebeugt neben dem heißen, rauchigen Lagerfeuer und backen. Eine formt den Teig zu kleinen Bällchen und legt diese anschließend auf eine hölzerne Platte. Mit einem kurzen dicken Rundstab rollt sie jedes einzelne Bällchen so lange, bis es ganz groß und dünn wird. Dann wirft die andere Frau, die direkt am Feuer sitzt, den Fladen ein paar Mal zwischen ihren Händen hoch und fängt ihn geschickt wieder aus der Luft. So erreicht der Teig seine höchste Ausdehnung. Mit einem anderen dünnen Stab rollt sie ihn langsam auf dem heißen Blech aus. Nach ein paar Sekunden muss sie den großen Fladen schnell wieder um den Stab wickeln und auf der anderen Seite ausrollen, damit beide Seiten gleichmäßig bräunen. Wenn das Brot fertig gebacken ist, muss es abkühlen. Je nach Bedarf feuchtet man später die einzelnen trockenen Stücke mit ein wenig Wasser an, damit sie wieder weich werden. Auf diese Art können die Dorfbewohner, die noch nie von chemischen Konservierungsmitteln gehört haben, das Brot über mehrere Wochen aufbewahren, ohne dass es schimmelt.

»Wollt ihr es mit dem Backen probieren?«, fragte uns *Dade* Khatoon, das heißt so viel wie Schwester Khatoon, neulich lächelnd. Sie war gerade dabei, mit ihrer Tochter für uns zu backen. »Komm, wir versuchen das auch mal. So schwer kann es ja nicht sein«, flüsterte ich Minu zu. »Wenn du meinst.« *Dade* Khatoon und ihre Tochter machten ihre Plätze für uns frei. Minu nahm eines der Bällchen und versuchte, es mit dem Stab auszurollen. »Das klebt aber so«, nörgelte sie. »Hast du noch nie ein Stück Teig ausgerollt? Nimm ein bisschen Mehl, dann klebt es nicht mehr«, erklärte ich schulmeisterlich, als ob ich jahrelang als Bäckerin gearbeitet hätte. Minu kämpfte noch eine Weile mit dem Teig und reichte mir dann ein eher längliches als rundes und ziemlich dickes Stück weiter. »Du bist dran.« Was war das denn? Ich warf den unförmigen Teig in die Luft, wie ich es vorher bei *Dade* Khatoon gesehen hatte. »Das war aber knapp«, kommentierte Minu meinen Wurf, den ich gerade noch fangen konnte, während sie die Teigreste von ihren Händen wegrubbelte. »Vielleicht ist es doch nicht so einfach«, räumte ich ein. »Ach nein?« Minu triumphierte geradezu. Bei jedem Wurf und dem Versuch, ihn wieder aufzufangen, wurde der Teig noch unförmiger, faltete sich und klebte bei dem letzten Versuch zu einem mehrschichtigen Klumpen zusammen. »Oh Mann. Wie kriegen die das bloß hin?« Ich gab auf. *Dade* Khatoon und ihre älteste Tochter amüsierten sich köstlich bei dieser Szene, flüsterten sich etwas auf Kurdisch zu und kicherten.

Wenn *Dade* Khatoon lacht, hält sie sich immer die Hand vor den Mund, um ihre Zahnlücken und die restlichen, schwarzen Zähne zu verbergen. Ihre Kleider sind alt und schäbig. Die Haare, die unter ihrem dunklen Kopftuch hervorgucken, sind verfilzt. Wahrscheinlich wäscht sie ihre Haare nicht öfter als alle zwei bis drei Monate. Sie hat fünf Kinder. Ihre älteste Tochter ist erst neun und muss schon bei so einer Knochenarbeit helfen. Alle Mädchen hier müssen sich spätestens im Alter von sechs oder sieben Jahren an der Hausarbeit beteiligen. Mit ihren kleinen Händen schleppen sie Eimer voll Wasser, waschen ab oder passen auf ihre kleineren Geschwister auf. Die Säuglinge schnüren die Mütter mit einer Bandage auf eine kleine Holzwiege, und zwar so fest, dass sie sich kein bisschen bewegen können. Sie werden so »befestigt«, dass ihre Fäkalien durch ein Loch in der Mitte der Wiege in einen darunter stehenden Topf fallen können. Der Kopf ist das einzige Körperteil, den die Säuglinge bewegen können, und beim Weinen werfen sie ihn wild nach links und rechts. Auf ihren kleinen, verdreckten Gesichtern sitzen jede Menge dicker schwarzer Fliegen, und die Kinder schreien fast immer. Immer lauter, bis sie nicht mehr können. Aber die Frauen müssen rund um die Uhr arbeiten und haben keine Wahl, als ihre Kinder oft stundenlang allein zu lassen. Im Sommer sind sie auf den kleinen Feldern vor dem Dorf, ob sie das Schreien ihrer Kinder bis hierher hören?

Die Hauptnahrungsmittel dieser Gegend sind Brot und Joghurt. Doch mit den kleinen Mengen Joghurt, den die Dorfbewohner selbst herstellen, gehen sie sehr sparsam um. Einen, höchstens zwei Löffel davon geben sie in einen großen Topf mit Wasser und eingeweichtem

Brot. Dieser dünne Broteintopf versorgt sie fast über das ganze Jahr. Damit werden die Kinder großgezogen, davon ernähren sich die Frauen – auch während der Schwangerschaft – und die Männer, die in den Bergen und auf den Feldern hart arbeiten. Im Sommer ernten sie ab und zu auch Tomaten, Zucchini, Paprika oder Gurken von ihren Feldern, die meist nicht größer als ein geräumiges Wohnzimmer sind. Eier, Fleisch und Reis gibt es nur zu besonderen Anlässen, und auch dann nur bei den »Wohlhabenden«. Um unsere Nahrung ist es auch nicht viel besser bestellt. Alle paar Wochen sammeln sich in einem der kleinen Orte Händler aus den Städten und bieten ihre Lebensmittel auf einem Bazar an. Dort kaufen wir dann Reis, Kartoffeln, weiße, rote oder gelbe Bohnen und Fett. Daraus bereiten wir unser Essen zu. Unsere Hauptmahlzeit mittags ist Reis. Reis mit weißen, am nächsten Tag mit roten und noch einen Tag später mit gelben Bohnen. Dieser Zyklus wiederholt sich Woche für Woche, Monat für Monat und Jahr für Jahr bis zu meinem letzten Tag in Kurdistan. Ach, und die Kartoffeln! Das ist die vierte Variante, die neben Reis manchmal auf unserem Speiseplan steht. Frühstück und Abendessen sind entsprechend abwechslungsreich. Morgens kommt Brot mit schwarzem Tee und nur selten einmal etwas Joghurt auf das *Sofreh*. Am Abend gibt es selten einmal Joghurt mit schwarzem Tee und Brot. »Genossen, das Frühstück ist fertig!«, ruft dann der Tageskoch.

Ich begrüße *Dade* Khatoon in meinem gebrochenen Kurdisch. Sie hat bereits mehrere Stapel getrocknetes Brot in große Tücher gewickelt und lächelt mir freundlich entgegen.

Ich nehme, so viel wir brauchen, und mache mich gleich auf den Rückweg. Immer noch beschäftigt mich die Frage, wie man mit Kuhmistfladen kochen soll. Und nicht nur das: Wie soll ich mit dieser mangelhaften Ausrüstung und aus so spärlichen Zutaten überhaupt etwas Genießbares für zwölf hungrige Mäuler herstellen?

Ich muss mich beeilen. Bald kommen die anderen vom Sport zurück und ich habe noch nicht einmal Feuer gemacht. Ich kann froh sein, dass ich morgen nicht zum Küchendienst eingeteilt bin, denn morgen kommen dreißig *Peshmerge* und eine Frau aus einem anderen Dorf zu uns. Wir werden eine Hochzeit feiern.

Von weitem sehe ich schon dicken Rauch vom Platz vor unseren Zelten aufsteigen. »Ich dachte, ich mach schon mal Feuer, bis du zurück bist«, begrüßt mich Saber, ein kräftiger, junger Mann aus dem Kriegerteam, der über eine Abkürzung früher als die anderen vom Sport zurückgekommen ist. Saber ist bekannt dafür, dass er wie eine Bergziege auf den steilen Felsen herumspringt. Beim Klettern oder beim Abstieg steiler Hänge hat ihn noch keiner überholt.

»Es ist ganz einfach, genau, wie man ein Holzfeuer in Gang bringt. Es zündet sogar schneller«, erklärt er mir, während er sich über den kleinen, dunkelgrünen Haufen beugt und pustet. Sein Gesicht verschwindet in einer Rauchwolke mit einem heftig stechenden Geruch. Ich weiche dem Qualm aus und versuche möglichst wenig von diesem Kuhmistrauch einzuatmen. »Es hört bald auf zu qualmen. Außerdem ist das der gesündeste Rauch der Welt.«

Sabers mandelförmige Augen strahlen so eine Fröhlichkeit aus, dass man den Eindruck gewinnt, ihn könne nichts aus der Ruhe bringen. Er bewegt sich so behände, dass ich mir daneben geradezu träge vorkomme. Schon hängt der riesige, schwarze Kessel über dem Feuer und Saber macht sich an das Brot. Er holt die dünnen, runden

Fladen einzeln aus dem Tuch, dreht sie in gleichmäßigem Tempo in einer Hand und besprenkelt sie mit der anderen Hand mit Wasser. »Man muss aufpassen, dass das Brot nicht zu feucht wird, sonst bildet sich in der Mitte eine klebrige Masse. Und dann hast du eine Truppe hungriger, ärgerlicher Männer am Hals.« Er gehört zu der Art von Männern hier, die ihre körperliche Stärke oder ihren ungeheuren Mut nicht als Überlegenheit anderen gegenüber – besonders den Frauen – demonstrieren. Er hilft, wo er nur kann, und bleibt bescheiden. Er ist einer der wenigen Genossen hier, die ich um Hilfe bitten würde, allerdings auch nur, wenn es unbedingt nötig sein sollte. Ich habe schnell begriffen, wie wichtig es ist, alles selbstständig zu erledigen, auch wenn es im Prinzip immer jemanden gibt, der helfen würde. »Wenn man den Eindruck vermitteln kann, auf niemanden angewiesen zu sein, wird jeder freiwillig assistieren«, sagt mein Vater immer. An einem Ort wie diesem wird der Wahrheitsgehalt solcher Behauptungen sehr schnell sichtbar.

Das Frühstück bringe ich also dank Sabers Hilfe einigermaßen gut und rechtzeitig hin. Hinterher sammele ich die Plastikbecher auf einem Tablett ein und balanciere es zu unserem Platz am Bach, der für den Abwasch gedacht ist. Da hocke ich dann und spüle die Becher. Beinahe wie zu Hause! »Maryam, findest du es so schwer, die Gläser gleich in die Spülmaschine zu tun, anstatt sie überall stehen zu lassen?«, hatte sich meine Mutter oft beschwert, wenn sie müde von der Arbeit kam. Eine Spülmaschine! Das muss in einer anderen Galaxie gewesen sein. Hier scheine ich jedenfalls mehrere Lichtjahre von der mir vertrauten Welt entfernt. So weit, dass sie mir eher wie ein Traum vorkommt. Schon nach drei Wochen frage ich mich ernsthaft, ob ich je wieder das Glück haben werde, das Licht einer Glühbirne zu sehen. Oder die schwarze

Farbe einer asphaltierten Straße. Werde ich je wieder das wunderbare Geräusch eines vorbeifahrenden Autos hören? Oder an einem Tisch essen? Einen Wasserhahn aufdrehen, mit heißem Wasser, an einem Waschbecken? An einem Kiosk eine Zeitung kaufen? In der Schlange einer Kinokasse stehen, um einen tollen Film zu sehen? Werde ich mich jemals wieder in Jeans und T-Shirt vor einem Spiegel betrachten oder meine Haare föhnen? Mein Gott, wie furchtbar vermisse ich meine Stadt. Wie lange werden wir bloß hier bleiben müssen? Auf Dauer kann ich mir ein Leben unter diesen Bedingungen nicht vorstellen. Was, wenn es kein Zurück mehr gibt? Nein, das muss es einfach geben. Afsaneh hatte mir versprochen, dass ich nur kurz hier untertauchen muss. Und so wird es auch sein. Aber warum schaut auch Ebi mich nur schweigend an, wenn ich sehnsüchtig von einer baldigen Rückkehr spreche?

Ein schrecklicher Instinkt sagt mir, dass ich mich auf einer Reise ohne Wiederkehr befinde.

»Willst du einen guten Tipp für ein köstliches Mittagessen haben?«, reißt mich Sabers Stimme aus meinen Gedanken. »Komm, wir gucken, was wir überhaupt zum Kochen finden.« In unserem Vorratszelt, wo wir außerdem ein paar Schlafsäcke und Winterjacken für Neuankömmlinge sowie Krimskrams wie Batterien für Radios, Taschenlampen und ein paar Öllampen aufbewahren, gibt es vier große Säcke aus Hanf, die jeweils mit Reis, weißen, roten und gelben Bohnen gefüllt sind. In drei kleineren Säcken wird Salz, Zucker und Schwarztee gelagert. In einer Ecke steht der Blechkanister mit Fett zum Kochen. »Eine große Auswahl hast du nicht gerade«, bemerkt Saber, als habe er eine besondere Entdeckung gemacht. »Was du nicht sagst. Gestern hatten wir weiße Bohnen. Heute könnten wir zur Abwechslung mal rote nehmen«, brumme ich unzufrieden. »Genossin Zara, manchmal gibt's hier nicht mal das, was du so beklagenswert findest. Hier gibt's ab und zu auch gar nichts. Jetzt mach kein Gesicht, wir finden schon etwas anderes. Was hältst du von einer Suppe?«, fragt Saber streng. Suppe finde ich sehr gut, aber womit? »Meinst du, ich sollte die Mischung aus Reis und roten Bohnen ein bisschen flüssiger zubereiten und das Ganze dann als Suppe verkaufen? Das ist ja eine grandiose Abwechslung!«, mache ich mich über seinen Vorschlag lustig. Saber geht auf meine Stichelei gar nicht erst ein. »Was hältst du denn von einer leckeren, fleischigen und cremigen Suppe?«, fragt er stattdessen mit einer Miene, die er immer aufsetzt, wenn er etwas im Schilde führt. Dabei macht er große, runde Augen. Eine cremige Fleischsuppe? Wie will er die denn zaubern, wir haben ja überhaupt kein Fleisch. »Komm! Ich habe eine Idee. Nimm die Schere und eine Tüte mit«, weist er mich an. Eine Schere? Wozu denn das?

Gemeinsam gehen wir an einen Bach in der Nähe des Dorfes. Saber zieht sich Schuhe und Strümpfe aus, watet hinein und beugt sich hinunter. »Was machst du denn da?«, frage ich ihn, als er etwas Lebendiges aus dem Wasser zieht. »Ich fange Frösche. Heute gibt es eine leckere, cremige Froschsuppe zu Mittag.« Oh nein, das hat mir gerade noch gefehlt. Ein paar dicke, dunkelgrüne, eklige Frösche sitzen noch immer nichts ahnend und friedlich auf den Steinen am Bach und quaken fröhlich vor sich hin. »Jetzt stell dich nicht so an. Froschsuppe schmeckt hervorragend!« Saber hat Nerven! Ich finde Frösche widerlich, und jetzt soll ausgerechnet ich eine Suppe daraus kochen. »Ich halte die Frösche fest und du schneidest die Schenkel ab. Denk nicht darüber nach, tu einfach, was ich dir sage«, befiehlt er.

Und ich tue tatsächlich, was er sagt! Ich schneide einem

Frosch bei lebendigem Leib die Beine ab. Mein einziger Gedanke gilt einem Horrorfilm, in dem ein böser Geist die Kontrolle über die Hand eines Mannes gewinnt. Der Mann begeht eine Reihe ungeheuerlichster Taten und fragt sich dabei immer wieder, von welcher Bestie seine Hand gelenkt wird. Ich schneide also den Fröschen die Schenkel ab, schmeiße die Beine in die Tüte und die Rümpfe in den Bach zurück. Und jedes Mal, wenn die Schere sich öffnet, frage ich mich, welcher böse Geist wohl meine Hand führt.

Nach etwa einer halben Stunde kehren wir mit einer Tüte voller Froschschenkel ins Lager zurück. Als Saber den Inhalt der Tüte in einen Topf kippt, um ihn zu waschen, sagt er: »Mach dir keine Sorgen! Vielleicht wachsen ihnen Ersatzbeine.« »Lass bloß deine blöden Witze! Und die Schenkel wäschst du schön alleine!« Ich gehe derweil, um das Feuer mit dem gesündesten Qualm der Welt anzuheizen. Ich bin wütend. Auf wen eigentlich, auf ihn oder mich? Auf uns beide. »Abschmecken musst du die Suppe aber, du bist schließlich Tageskoch!«, ruft er mir lachend hinterher.

Da kocht nun die erste Suppe meines Lebens, die ich mithilfe von Kuhmist und Froschbeinen zubereitet habe. Für zwölf Personen. Obwohl der Inhalt des Topfes gar nicht schlecht riecht, wage ich kaum den Deckel abzuheben, unter dem die kleinen Schenkel im sprudelnden Wasser auf und nieder springen. Gut, dass niemand fragt, was sich hier abspielt.

Doch im Lager ist es um die Mittagszeit ruhig, nur Taher und Ebi gehen, ins Gespräch vertieft, immer wieder den Weg zum Dorf hinab und herauf. Ich wüsste gern, worüber man mit Taher überhaupt so lange reden kann. Als er einmal beim Mittagessen mit großem Stolz verkündete, dass er niemals im Leben seine Zeit für einen

Roman verschwenden würde, blieb mir der Bissen im Hals stecken. Was für eine Einstellung! Ich habe immer gerne meine Zeit mit Romanen verschwendet. Während meiner Schulzeit hatte sich bei mir eine kleine Bibliothek angesammelt, die meine Welt war. Ich lebte mit den Figuren eines jeden Romans noch eine lange Zeit, nachdem ich ihn ausgelesen hatte.

»Mhh, riecht das gut«, sagt Hamed, der vom Essensduft angelockt zum Feuer gekommen ist und jetzt den Deckel anhebt, um zu gucken, was da brodelt. »Eine leckere, cremige Suppe«, erkläre ich betont liebenswürdig.

»Pass bloß auf, dass keiner mitbekommt, dass du Froschsuppe gekocht hast. Sonst lynchen sie dich«, flüstert Saber mir zu, als Hamed wieder weg ist. Auch das noch. »Und warum, zum Teufel, sollte ich so einen Mist kochen, wenn es keiner essen mag?«, frage ich ihn empört. »Du wolltest doch Abwechslung«, grinst Saber. Sorgfältig fischt er Schenkel für Schenkel aus der Suppe, entfernt die Knochen und wirft den Rest zurück in den Topf. Das zarte Fleisch ist nach einer Weile so zerkocht, dass es nicht mehr zu erkennen ist.

»Es schmeckt sehr gut, Genossin Zara«, höre ich jemanden beim Mittagessen sagen. »Ich wusste nicht, dass unsere Genossinnen auch kochen können«, kommentiert jemand anderes. Saber schaut mich triumphierend an. Ebi dafür umso skeptischer. »Sag mal ehrlich, wie hast du das hinbekommen?«, fragt er mich abends, als ich am Fluss hocke und die letzten Spuren meines ersten Küchendienstes abspüle. Aber das bleibt mein Geheimnis.

Die bombastische Hochzeit

Müde und erschöpft sitze ich unter einem Baum unweit des Lagers und korrigiere die letzten Fehler in Azades Artikel. Die Arbeit als Tageskoch hat mich ziemlich fertig gemacht und war wirklich mit Abstand die widerwärtigste Aufgabe, die ich bislang hatte. Dafür verspricht der heutige Tag mehr als nur eine Entschädigung. Wir feiern Hochzeit.

Schon kurz nach Sonnenaufgang war die Truppe der *Peshmerge* hier eingetroffen. In der morgendlichen Ruhe hörte ich plötzlich ein Summen. Erst glaubte ich, ich bilde mir das nur ein. Doch das Geräusch wurde immer deutlicher und nach und nach erkannte ich eine Melodie. Ich steckte meinen Kopf aus dem Zelt, um zu sehen, von wo diese Musik ertönte. Da oben auf dem Weg zwischen den Felsen schlängelte sich eine lange Menschenkarawane, die singend näher kam. Sie zog eine Wolke aus Staub hinter sich her. Die Karawane erreichte uns viel schneller, als ich erwartete. Gerade hatte ich mir etwas übergezogen und war aus dem Zelt gekommen, als mich ein fremder Mann munter begrüßte. Er war jung und gut aussehend, hatte tiefschwarze Augen und ein entwaffnendes Lächeln. Er schüttelte mir kräftig die Hand. Hinter ihm sammelten sich immer mehr Männer, die mich alle nacheinander auf die gleiche Art begrüßten, und plötzlich war da eine Frau. Die erste Kurdin unter uns.

»Ist sie wirklich eine *Peshmerge?*«, fragte ich Ebi, der aus dem Männerzelt kam, um die Neuankömmlinge zu begrüßen. »Nein«, sagte er. »Und viel stärker als du ist sie auch nicht. Das Leben hier ist sie allerdings gewöhnt...« Ebi hat die besondere Gabe, meine Gedanken zu lesen, noch bevor sie richtig in meinem Kopf entstanden sind.

Roonak hatte für eine Frau ungewöhnlich derbe Hände. Eine Eigenschaft, die sie mit den Frauen aus den Dörfern hier verband. Ihr Gesicht war lang und schmal, wie das einer Indianerin. Auch von ihrer dunklen Hautfarbe her hätte das gut gepasst. Nur ihre grünen Augen entsprachen nicht meinem wildwestfilmgeprägten Indianerbild. Und das machte ihr Aussehen interessant. »Sie hat etwas, nicht?«, bohrte ich weiter. »Findest du? Dich finde ich besser«, antwortete Ebi, der sich selten zu einem Kommentar über Äußerlichkeiten hinreißen lässt. »Und wer ist der glückliche Bräutigam?«, fragte ich ihn neugierig. Ebi deutete auf einen kleinen Mann mit langen, welligen Haaren und einem mürrischen Gesicht, dessen Haut noch dunkler war als die von Roonak. »Der sieht aber düster aus. Was hat er denn?« »Mir ginge es auch nicht besser, wenn ich heute heiraten müsste«, mischte sich Hamed ein, der neben uns stand. Er macht sich gern über solche Sachen lustig. »Tayeb sieht immer so aus«, sagte Ebi abrupt. Um Himmelswillen, den würde ich nicht heiraten. »Sie scheint aber eine ganz lustige Frau zu sein.« »Ach, das täuscht. Die ist so was von zickig. Der arme Tayeb ist bloß einen Tick zu klein für sie, findest du nicht?», flüsterte Hamed mir ins Ohr. »Du meinst wohl, du hättest besser zu ihr gepasst?« Ich musste lachen. Hamed verbirgt seine Schwäche für hübsche Frauen immer damit, dass er sich über sie lustig macht. Wir verkniffen uns weitere Lästereien, als Ebi fragte, ob wir diesen Quatsch bitte einstellen könnten, bevor jemand uns hörte.

Die Männer der *Peshmerge* bringen eine erfrischende Lebendigkeit in unser Lager. Laut und guter Laune wird über alles Mögliche Witze gemacht. Seit sie eingetroffen sind, ist große Wäsche angesagt. Sie waschen sich und ihre Kleider. Auf jedem Baum hängt ein Stück ihrer Wäsche. Diese Männer haben einen langen Weg hinter sich. Die *Peshmerge* sind wochenlang in den Gebirgen unterwegs. Sie übernachten in den Dörfern, durch die ihr Weg sie führt, dort bekommen sie auch zu essen. Die Dorfbewohner geben ihnen nicht nur Unterkünfte und Lebensmittel. »Wir bekommen immer die neusten Informationen über jede Bewegung der Regierungstruppen im ganzen Gebiet«, erzählt Karim, der Kommandeur der *Peshmerge*. »Das ist für uns sogar wichtiger als die Unterkunft für die Nacht oder die Verpflegung«, betont er. Diese Informationen helfen ihnen, von den Regierungstruppen gestellte Fallen zu umgehen. Außerdem können sie damit die eigenen Attacken gegen die Lager der Feinde präziser planen. »Einmal sind wir sogar heimlich über Nacht in einem Dorf geblieben, das schon von den Hisbollahsoldaten besetzt war«, erzählt Karim begeistert. Ohne die überwältigende Solidarität der Einheimischen wäre jeglicher Widerstand in Kurdistan unvorstellbar. »Klar, wenn es in einem Dorf mal einen verdammten *Jash* gibt, dann wird eine simple Übernachtung zu einer Falle, aus der man nur schwer heil herauskommt«, räumt er ein.

In einem großen Topf kochen einige der *Peshmerge* auf den Lagerfeuern ihre Wäsche aus. »Wozu machen sie das denn?«, frage ich Azade, die neben mir sitzt und darauf wartet, dass ich mit ihrem Artikel fertig werde. »Läuse. Die kochen ihre Läuse aus. Wenn man in so vielen fremden Häusern übernachtet, kann man sich leicht ein paar Tierchen einfangen«, antwortet sie trocken. »Und was ist mit ihren Haaren?« Das weiß Azade auch nicht. »Hast du auch schon mal Läuse gehabt?«, will ich wissen. »Gott sei Dank noch nicht. Man muss aber verdammt aufpassen. Die Viecher können ziemlich gut springen.« Von diesem Moment an kann ich mich kaum mehr auf die Fehler in ihrem Text konzentrieren, die ich vorher so zahlreich entdeckt hatte.

»Wie lange brauchst du denn noch?«, fragt Azade nach einer Weile ungeduldig und betrachtet unzufrieden die Seiten, die ich ihr bereits gegeben habe. Sie sind noch immer voller Fehler. Azade ist keine professionelle Schreibkraft und hat vorher noch nie rund um die Uhr journalistische Texte getippt. Sie ging noch aufs Gymnasium, als sie ihre Familie verlassen und nach Kurdistan flüchten musste. Sie stammt aus einer Kleinstadt. Dort, wie in allen Kleinstädten, hatten die Mitglieder der Opposition kaum eine Chance, sich zu verstecken. »Ich bin gleich fertig«, will ich gerade sagen, doch bevor ich den Satz aussprechen kann, fühle ich, wie der Boden vibriert. Wie ein leichtes Erdbeben. »Hast du das auch gemerkt?«, frage ich Azade erschrocken. »Ja«, antwortet sie gelassen. »Und was war das?« Der Boden bebt erneut, diesmal in Verbindung mit dem gedämpften Geräusch einer Explosion. »Das sind Raketengeschosse. Die Regierung nimmt wieder irgendein Dorf unter Beschuss. Das ist aber nichts Außergewöhnliches in Kurdistan.« Dass man hier früher oder später mit Krieg, in welcher Form auch immer, konfrontiert würde, damit habe ich gerechnet. Aber diese Erschütterungen und das dumpfe Krachen kommen mir verdächtig nah vor. Azade zuckt nur mit den Schultern. Sie interessiert sich im Moment mehr für die korrigierten Seiten, die sie noch vor dem Mittagessen fertig bearbeiten will. Ich kann sie gut verstehen. Das Mittagessen heute verspricht grandios zu werden. »Das will ich richtig genießen«, schwärmt Azade. Das will ich allerdings auch.

Heute gibt es Fleisch! Und das ist hier viel außergewöhnlicher als Granaten und Raketen. In Mooseh hat man zwei Schafe für uns geschlachtet, der Bratenduft lässt uns alle ungeduldig werden.

Nach und nach versammeln sich alle auf dem großen Platz, wo wir bald feiern werden. In der Mitte haben die Köche, vier flinke Männer der *Peshmerge*, mehrere Feuerstellen errichtet, auf denen große Töpfe mit Fleisch stehen. Es sind viele Gäste aus dem Dorf zur Hochzeit eingeladen, die in ein paar Stunden heraufkommen werden, um mit uns zu feiern. Zu solchen Anlässen kochen meist die Männer, die oft bessere Köche sind, als man vermutet. Auch *Dade* Khatoon und ihre Kinder werden heute dabei sein, und ich stelle mir vor, was das für eine Freude für sie sein wird, so schön zu feiern, zu essen und zu tanzen. Bei den kurdischen Volkstänzen bilden alle gemeinsam einen Kreis, Männer und Frauen stehen immer abwechselnd. Sie halten sich an den Händen und dann fängt der Kreis an sich zu bewegen. Bei jedem Tanz führt einer den Kreis an und schwingt dazu ein Tuch wunderschön in der Luft. Die Tanzschritte sind in fast jedem Dorf ein bisschen anders. In manchen Gegenden werden sehr komplizierte, abwechslungsreiche Schrittfolgen getanzt, woanders eher monotone. Die kurdischen Lieder sind so rhythmisch und fröhlich, dass man gar nicht anders kann, als dazu zu tanzen.

Noch bevor die Feier beginnt, tanzt eine ausgelassene Gruppe im Kreis um das Feuer wie die alten Indianer. Sie freuen sich auf das bevorstehende Fest, und zu meiner Verwunderung scheint keiner vor den immer lauter werdenden Detonationen der Raketen und Granaten Angst zu haben. Bei jedem dumpfen Krachen drehen sie einfach die Lautstärke des alten Kassettenrekorders höher und singen noch lauter. Einzig der Kommandeur des Teams scheint besorgt zu sein. Unablässig ist er mit seinem Funkgerät beschäftigt. Ich beobachte immer wieder, wie er mit Ebi, Hamed und Taher spricht, um ihnen letzte Meldungen zu berichten. An ihren Gesichtern kann ich nicht viel ablesen. Jedem von ihnen sind die drei Grundregeln der politischen Arbeit in Fleisch und Blut übergegangen: Selbstbeherrschung, Selbstbeherrschung und nochmals Selbstbeherrschung. Also strahlen sie Ruhe und Gelassenheit aus, selbst wenn sie diese nicht haben. Ich erwische Ebi in einer ruhigen Ecke und frage ihn, was los sei. »Die Regierung hat mit dem Vormarsch auf einige Dörfer begonnen. Karim hat gerade die Nachricht erreicht, dass auch Khorkhoreh schon unter Beschuss liegt«, sagt Ebi. »Aber das ist ja gleich um die Ecke. Es ist das Nachbardorf! Wollt ihr denn nichts unternehmen?«, frage ich ihn besorgt. Ebi beruhigt mich: »Die Regierungstruppen werden es in Khorkhoreh nicht einfach haben. Dort hält sich genug kurdische Miliz auf, die sie zurückdrängen wird.« Karim, der Kommandeur der *Peshmerge*, legt das Funkgerät keine Sekunde mehr aus der Hand. Für mich ist das Grund genug, meiner Unruhe Ausdruck zu verleihen. »In ein paar Monaten gewöhnst du dich daran, und keine Detonation der Welt wird dir mehr Angst machen«, beschwichtigt mich Saber. Er kann sich scheinbar in jeder Situation der Lebensfreude hingeben. »In ein paar Monaten bin ich weg von hier«, entgegne ich zornig.

Die Einschläge der Raketen und Granaten übertönen irgendwann auch die lauteste Musik. Und von Mal zu Mal sehen alle weniger gelassen aus. Einige tanzen zwar noch immer, und auch die Köche widmen sich weiterhin eifrig ihrer Arbeit, doch es liegt Unruhe in der Luft, die Spannung nimmt zu. »Wie lange braucht ihr denn noch, bis das Essen endlich fertig ist?«, fragt Karim ungeduldig.

Fariborz, der damit beschäftigt ist, den Reis umzurühren. »Ist gleich so weit. Nur das Fleisch muss noch richtig gar werden. In einer Stunde können wir essen. So viel Zeit haben wir doch wohl noch?« Noch ehe Karim reagieren kann, ertönt die Antwort vom Gipfel über uns. Eine Explosion, die alle zusammenfahren lässt. Dicker Rauch steigt aus den Bergen auf. »Jeder sammelt seine wichtigsten Sachen ein«, befiehlt Karim schreiend. »Ohne von dem Fleisch gegessen zu haben? Niemals!«, ruft einer neben dem duftenden Topf. »Leute, wir haben wirklich keine Zeit für solche Späße, beeilt euch!« Karim ist jetzt wirklich aufgebracht. »Hol zwei Esel aus dem Dorf für die Bücher, die Schreibmaschine und den Drucker! Das können wir unmöglich hier lassen«, weist Hamed den verwirrten Ali an, der unschlüssig vor der Vorratskammer steht und sich wegen ein paar roter und weißer Bohnen Gedanken macht. »Und was wird mit unseren Vorräten?« Hamed wirft ihm einen Blick zu, der alle weiteren Fragen erübrigt, und Ali macht sich sofort auf den Weg.

Doch auf Ali mit den Eseln können wir nicht mehr warten. Ein heftiges Beben versetzt die gesamte Gesellschaft in helle Aufregung. Der dicke Qualm dieser Bombe steigt nicht von der Bergspitze auf, sondern von viel weiter unten, auf unserer Höhe. Die Explosion war so laut gewesen, dass ich dachte, das Geschoss wäre direkt in unserem Lager eingeschlagen.

»Beeilt euch! Schneller! In Richtung Dorf. Wir müssen weg hier«, schreien Karim und Taher zusammen. »Aber das Essen?« Fariborz, der seit dem Morgen mit Kochen beschäftigt ist, kann sich kaum von den Töpfen losreißen. »Können wir nicht wenigstens was von dem Fleisch mitnehmen?«, fragt Saber, der den Deckel vom Fleischtopf nimmt und versucht, in aller Eile ein Stück von dem Fleisch abzureißen. Ein Höllenlärm lässt uns plötzlich zusammenfahren. Das Fleisch fällt in den Topf zurück. Eine Rakete schlägt unten im Tal ein, nur ein paar hundert Meter von uns entfernt. Alles bebt für einen Moment so, dass es uns allen durch Mark und Bein geht. »Lauft! Lasst alles zurück! Nur weg hier!«, ertönen die Schreie über den Platz.

Die Frauen laufen voran. Hätte ich mich beim Sport mehr angestrengt, wäre ich jetzt schneller!, geht es mir durch den Sinn. Mit der Waffe samt Munitionsgürtel komme ich kaum vorwärts. Hinter uns Frauen laufen Taher, Ebi, Hamed und alle diejenigen, die nicht zu den *Peshmerge* gehören. Die Kämpfer bilden die Nachhut, um uns zu beschützen. Doch was in aller Welt können sie überhaupt gegen Raketengeschosse und Granaten tun? Gar nichts! Sie können lediglich den Vormarsch der Soldaten aufhalten. Doch die Regierung schickt ihre Soldaten erst dann los, wenn sie sicher ist, dass die Widerstandskämpfer weitestgehend in die Flucht geschlagen sind. Ebi hat mir diese Taktik einmal erklärt. Und er hat hinzugefügt: »Von den Hisbollahsoldaten erwischt zu werden bedeutet einen viel grausameren Tod als durch Granaten.«

Die Dorfbewohner stehen vor ihren Häusern und begleiten unsere Flucht mit verängstigten und traurigen Blicken. Sie können nicht weg. *Dade* Khatoon steht vor ihrer Tür und betet für uns: »Gott möge euch helfen«, bittet sie. »Gott möge euch helfen.«

Seit mehreren Stunden sind wir ohne Pause unterwegs. Mooseh kommt mir so weit weg vor, als wären seit unserem überstürzten Aufbruch Jahre vergangen. Vor uns liegt ein schmaler Weg, der entlang eines Abhangs um den Berg herumführt. Müde und erschöpft laufen wir weiter. Unsere Schritte sind langsamer geworden. Die Sonne verabschiedet sich allmählich hinter die Felsen. Immer noch sind Granateneinschläge zu hören. Allerdings nicht mehr so laut. Wie geht es bloß den Dorfbewohnern? Den Kinder, den Frauen, *Dade* Khatoon und ihrer Familie? Diese Frage lässt mir keine Ruhe. Wahrscheinlich haben sie in diesem Moment auch schreckliche Angst. »Ob die Hisbollahtruppen schon dort sind?«, frage ich Ebi. »Das kann ich mir nicht vorstellen. So schnell sind sie nicht. Sie müssen erst sichergehen, dass keine Kämpfer mehr dort sind.« Doch Ebi täuscht sich. Diesmal ist es anders.

Die Regierung ist viel schneller hinter uns her, als auch die Erfahrensten unter uns es annehmen können. Nicht nur schneller, sondern auch systematischer. Sie kommen von drei Seiten gleichzeitig auf uns zu. Nur einen Weg lassen sie frei.

Der Abend ist düster. Der Mond steht nur als dünne Sichel am Himmel und kann kaum unseren Weg beleuchten. Die einzigen Lichter sind die zuckenden Blitze der Granaten und Raketen, die aus allen Himmelsrichtungen zu sehen sind. »Ich kann keinen Schritt weiter«, sage ich in die Dämmerung. Zu wem? Ich weiß es nicht. Einfach zu dem, der mich gerade hören kann. Niemand antwortet mir. Den anderen geht es wohl auch nicht viel besser. Alle sind müde und vor allem hungrig. Nach einer Weile höre ich Fariborz jammern: »Ausgerechnet heute müssen die uns beschießen. Einmal im Jahr bekommen wir Fleisch zu Gesicht und dann so eine Scheiße. Wenn ich wenigstens davon hätte probieren dürfen. Mann, hat das gut gerochen.« Aber auch er beschwert sich ins Leere. Still laufen wir weiter, schlafwandlerisch, wie im Traum. Vielleicht denken die anderen auch so wehmütig an das zarte, schöne Fleisch, jetzt, wo wir den Geschossen entkommen sind.

»Hier scheint es erst mal sicher zu sein. Heute Nacht

bleiben wir hier. Morgen sehen wir, ob wir ein paar Tage im nächsten Dorf, in Ganman, bleiben können«, kündigt Karim an. Karim erinnert in seinem Aussehen, vor allem aber in seiner Art, an einen Adler. Und er hat auch eine Adlernase. Karim strahlt eine außergewöhnliche Mischung aus großer Entschlossenheit, mutigem Stolz und zurückhaltender Bescheidenheit aus. Er ist so klein und dünn – nie wäre ich auf die Idee gekommen, dass ausgerechnet er der Kommandeur der *Peshmerge* ist. Doch schon eine kurze Unterhaltung genügt, um den größten Respekt vor ihm zu bekommen. »Karim ist die interessanteste Persönlichkeit, die ich hier bislang getroffen habe«, sage ich zu Ebi, als wir nebeneinander auf einem großen Stein sitzen und den Himmel beobachten, der alle paar Sekunden taghell aufleuchtet. »Das ist er durchaus«, bemerkt Ebi nachdenklich. »Woran denkst du gerade?«, frage ich ihn. »Ach, nichts Besonderes.« Ich hatte eine andere Antwort erwartet. »Ich befürchte, du denkst an das Gleiche, wie ich«, sage ich. »Und das wäre?«, fragt er erstaunt. »Dass hinter uns eine Brücke nach der anderen wegbricht, oder?« Ebi schweigt. Er schweigt immer, wenn er kein lautes »Ja« von sich geben will. »Was passiert mit den Leuten in Mooseh? Werden sie dafür bezahlen müssen, dass sie uns unterstützt haben?«, frage ich. »Nein, ich glaube nicht. Die Regierung will sich nicht noch mehr Feinde schaffen, als sie ohnehin schon hat«, antwortet Ebi und erhebt sich. »Komm«, sagt er. »Es ist Zeit, schlafen zu gehen.«

Unsere Beziehung hat hier in Kurdistan noch weniger mit einer Ehe gemein als im Untergrundleben von Teheran. Ebi behandelt mich wie die anderen Genossen und wahrt stets eine gewisse Distanz zu mir. Ich bin für ihn jetzt nur noch »Genossin Zara«. Unter diesen Umständen habe ich dafür Verständnis. Damals in Teheran war es in der Anwesenheit von anderen Mitgliedern der

Organisation auch nicht anders gewesen. Dann verwandelte ich mich sofort in »Genossin Zara« und Ebi in einen Führer der »Fedayi«. Doch immer wieder hatten wir noch Zeit gehabt, die wir zu zweit verbringen konnten, in der wir uns nah waren. Am schönsten war es, wenn wir auf dem Bett lagen und uns gegenseitig etwas vorlasen. Dann stand meistens ein Riesenteller mit Obst und Nüssen auf meinem Bauch und ich hörte Ebi zu.

Ebi kochte leidenschaftlich und bunt. Ja, richtig bunt, mindestens vier Gänge. Und strahlte vor Freude darüber, mit welcher Leidenschaft ich seine Kochkunst Löffel für Löffel lobte. Es war ein Genuss, mit ihm zu essen. »Das Kochen habe ich von meiner Mutter gelernt. Als Kind habe ich stundenlang in der Küche gestanden und begeistert zugeschaut, wie sie ein Essen zauberte.« Und so ergänzten wir uns fabelhaft: Er kochte und ich aß.

Ich habe es noch immer nicht geschafft, mit ihm über Jawad zu reden. Allerdings nicht nur, weil wir fast nie allein sind. Vielmehr, weil er es scheinbar gar nicht wissen will. Hier gibt es noch weniger Platz für Liebesgeschichten als damals in Teheran. Hier sind andere Sachen von Bedeutung und Gewicht. Fast war ich einmal so weit, meine Beichte loszuwerden. Da tat Ebi so, als ahnte er nicht im Entferntesten, worauf ich hinauswollte, und wechselte elegant das Thema. Jedes Mal hatte ich um den heißen Brei herumgeredet. Bis ich endlich begriff, dass Ebi genau wusste, was ich ihm zu sagen versuchte. Er wollte es einfach nicht hören. Ich tröstete mich damit, dass sich irgendwann die Gelegenheit finden würde, ihm klipp und klar zu sagen: »Sobald ich wieder nach Teheran zurückkann, werde ich ein neues Leben anfangen.« Ich ahne nicht, dass unsere Beziehung noch eine lange Geschichte vor sich hat.

Ihm jetzt, im Granatenhagel, von meinem Liebeskummer zu erzählen, ist nicht gerade der geeignete Moment. »Ja, du hast Recht, ich gehe auch schlafen«, antworte ich ihm. »Es war ein harter Tag. Wer weiß, was uns morgen erwartet«, spricht Ebi in die Dunkelheit und sein Schatten wird eins mit der Nacht.

Jeder hat sich eine Ecke gesucht und in seinen Schlafsack verkrochen. »Bist du noch wach?«, frage ich Roonak, die verhinderte Braut, leise. »Das sollte mein großer Tag sein! Echte Kacke«, erhalte ich die eher wütende als traurige Antwort. »Ach, im nächsten Dorf feiern wir eine schöne Hochzeit für euch«, versuche ich sie zu trösten. »Das war doch eine bombige Hochzeit«, mischt sich Hamed, der sich neben uns ausgebreitet hat, belustigt ein. »Genosse Hamed, spar dir deine Frechheiten.« Roonak, die ohnehin schon schlecht gelaunt war, ist jetzt verärgert. Hamed amüsiert sich noch eine Weile darüber, wie Roonak sich aufregt, während ich krampfhaft versuche, mein Lachen zu unterdrücken. Die Anspannung des Tages fällt wie eine Fessel von mir ab und macht sich in Gekicher Luft.

Auch wenn außer mir kaum jemand schlafen kann – ich falle in dieser Nacht in einen tiefen Schlaf, obwohl der Boden hier noch unebener und härter ist als in unserem Lager. Ich bin dermaßen erschöpft, dass mich keine Unebenheit der Welt vom Schlafen abhält. Ich ziehe den Reißverschluss meines Schlafsacks zu und sinke langsam in dieses rätselhafte Schwindelgefühl zwischen Wachzustand und Schlaf. Es ist der Moment des Überschreitens der Grenze zum Unterbewussten. Schon oft habe ich versucht, diesen Augenblick festzuhalten und mich am Morgen daran zu erinnern. Doch es ist mir niemals gelungen.

Ich bin zu Hause. Meine Eltern sitzen mit mir am Tisch. Es duftet herrlich aus der Küche. »Du kommst in letzter Zeit immer später nach Hause. Musst du so lange wegbleiben?«, fragt mein Vater, während er mir ein Glas Whisky reicht. »Ich mag keinen Whisky, Papa, das weißt du doch«, sage ich und nehme das Glas trotzdem. »Und ich mag nicht alleine trinken, das weißt du auch«, sagt er. »*Salamati!*« »Wir haben schon lange nicht mehr miteinander angestoßen«, sagt mein Vater wehmütig. Der Whisky wärmt mich. Die Wärme dringt tief in jede Zelle meines Körpers. »Ich habe solchen Hunger«, bemerke ich. Meine Mutter geht zum Herd, um das Essen zu holen. Plötzlich klingelt es an der Tür. Erst einmal. Dann wieder und wieder. Immer lauter, heftiger und schrecklicher. Als ob jemand den Finger nicht mehr von der Klingel nähme.

»Sie sind hier!«, schreit jemand aus einer anderen Welt. »Aufstehen!«, ertönt die Stimme wieder, die sich jetzt mit dem schrecklichen Donnern von Geschossen mischt. Als ich die Augen aufschlage, herrscht um mich herum ein Chaos aus schreienden, durcheinander laufenden Menschen, Feuerblitzen und Schüssen. Alle raffen ihre Schlafsäcke und Habseligkeiten zusammen und laufen Hals über Kopf davon. »Dort hinein!«, schreit Karim. Wir laufen in eine enge Schlucht. Der Weg sieht aus wie ein ausgetrocknetes Flussbett. Die *Peshmerge* verschanzen sich hinter Felsen und Bäumen, um uns Deckung zu geben und die Hisbollahsoldaten so lange aufzuhalten, bis wir außer Schussweite sind. Über Nacht waren sie immer näher gekommen. Niemand hatte etwas bemerkt. Und niemand hatte damit gerechnet. Unser Wachposten war so überrumpelt worden, dass er nicht einmal »*Kit Korah?*« fragen konnte. Das bedeutet eigentlich »Wer ist da?«, ist aber eine eindeutige Warnung. Wer auf diese Frage nicht reagiert, läuft Gefahr, erschossen zu werden.

In der Aufregung spüre ich kaum das Gewicht des Rucksacks, meiner umgehängten Waffe und des Munitionsgürtels, den ich in letzter Sekunde noch umschnüren konnte. Blindlings laufe ich den anderen nach, ohne wahrzunehmen, wer vor und wer hinter mir läuft. Ich sehe auch nicht, was links und rechts von mir passiert. Auch die Äste und stacheligen Büsche, die meine Kleider zerreißen und mein Gesicht zerkratzen, spüre ich nicht. Nur eines weiß ich: Ich bin nicht die Letzte. Ein paar andere laufen noch hinter mir. Und das gibt mir ein kleines bisschen Sicherheit. Ich habe immer Angst, die Letzte zu sein, am Rand zu gehen oder auf einer Demonstration in der ersten Reihe zu stehen. Ich brauche den Schutz der Mitte. Wenn wir als Kinder Monster spielten und uns im riesigen Bett meiner Eltern unter der Decke versteckten, wollte ich auch schon immer in der Mitte sein. »Ich nehme den kleinen Feigling in der Mitte«, hörte ich Mehran sagen, der das Monster spielte. Und jetzt laufe ich wieder in der Mitte, diesmal um mein Leben.

Die Schüsse des Waffengefechts sind nun schon weiter weg. Ich und vierzehn andere, die mit mir durch diese Schlucht flüchten, sind noch am Leben – weil es ein paar Menschen gibt, die nicht immer nur in der Mitte laufen wollen. Ich bin froh, meinen Kopf noch auf dem Hals zu haben, und dennoch wäre ich gerne unter denen, die auch den Rand und das Ende nicht fürchten. Ich hätte so gerne mehr Mut. Ob die *Peshmerge* es schaffen, heil davonzukommen? Einige werden vielleicht nicht mehr zu uns stoßen.

Der Weg führt aufwärts in Richtung Gebirgskamm. Der Hang wird immer steiler und ich werde immer langsamer. Ich merke, wie der Erste, dann der Zweite, der Dritte und nach und nach alle, die noch hinter mir waren, mich einholen. Meine Beine geraten außer Kontrolle. Sie wollen einfach nicht schneller laufen, obwohl ich sie ernsthaft zwinge. Alle sind fort, längst hinter der Wegbiegung verschwunden, die noch weit vor mir liegt. Der Gedanke, dass ich nun doch die Letzte bin, versetzt mich derartig in Panik, dass ich den Schatten, der mir folgt, gar nicht wahrnehme. »Gib mir den Rucksack.« Es ist Ebi, der hinter mir geblieben ist. »Ich kann einfach nicht mehr, ich kann nicht mehr«, und ich breche zusammen. Ebi nimmt meinen Rucksack, und ich rapple mich wieder auf. Doch auch so gelingt mir nicht mehr als ein Stolpern. »Her mit deiner Waffe!« Er nimmt mir schließlich auch noch den Munitionsgürtel ab, und trotzdem kann ich kaum einen Schritt weiter. »Verdammt, Zara, jetzt bleib bloß nicht stehen. Weiter! Hörst du den Hubschrauber nicht?« Doch, ich höre ihn und kann ihn sogar sehen. Ein winziger Punkt, der immer größer wird. »Los! Wir müssen auf die andere Seite. Los!«, schreit Ebi, der unbändige Kräfte entwickelt und, bepackt wie ein Muli, auch noch meine Hand nimmt und mich hinter sich herzieht. Hier gibt es keinen Baum und keinen Strauch, nicht einmal eine Höhle oder einen großen Stein, rein gar nichts, wo man sich verstecken könnte.

»Es sind nur noch fünfzig Meter bis zum Kamm. Halt durch!«, treibt Ebi mich atemlos an. Lauter und lauter dröhnt der Hubschrauber. Dieses furchtbare Geräusch! Lauter und lauter. Schüsse. »Sie beschießen die Schlucht«, keucht Ebi und reißt heftig an meiner Hand. Ob die *Peshmerge* noch dort sind? »Oh Gott, er kommt auf uns zu!«, bringe ich noch raus. Nicht weit von uns schlagen Geschosse ein. Grassoden und Steine fliegen in die Luft. Ich sehe den Tod vor mir, und eine ungeheure Kraft schießt mir durch den Körper, von der ich nicht wusste, dass ich sie besitze. Das letzte Stück bis zum Kamm kommt mir vor wie ein Film in Zeitlupe. Ich merke nicht, wie und wann wir über den Kamm auf die andere Seite gelangen. Ich merke nicht einmal, wie wahnsinnig schnell wir geworden sind. Das Einzige, was ich merke, ist, dass wir für ein paar Sekunden aus dem Schussfeld des Hubschraubers sind. Wie ein Wunder tut sich auf der anderen Seite des Berges ein grünes Meer aus Bäumen vor uns auf. Etwa fünfzig Meter tiefer beginnt ein dichter Wald. Ich traue meine Augen kaum. »Unter die Bäume, lauf!«, schreit Ebi. Wir stürzen den Hang hinunter und werfen uns unter einen der ersten Bäume. »Wir sind in Sicherheit«, keucht Ebi und hält mich fest im Arm. Ich versuche, meinen Atem wieder zu finden. Zwischen den Bäume sehen wir den Hubschrauber über dem Kamm auftauchen und auf den Wald zusteuern. Es ist ein amerikanischer Helikopter des Typs »Kobra«, die gefährlichste Waffe, die die islamische Regierung zu bieten hat – ein Erbe der Armee des Schahs: Die Geschosse explodieren beim Aufprall auf die Erde und feuern Hunderte giftiger Splitter in die Luft. Es gibt keine andere Waffe, die so gefährlich ist, dass selbst die *Peshmerge* Angst davor haben. Wild werden Salven auf uns abgefeuert. »Leg dich flach hin«, schreit Ebi mich an. Und ich drücke mich so fest auf die Erde, dass ich ein untrennbarer Teil des Berges werde. Bei jedem Schuss, jedem pfeifenden Sausen erwarte ich, dass mein Kopf getroffen wird. Unter meinen schützenden Armen hervor sehe ich, wie die Geschosse in unzählige Teile bersten. Als der Hubschrauber abdreht, traue ich mich noch lange nicht, mich zu bewegen. »Komm, er ist weg. Lass uns die anderen suchen«, sagt Ebi nach einer Weile.

Auch Jahre nachdem ich Kurdistan längst verlassen habe, werde ich noch immer Gänsehaut bekommen, wenn ich das Geräusch eines Hubschraubers höre. Selbst wenn ich weiß, dass es ein Rettungshubschrauber ist. Filmszenen, in denen jemand von einem solchen Ungeheuer verfolgt wird, nehmen mich immer besonders mit.

Unten, am Fuß des Berges, treffen wir auf die anderen, die sich am Ufer eines Bachs erholen. »Wo seid ihr geblieben? Wir dachten schon, wir sehen euch nie wieder!«, ruft Hamed aus, als er uns sieht. »Als der Hubschrauber so wild rumgeschossen hat, dachte ich, es hat euch erwischt«, sagt Saber. Sogar das kann er nicht ohne seine fröhliche Miene sagen. Ich werde hier noch durchdrehen. »Mensch, von hier sah es wirklich fürchterlich aus«, bemerkt jetzt auch Taher. »Dort oben sah es noch viel fürchterlicher aus«, entgegne ich wütend. »Willst du einen Schluck Wasser?«, fragt Ebi, der seine Feldflasche in den Bach getaucht hat. Gerade noch rechtzeitig, bevor ich mich richtig aufregen kann, fängt Ebi wieder einmal meinen Ärger auf.

Im Tal vor uns flimmert das kleine Dorf Ganman in der Hitze. Während wir dort oben um unser Leben gezittert hatten, war Saber ins Dorf gelaufen, um etwas Essbares zu besorgen. Nach mehr als dreißig Stunden auf der Flucht und mit einem unbeschreiblichen Hunger, schmeckt das trockene Brot wie die beste Mahlzeit der Welt. Nachdem ich getrunken und gegessen habe, lege ich mich auf einen flachen Felsen unter einem Baum, stopfe mir den Rucksack unter den Kopf und schlafe sofort ein. Doch gleich darauf werde ich jäh aus der ersehnten Pause gerissen. »Wir müssen weiter, Zara. Noch können wir uns nicht einfach hinlegen und schlafen«, sagt Roonak, die schon wieder die Gurte ihres Rucksacks festzieht. Und wir machen uns wieder auf den Weg, es gibt keine Gnade. »Die Leute im Dorf haben absolut nichts mehr zu essen. Das Brot musste ich Stück für Stück erbetteln«, erzählt Saber, als wir an Ganman vorbeimarschieren. »Seit gestern sind wir schon die fünfte Gruppe, die hier vorbeigekommen ist und nach etwas zum Essen gefragt hat.« Ebi und Hamed werfen einander vielsagende Blicke zu.

»Das klingt nicht gut«, bemerkt Hamed. »Das klingt schlimmer als nicht gut«, antwortet Ebi.

Wir haben einen der größten Angriffe auf die »Freie Zone« erlebt, der nicht nur uns, sondern alle politischen Gruppierungen, die hier in der »Freien Zone« Unterschlupf suchten, überrumpelt hat. Sogar die mächtigsten kurdischen Kräfte wie die »Komale« und die »Demokratische Partei Kurdistans«. Die Regierung hat von drei Seiten angegriffen. Nur der Weg zur irakischen Grenze ist jetzt noch frei. Und das ist unser Glück. Sonst wäre jeglicher Ausweg für uns blockiert.

In weniger als einer Woche werden die Widerstandsgruppen die Macht über den größten Teil der »Freien Zone« verlieren. Nur ein paar Dörfer, ganz in der Nähe der irakischen Grenze, werden übrig bleiben.

Die *Peshmerge* holen uns gegen Abend ein. Vollzählig! Alle sind heil entkommen, doch uns bleibt keine Zeit zum Feiern. Wir gelangen an eine Wegkreuzung. Wir stehen tatsächlich auf einer Straße! Zwar keine asphaltierte, aber doch eine erkennbare Straße, mitten in den Bergen. Reifenspuren sind im Sand zu erkennen. »Das ist der Weg nach Sar Dasht«, stellt Karim fest. Sar Dasht ist eine Stadt nahe der Grenze zum Irak. Ich würde am liebsten auf dieser Straße nach Teheran zurückfahren. Und ich bin so glücklich, ein Zeichen aus der Welt zu sehen, die ich schon fast vergessen hatte, dass ich mich einfach mitten auf die Straße setze und die Reifenspuren im Sand betrachte. Die Reliefs der Zivilisation! Wie sehr habe ich das vermisst. Vielleicht ist ja doch alles nur ein schlimmer Traum? Doch auch diese Hoffnung wird mir jetzt genommen. »Wir müssen von der Straße weg, bevor ein Militärlaster kommt«, sagt Karim leise.

Vier Tage lang marschieren wir in südwestlicher Richtung. Wir können kaum in den Dörfern verweilen. Im

Schutz der Dunkelheit ziehen wir weiter wie Geister, so geräuschlos wie möglich. Im Gebirge halten wir uns immer unterhalb der Gratlinie, man könnte uns sonst im hellen Mondlicht erkennen. Wir passieren viele Militärniederlassungen, kommen manchmal so nah, dass wir die Soldaten hören können. In solchen Momenten versuchen wir sogar den Atem anzuhalten.

Das Ende der Freien Zone

Der Weg ist kaum breiter als ein Fuß. Neben mir gähnt eine tiefe Schlucht, die wie ein schwarzer Ozean lauert und jeden, der fehltritt, verschlingt. Einem von uns fällt die Taschenlampe runter. Eins, zwei, drei – beginne ich zu zählen, bis ich die Lampe bei sieben auf den Felsen tief unten zerschellen höre. Die Vorstellung, dass mich ein ähnliches Schicksal ereilen kann, treibt mir die Angst unter die Haut. Meine Schritte werden unsicherer. Ich dränge mich immer dichter an die Felswand, die sich gnadenlos wie eine senkrechte Mauer emporreckt und mir keinen Schutz bieten will. In der Nacht sehen wir im Mondlicht die ersten Häuser des Dorfes Bargeh, die dicht wie Schwalbennester beieinander liegen. Als die Dorfhunde uns ankündigen, entzünden sich hinter den Fenstern nach und nach die Lichter der Öllampen. Vorsichtig schauen die Leute aus ihren Häusern, um zu sehen, welch später Gast sie geweckt hat. Sie nehmen uns freundlich auf, und wir verteilen uns rasch auf die Häuser, wo uns Schlafplätze angeboten werden. Müde sinke ich in einen tiefen Schlaf.

Ich wache schon bei Sonnenaufgang auf und gehe nach draußen auf die Terrasse. Vor mir geht es mehrere hundert Meter steil bergab und auf der gegenüberliegenden Talseite ebenso steil wieder hoch, ein sensationeller

Ausblick! Bargeh liegt auf der Hochebene eines kreisrunden Bergmassivs, das zwischen tief eingeschnittenen Tälern wie ein riesiger Stützpfeiler herausragt. Der schmale Pfad, über den wir gestern Nacht gekommen sind, ist die einzige Verbindung zur Außenwelt. Tief unten im Tal fließt ein breiter Fluss, der sich immer wieder in kleinen Wasserfällen ergießt. Jeder dieser Fälle mündet in einen kristallklaren Bergsee mitten im Fels. An den fruchtbaren Hängen liegen Weingärten, aus denen die roten Trauben herüberzwinkern. Die Pfade dorthin sind so steil, dass mir schon vom bloßen Hinschauen schwindelig wird. »Lass uns heute Nachmittag dort unten schwimmen gehen. Ich vermisse das so«, schlage ich Ebi vor. »Traust du dich denn den Weg da runter?«, fragt er. Natürlich traue ich mich. Schließlich ist er bei mir und kann mir helfen, wie so viele andere Male zuvor. »Wenn du mich festhältst«, entgegne ich. Ich genieße diesen Nachmittag, wie ich schon lange nichts mehr genossen habe. Ich würde alles geben für diese klitzekleinen Momente der Unbeschwertheit.

Doch auch in Bargeh bleiben wir nur einen Tag und brechen am nächsten Morgen wieder nach Südwesten auf. Während unserer langen Wanderung in Richtung der Grenze entdecken wir eine Reihe von Berghöhlen, aus denen Rauch aufsteigt. »Lebt dort etwa jemand?«, frage ich Ebi erstaunt. »Sieht so aus, lass uns reingehen.« Ebi und ich betreten neugierig die nächste Höhlenöffnung, aus der dicker Rauch quillt. Im Dunkel der Höhle sehen wir zuerst gar nichts. Der zunehmende Qualm beißt in den Augen und bringt uns zum Husten. »Kannst du was sehen?«, frage ich in die Dunkelheit. Die Stimme, die aus der Dunkelheit antwortet, ist nicht Ebis, und plötzlich spüre ich, wie ein paar knochige Finger meine Hand umfassen. Erschrocken springe ich zurück. »*Bekheyr bi*!«, heißt die Stimme mich auf Kurdisch willkommen. Am Boden erkenne ich die Umrisse einer Frau, deren Gesicht in diesem Nebel und dieser Dunkelheit dem einer Mumie ähnelt. Sie hockt neben einem runden Loch im Boden. Ein *Tanoor* zum Brotbacken. Daher kommt der Rauch! Vor ihr ist bereits ein Tuch ausgebreitet, auf dem die runden, gewölbten Teigkugeln liegen.

»Hier drin erstickt man ja fast!«, sagt Ebi. Als sich meine Augen an die Dunkelheit gewöhnt haben, sehe ich, dass die Frau nicht allein ist. An ihrer Brust hängt ein Säugling. Ein anderes kleines Lebewesen klammert sich an ihre linke Hand, und vier weitere Kinder, das älteste vielleicht sieben, wimmeln am Boden. »Das ist ja ein Albtraum! Es kommt mir vor, als wenn wir bei Aussätzigen wären«, sage ich zu Ebi, der nur stöhnt: »Ich kriege keine Luft mehr. Lass uns raus hier.« Als die Frau bemerkt, dass wir gehen wollen, fragt sie etwas auf Kurdisch, das ich nicht richtig verstehen kann. Sie wiederholt ihren Satz und deutet dabei immer wieder auf das Kind an ihrer Brust. »Ebi, warte! Ich glaube, sie braucht Hilfe. Ich glaube, ihr Kind ist krank.« Tatsächlich ist das Baby nur Haut und Knochen. »Ob er an Hunger leidet oder an irgendeiner Krankheit?«, frage ich Ebi verzweifelt. Doch der wirft mir nur ratlose Blicke zu. Uns wird schnell klar, dass das Leben dieses Kindes nur noch an einem seidenen Faden hängt. Und wir können der Mutter keinerlei Hilfe anbieten. Außer ein paar Schmerzmitteln haben wir keine Medikamente, und unter unseren Leuten gibt es keinen Arzt.

»Es tut uns Leid, wir können nichts für Sie tun«, sage ich in meinem gebrochenen Kurdisch und will dabei nicht in die Augen der Mutter schauen. Wir verlassen die Höhle. Draußen atmen wir endlich wieder tief durch. Du lieber Himmel, Höhlenbewohner in diesem Jahrhundert!

Ich bin entsetzt, aber wir gehen schnell weiter. Die anderen sind schon weit voraus und wir müssen sie einholen.

Als wir schon eine Weile wieder mit den anderen marschieren, frage ich mich, wo Roonak und Tayeb wohl abgeblieben sind. Seit dem Morgen habe ich sie nicht mehr gesehen. »Sie haben gestern Abend einfach einen anderen Weg genommen«, klärt mich Azade auf. Sie ist eben immer bestens informiert. Und die anderen sparen nicht mit Kommentaren: »Sie feiern ihren Honeymoon.« »Junge, Junge, unter solchen Umständen. Die müssen es aber verdammt eilig haben. An ihrer Stelle hätte ich doch wenigstens bis zum nächsten sicheren Ort gewartet.«

Im nächsten Ort, einem Dorf namens Benaweh, treffen wir tatsächlich auf das »frisch verhinderte« Ehepaar. Roonak, die gerade aus einem Haus kommt, sieht noch müder aus als wir. Als sie uns sieht, macht sie umgehend kehrt und versucht, sich vor unseren fragenden Blicken, die nur zu gern wissen würden, »Und? Wie war es?«, ins Haus zu retten. Zu spät.

»Wir haben uns richtig Sorgen um euch gemacht«, sagt Hamed grinsend, noch ehe Roonak die Tür hinter sich zumachen kann. Dann hören wir nur noch ein undeutliches Schimpfen. »Wie haben sie es bloß so schnell hierher geschafft?«, frage ich mich laut. »Es gibt Dinge, die man zu zweit schneller hinbekommt«, bemerkt Hamed.

Kurz vor Beytoosh können wir uns kaum entscheiden, welches von dem köstlichen Obst entlang des schmalen Weges zum Dorf wir zuerst pflücken sollen. Große, rote Granatäpfel hängen wie riesige Rubine neben goldenen Birnen und saftigen, schwarzen Maulbeeren. Ich mache mich zunächst einmal über die Maulbeeren her und pflücke danach noch jede Menge Granatäpfel. »Mein Rucksack ist voll. Passt bei dir noch was rein?« »Musst du mal schauen«, sagt Ebi, und ich finde noch für fünf riesige Exemplare Platz in seinem Rucksack, während er geduldig stehen bleibt.

Beytoosh und das Nachbardorf Bejhweh haben noch mehr als Obst zu bieten. »Mann o Mann, sind die Frauen hier hübsch«, stelle ich begeistert fest, als Ebi und ich an einer Quelle Pause machen, wo die Frauen sich sammeln, um Wasser zu holen oder ihre Sachen zu waschen. Selten habe ich so viele schöne Frauen auf einmal gesehen. Ihre Schönheit fasziniert mich, vor allem weil sie ohne Kosmetik und selbst in diesen schäbigen Klamotten strahlen. Eine von ihnen hat langes, tiefschwarzes Haar, das bei jeder Bewegung schwingt, wie der glänzende Schweif eines wilden Pferdes. Auf dem Kopf trägt sie ein Tablett, auf dem sich ein Berg Wäsche stapelt. Ihr kerzengerader Gang verleiht ihr etwas Königliches, und ihr unbefangenes Lächeln entblößt eine Reihe schneeweißer Zähne. Bei jeder Bewegung ihres Blicks werfen ihre dichten, langen Wimpern kleine Schatten über ihre dunkelbraunen Augen.

Ich versuche, mit den Frauen ins Gespräch zu kommen. Mich interessiert, wie alt sie sind. Sie sehen so viel jünger und strahlender aus als die anderen Frauen, denen ich bisher in Kurdistan begegnet bin. Doch unsere Unterhaltung klappt hinten und vorne nicht. Sie verstehen nicht, was ich wissen möchte, und lächeln nur freundlich. Mein Kurdisch scheint nicht wirklich brillant zu sein, zudem wird in dieser Gegend ein anderer Dialekt gesprochen. »Schade, dass ich meine Kamera nicht dabeihabe. Am liebsten würde ich ein paar von ihnen als Model mitnehmen.« Ebi amüsiert sich über mich. »Du immer mit deinen Frauen, Zara. Wir müssen weiter.«

Nach einer Woche anstrengender Wanderung erreichen wir endlich das kleine Dorf Khoremir. Wir verteilen uns auf mehrere Häuser. Seit der großen Offensive vonseiten der Regierung ist die »Freie Zone« so zusammengeschrumpft, dass sich etliche iranische Widerstandsgruppen im grenznahen Gebiet zusammendrängen. »Komale«, die linksorientierte kurdische Einheit, hat sich in benachbarten Bejhweh niedergelassen und dort sogar eine Sanitätsstation gegründet. Das Dorf Beytoosh ist mittlerweile zum Hauptquartier der »Demokratischen Partei Kurdistans« geworden.

In Khoremir sind wir fürs Erste außer Gefahr. Hier haben wir endlich eine neue Bleibe gefunden. Nur die *Peshmerge* müssen nach einer kurzen Pause erneut packen und sich auf die nächste *Joleh* begeben. So heißt die Patrouille auf Kurdisch.

Roonak will sich einfach nicht von Tayeb trennen, und begleitet ihn und die anderen Kämpfer noch bis zum letzten Dorf der »Freien Zone«.

Das ist eines der letzten Male, dass Tayeb auf *Joleh* geht. Später will er am liebsten immer bei seiner Frau bleiben. Eine Sache, die innerhalb der Organisation nicht geduldet wird. Die Befehle der Organisation haben immer oberste Priorität, und das Privatleben, falls es so etwas überhaupt gibt, steht an zweiter Stelle, wenn nicht noch viel weiter hinten.

Irgendwann fängt Tayeb an, jeden Anlass dazu zu benutzten, sich vor der *Joleh* zu drücken – so leidet er beispielsweise plötzlich immer öfter an Rückenschmerzen. Bald bleibt den beiden nichts anderes übrig, als die Organisation zu verlassen.

Sie fliegen nach Skandinavien. Sie haben seltsamerweise gehört, dass Kurden dort herzlich willkommen sind! Ihr erster Schritt in dem Land, das sie so herzlich willkommen heißt, ist die Trennung und jeder geht seiner Wege.

»Ich habe gleich gewusst, dass sie sich trennen würden«, sagt Azade, als sie die Geschichte hört. Sie weiß eben in allen Privatdingen Bescheid.

»Hörst du das auch?«, frage ich Azade, als wir einmal zum Nachbardorf unterwegs sind. »Das hört sich an wie ein Auto«, sagt sie aufgeregt. Tatsächlich hören wir etwas, das wie Brummen eines Motors klingt. Musik in meinen Ohren! Wir rennen in die Richtung, aus der das Geräusch kommt. Hinter einem Hügel stoßen wir auf ein paar dünne Radspuren, eine »Straße«, die durch die Hartnäckigkeit mutiger Fahrer entstanden ist. In der Ferne bewegt sich ein graues, großes Gefährt, das eine dicke Staubwolke hinter sich herzieht. Es entpuppt sich als ein uralter Laster, der dicht mit Menschen beladen ist. Der LKW steht kurz vor dem Zusammenbruch. Die Türen sind schon herausgefallen. Wenige Stellen bezeugen noch, dass er einmal dunkelrot gewesen sein muss. An jeder möglichen Halterung hängen die Leute, die auf der voll gestopften Ladefläche zwischen den Frauen, Männern und Kindern keinen Platz mehr gefunden haben. Nach mehr als zwei Monaten, die mir eher wie zwei Jahre erscheinen, sehe ich endlich wieder ein Fahrzeug, wenn auch ein sehr klappriges. Wie wild winken wir dem Fahrer zu. Er hält an. »Können wir ein Stück mitfahren?« Noch bevor er »Ich habe keinen Platz mehr« sagen kann, hängen wir schon an seinem Wagen.

Ab und zu fährt hier tatsächlich ein Jeep oder manchmal sogar ein Laster durch, der die Menschen und auch Lebensmittel von Dorf zu Dorf befördert.

†

Die Nähe zum Irak ist für die Verbindung zu den Leuten unserer Organisation in Europa sehr von Vorteil. Absurd genug, aber da sich der Irak im Krieg mit dem Iran befindet, ist die irakische Regierung bereit, die iranischen Widerstandsgruppen zu unterstützen. Wir haben vom Irak bisher nur den Verbindungsweg nach Europa erbeten. Andere Gruppen sind jedoch viel weiter gegangen und lassen sich ausreichend finanzielle Hilfe geben. Die rechtsreligiöse Gruppe der »Volks-Mujaheddin«, die eine kleine Armee im Irak gegründet hat, erhält militärische Ausrüstung aller Art.

Von den Mitgliedern der »Fedayi« in Europa, besonders in Frankreich und Deutschland, haben wir bis jetzt Geld und erste Hilfsgütertransporte mit Zelten, Schlafsäcken, ein paar Jacken und Turnschuhen erhalten.

Diesmal erwarten wir aber einen viel wichtigeren Transport aus Europa. Eine IBM-Schreibmaschine, ein Kopierer, ein Generator und jede Menge Glühbirnen sind unterwegs zu uns!

Unser Verbindungsmann für Europa heißt Asghar. Er kommt geradewegs aus Sulaymaniyah, der Hauptstadt des irakischen Kurdistan. »Kommst du wirklich direkt aus der Stadt?«, frage ich ihn. »Ja, wieso, was ist denn daran so besonders?« Er setzt eine erstaunte Miene auf. Dass es für uns sehr wohl etwas Besonderes ist, weiß er ganz genau, und das ärgert mich. Wie ich ihn darum beneide, dass er jeden Tag duschen oder einfach nur in einem Bett schlafen kann!

Asghar hilft, die Maschinen vom Wagen zu laden, und setzt sich schließlich noch mit Taher zusammen. Die beiden schlürfen Tee und führen ein angeregtes Gespräch, als Asghar plötzlich verkündet: »Wer noch einen Brief schreiben möchte, soll das in der nächsten halben Stunde erledigen. Ich nehme die Briefe mit.« Warum sagt er das erst jetzt, so kurz vor seinem Aufbruch? Die Briefe, die Asghar in den Irak mitnimmt, werden von dort mit einem unserer Kuriere nach Frankreich geschickt. Von dort werden sie auf dem offiziellen Postweg in den Iran weitergeleitet, versehen mit einer Pariser Postfachadresse.

Der umgekehrte Weg gilt für die Antwortbriefe aus dem Iran. Das heißt, alle sechs Monate haben wir die Chance, einen Brief zu verschicken, um nach weiteren sechs Monaten, falls alles klappt, eine Antwort darauf zu erhalten. Nicht schlecht! So können meine Eltern wenigstens sicher sein, dass ich, sechs Monate bevor der Brief sie erreicht, noch am Leben war! »Ebi, weißt du zufällig, wie lange die Feldpost im Ersten Weltkrieg unterwegs war?« »Zara, jetzt setz dich lieber hin und schreib ein paar Sätze an deine Familie, bevor Asghar wieder wegfährt.«

Nun habe ich die seltene Chance, meinen Eltern einen Brief zu schreiben, und weiß nicht, wie ich anfangen soll. Vor allem weiß ich nicht, was ich ihnen ohne Risiko schreiben kann. Kann ich erwähnen, wo ich bin und was ich hier mache? Jedenfalls kann ich in einem Brief, der angeblich aus Frankreich kommt, nicht einfach schreiben: »Liebe Mama, lieber Papa, ich befinde mich mitten in den Bergen von Kurdistan, trage rund um die Uhr ein G3-Gewehr mit mir, lebe mit ungefähr 100 anderen zusammen, die auch so ein Ding dabeihaben, aber macht euch keine Sorgen, wir sind hier nur ein bisschen von der zivilisierten Welt entfernt.« Die Armen! Schließlich schreibe ich:

Ihr Lieben!

Es tut mir wirklich Leid, dass ich erst nach so langer Zeit schreiben kann. Das Leben in Frankreich ist nicht mehr so einfach, wie ihr es euch vielleicht vorstellt. Hier ist alles schrecklich fremd geworden. Nichts scheint mehr so zu sein wie zu der Zeit, als wir hier alle zusammen im Urlaub waren. Alles hat sich so sehr verändert: die Menschen, die Städte, die Landschaft, einfach alles. Aber auch ich habe mich geändert. Ich hatte das Leben in der Stadt so satt, dass ich mich an einer kleinen Uni mitten im Gebirge eingeschrieben habe. Endlich brauche ich keinen Straßenlärm mehr zu hören, kein ödes Fernsehprogramm mehr zu ertragen, aber dafür genieße ich die romantischen Momente im Schein einer Öllampe. Nein, das ist keine Spinnerei. Es ist wirklich so. Auch die Uni selbst ist einmalig. Könnt ihr euch vorstellen, dass man hier sogar kurdische Sprachkurse besuchen kann? Die Franzosen sind wirklich ein erstaunlich weltoffenes Volk! Aber die Post hier ist eine echte Katastrophe! Macht euch also keine Gedanken über das Datum des Briefes. Gut Ding will Weile haben. Die Franzosen sind sehr bequem und sitzen lieber in Cafés, anstatt die Post zu bearbeiten. Außerdem gibt es andauernd Streiks.

Trotz dieser Umstände geht es mir gut, und ich komme zurecht. Eines sollt ihr wissen, ich liebe euch alle und vermisse euch so sehr. Ich hoffe, dass mein Studium sich nicht zu lange hinzieht und dass ich bald wieder bei euch sein kann.

Eure Maryam

Noch mehr hoffe ich, dass derjenige, der diesen Brief noch vor meinen Eltern liest, nämlich der, von der iranischen Zensur, nicht versteht, was ich schreibe. Ob meine Eltern diesen Unsinn, den ich ihnen da geschrieben habe, überhaupt entschlüsseln können?

Schon sehe ich die Gesichter meiner Eltern vor mir. »Was schreibt sie denn da für ein aberwitziges Zeug!«, wird meine Mutter sagen. »Eine Uni im Gebirge mit kurdischen Sprachkursen. So ein Blödsinn! Und seit wann hat sie das Leben in der Stadt satt und ist so begeistert von romantischen Öllampen?!« Ich sehe die zitternden Hände meines Vaters, wenn er ihr den Brief aus der Hand nimmt, um zu sehen, ob das überhaupt meine Handschrift ist. Dann wird er auf das Datum schauen. »Der Brief ist schon ein paar Monate alt. Wer weiß, ob sie überhaupt noch lebt«, wird er sagen. Und dann wird mein Papa heimlich seine Tränen wegwischen. Und ich sehe das Gesicht meiner Schwester vor mir, die nicht weiß, wie sie unsere Eltern beruhigen soll. »Du hast uns so unglücklich gemacht, Maryam. Nur, weil du weggegangen bist, darf sich zu Hause keiner mehr über irgendetwas freuen. Wir dürfen uns nicht mal das Essen wünschen, das du immer gemocht hast!« Meine jüngere Schwester leidet bestimmt nicht weniger darunter, dass nichts mehr so ist, wie es mal war. Nastaran ist drei Jahre und acht Monate jünger als ich und die Einzige, die alle meine Geheimnisse kennt. Manchmal hatten wir uns mitten in der Nacht Tee oder Kakao gemacht und uns unterhalten. Einmal hatte sie ihre Gitarre hervorgeholt und angefangen zu spielen. »Was macht ihr denn hier? Es ist vier Uhr morgens!«, hatte mein Vater kopfschüttelnd gefragt, als er in der Tür meines Zimmers stand und sich eigentlich nur zu gern zu uns gesetzt hätte. So gern hätte er gewusst, worüber wir an solchen Abenden sprachen. »Willst du dich zu uns setzen, Papa?«, luden wir ihn ein.

Besonders in schwierigen Zeiten waren meine Schwester und ich immer für einander da. Es war eine Woche nach dem »Tag des Willens Gottes«, und auf den Straßen regierte der Terror. Nastran kam mit einem Stapel Flugblätter nach Hause, den sie von ihrem Verbindungsmann zur Organisation bekommen hatte. »Wir müssen zeigen, dass die Bewegung noch lebt«, hatte er gesagt und sie beauftragt, die Blätter am nächsten Tag vor dem Kaufhaus »Kurosh« zu verteilen. Ausgerechnet dort, mitten im Zentrum Teherans! Das war Selbstmord. Bis zum Morgengrauen versuchte ich, Nastran von diesem Plan abzubringen. Aber sie blieb stur. »Dann komme ich eben mit«, beschloss ich streng. Als wir das Kaufhaus erreichten, nahm ich ihr die Blätter ab und ließ sie Wache stehen. Niemand wollte auch nur einen Blick auf dieses Schreiben werfen. Ich hatte kaum zehn verteilt, da hörte ich auch schon den Alarmruf meiner Schwester, ließ alles fallen und rannte davon. Das Ganze hatte nicht länger als drei Minuten gedauert und hätte mich dennoch beinahe das Leben gekostet. »Musste das wirklich sein?«, fragte ich Nastran ärgerlich, als wir völlig erschöpft zu Hause waren.

Ich vermisse meine Geschwister so sehr. Wenn ich an meinen Bruder denke, hoffe ich, dass wir uns wiedersehen, bevor wir uns irgendwann nicht mehr wieder erkennen. Er ist erst zwölf. Eigentlich noch ein Kind.

Es wird noch fünfzehn Jahre dauern, bis wir uns in Deutschland wiedersehen – und doch nicht mehr erkennen. Leider. Aber auch, wenn die Geschichte nicht rückgängig zu machen ist, können wir in der Zukunft vielleicht einiges besser machen. »Meine Güte, er sieht ja haargenau aus, wie ich auf meinen Kinderfotos«, wird mein Bruder staunen, wenn er meinen Sohn sieht. »Die Zeit, die ich mit dir verpasst habe, werde ich nun mit ihm nachholen«, werde ich sagen und meinem Sohn über die Haare streichen.

»Sind die Briefe fertig? In fünf Minuten fahre ich los«, sagt Asghar laut. O nein, ich will doch noch einen Brief schreiben. An Jawad. Was kann ich ihm bloß in fünf Minuten schreiben? Wohnt er überhaupt noch bei seinem

Freund? Vielleicht lebt er gar nicht mehr in Teheran. Vielleicht musste auch er fliehen. Wie sehr wünsche ich mir, ihn noch einmal zu sehen! Wie gerne möchte ich von ihm hören! Wie sehr will ich erfahren, was er gerade macht!

Könnte ich ahnen, dass von diesen drei Wünschen, ausgerechnet der letzte zuerst in Erfüllung gehen wird, dann würde ich mir das Erste zuletzt wünschen. Nur wenige Monate später werde ich tatsächlich erfahren, was Jawad macht…

Asghar ruft noch ein allerletztes Mal, besteigt dann seinen klapprigen Landrover und fährt in einer Staubwolke davon. Aber er hat uns alles mitgebracht, was wir dringend brauchen: den Generator, die neue Schreibmaschine, den Kopierer und Glühbirnen! Den Generator dürfen wir nur einmal am Tag starten, denn mit dem Benzin, das er verbraucht, müssen wir sehr sparsam umgehen. Wir verabreden, dass er zwei Stunden täglich laufen soll. Hamed zieht Leitung und Stecker hinter sich her, und bald darauf ist alles verkabelt und eine Glühbirne hängt von der Zimmerdecke herab.

Draußen steht der Generator. Saber packt sich den Anlassergriff und zieht einmal kräftig am Draht. »Rrr…« Er zieht ein zweites und ein drittes Mal. Die Maschine startet mit so wildem Gebrüll, dass alle wilden Tiere in der Umgebung die Flucht ergreifen: die Schlangen, die Taranteln, die Skorpione, bloß die Mücken nicht. In dem Moment, als ich dieses wundervolle Generatorengebrüll höre, fängt die wichtigste Glühbirne meines Lebens an zu flackern.

Azade fängt sofort an, ihren ersten Artikel auf der elektrischen Schreibmaschine zu tippen. Nie hätte ich gedacht, dass das Klackern einer Schreibmaschine wie Musik in den Ohren klingen kann. Zwei berauschende

Stunden lang lausche ich dem Konzert aus Motorengebrumm, Kopierer und Schreibmaschine und genieße das Licht, unter dem die Dinge in neuem Glanz erscheinen. »Wer noch was erledigen will, muss sich beeilen, in zehn Minuten mache ich den Generator aus«, ruft Saber über den Platz.

Von nun an quält mich vor allem die Frage, wie lange die Wege zur Stadt noch frei bleiben werden, damit wir hier in Khoremir immer ausreichend Benzin haben, um uns ein Stückchen Lebensqualität zu sichern.

Nach drei Monaten in einer Welt aus steilen Berghängen und engen, kargen Schluchten leben wir nun in einem lieblichen Tal. In Khoremir genieße ich zum ersten Mal wieder den freien Blick über größere Felder, hier sind es meist Tabakfelder. Die Männer und Frauen verbringen den ganzen Sommer dort und ernten die großen olivfarbenen Blätter, die sie mithilfe einer großen Nadel an einer Schnur auffädeln. Diese Tabakketten werden zum Trocknen in dunkle Basthütten gehängt und später an fahrende Händler verkauft. Einige der Tabakbauern bringen ihre Ernte selbst zum Markt in die Stadt. Es ist so schön, nachmittags zu den Hütten am Rand der Felder zu spazieren und mit den Menschen dort einen Tee zu trinken. Es duftet nach frischen Tabakblättern und Brot, das auf einem Feuer direkt am Feldrand gebacken wird. Ab und zu backen die Frauen hier auch ein anderes, dickeres Brot, das sie heiß, mit Butter beschmiert, anbieten. Das schmeckt wunderbar nach diesen Monaten der Entbehrung.

Die Häuser sehen hier ganz anders aus als die Häuser in Mooseh. Sie sind zweistöckig. Das Erdgeschoss dient als Stall, und die Menschen wohnen im ersten Stock. Hier sind die Fenster sehr groß. Fast so groß wie die Türen. Ein deutliches Zeichen für das milde Klima dieser Gegend.

Aus so einem Fenster ist vor kurzem eine Frau gefallen. Sie war mitten in der Nacht aufgestanden, vielleicht weil sie aufs Klo musste. Als der Boden hinter der vermeintlichen Tür und unter ihren Füßen verschwand, war sie dann hellwach. Doch erst als sie mit zwei gebrochenen Beinen am Boden lag, war ihr klar geworden, dass sie das Fenster mit der Tür verwechselt hatte. Ihr Mann brachte die Frau zu uns. Er hatte gehört, dass es bei uns seit neuestem auch einen Arzt gab.

»Kurz nach Mitternacht hat er mich geweckt, um sich über die Orientierungsschwäche seiner Frau zu beklagen«, beschwert sich Doktor Sepehr. Er ist erst seit zwei Wochen bei uns. Als überzeugter Sympathisant der »Fedayi« hatte er sein luxuriöses Leben als Gehirnchirurg im »Billings Hospital« in Chicago aufgegeben und war nach der Revolution nach Teheran zurückgekehrt. »Als Erstes sollte ich mal mein eigenes Gehirn operieren, hat meine Familie gemeint.« Er findet seine Bemerkung so witzig, dass er sie in den ersten paar Tagen jedem, dem er begegnet, wiederholt. »Hat Ihre Familie eigentlich auch mal was anderes gesagt?«, frage ich ihn, als wir uns in diesen Tagen entschieden zu oft über den Weg laufen. Wegen seiner politischen Äußerungen und Aktivitäten war er in der »Teheranklinik« als Regimegegner bekannt geworden. Er hatte schnellstens nach einem Kontaktmann zur »Fedayi« gesucht, der ihn letztlich nach Kurdistan schleuste. »Vielleicht hat meine Familie sogar Recht.« Tatsächlich ist es ein kleines Wunder, dass er es bis hierher geschafft hat. »Ich habe mich wie ein Bauer verkleidet und bin ihm einfach hinterher gegangen, am Kontrollposten der Stadt vorbei. Sogar in dieser weiten Hose«, er zog seine faltige Hose in die Breite, »konnte ich sehen, wie meine Beine zittern.« Glück gehabt, denke ich. Sogar in seinen schäbigen Bauernklamotten hätte ich ihn als Flüchtling erkannt. »Seien Sie froh, dass ich nicht am

Kontrollposten stand, als Sie vorbeigingen, Doktor Sepehr. Jemanden wie Sie hätte ich sofort angehalten und gefragt, was Sie in dieser Gegend verloren haben«, sage ich ihm, als er seine Geschichte beendet. Er duzt keinen von uns und hält immer eine gewisse Distanz zu den anderen der Gruppe. Auch hier im Camp gibt er sich die größte Mühe, gepflegt zu erscheinen. Er trägt immer ein schickes kleines Halstuch, was in der Kombination mit seinen kurdischen Bauernkleidern ein komisches Bild ergibt. Unablässig ist der Doktor damit beschäftigt, seine Fingernägel mit einer Bürste zu reinigen, und bei der Begrüßung seiner Patienten vermeidet er es, ihnen die Hand zu geben.

»Wer weiß, was für Krankheiten die mit sich herumtragen!«, pflegt er zu sagen. Armer Doktor Sepehr! Von Teheran bis Khoremir ist es ein langer Weg. Von Chicago bis in die kurdischen Berge ein noch längerer. »Ich denke, irgendwann gibt er es einfach auf, sich von seiner Umgebung so zu distanzieren«, sage ich zu Ebi in einem der seltenen Momente, in denen wir ungestört zusammensitzen. »Das glaube ich nicht. Dafür scheint er mir viel zu stur, zu konservativ«, antwortet er.

»Haben Sie Geschwister, Doktor Sepehr?«, frage ich ihn und mache einen letzten Versuch, das Eis zu brechen, als wir während des Abendessens zusammensitzen. »Ja, wir sind vier Geschwister. Ich habe noch zwei Brüder und eine Schwester.« Er sei der Älteste und habe immer gut auf sein kleines Schwesterchen aufgepasst, erzählt er weiter. »In die Disco brauchte sie gar nicht zu gehen. Mit uns Brüdern konnte sie sehr gut zu Hause tanzen«, fügt er hinzu. »Was bin ich froh, dass ich keinen älteren Bruder habe«, rutscht es mir unvermittelt heraus. Er verzieht das Gesicht. Um meinen Fehltritt wieder gutzumachen, frage ich in ernstem Ton: »Und was macht Ihre Schwester zurzeit, ist sie auch politisch engagiert?« »Wie kommen Sie denn darauf? Meine Schwester ist eine anständige junge Dame. Sie beschäftigt sich nicht mit solchen Sachen.« So, so! Die anständige junge Dame studiert zurzeit irgendwo in Massachusetts. Wahrscheinlich erwähnt er auch noch, wo und was sie studiert, doch ich nicke nur ab und an, ohne weiter zuzuhören. Danach gehe ich nur noch zu ihm, wenn ich wirklich krank bin.

Der erste Regen in Khoremir. Alles glänzt: die Felder, die Bäume, die Obstgärten. Tagsüber ist es noch warm, und nach dem Regen riecht die schwüle Luft nach Erde. Bisher regnet es nicht so viel, dass die Wege matschig werden. Die Sportschuhe, die viele von uns tragen, reichen noch, wenn sie nicht schon völlig verschlissen sind. Doch für den Winter benötigen wir dringend feste Schuhe, regendichte, warme Jacken und andere Winterbekleidung. Die Frauen und Kinder im Dorf tragen sogar im Winter Plastikschuhe. In Schwarz, Rosa, Gelb und Grün. Wir brauchen richtige Wanderschuhe, doch hier gibt es nur Männerschuhe ab Größe 41. Von uns Frauen hat Roonak die größten Füße, sie hat Größe 40. Dann folge ich mit Schuhgröße 38, Minu hat Größe 37 und Azade trifft es mit 36 am schlimmsten. Sie wird wahrscheinlich fünf Paar Socken brauchen, um in diesen Siebenmeilenstiefeln einigermaßen laufen zu können. Um die Anzahl der Socken zu verringern, mit denen wir auch nicht so üppig ausgestattet sind, schneidet sich Azade aus den abgetragenen Schuhen ein paar Einlagen zurecht und legt ihre neuen damit aus. Sie sieht aus wie ein kleines Mädchen, das zum Spaß die Schuhe ihres Vaters angezogen hat. »Charlie Chaplin ging es auch nicht besser als dir«, tröstet Hamed sie.

Meinen Füßen gefällt die neue Bewegungsfreiheit scheinbar so gut, dass ich, auch nachdem ich Kurdistan verlassen habe, fortan mit Schuhgröße 39 durchs Leben gehen werde.

Alle paar Monate wird im Nachbardorf von den Schmugglern ein Schwarzbazar organisiert. Dort gibt es zwar auch keine passenden Schuhe, dafür aber Handcreme und Shampoo, sogar von Nivea! Endlich können wir uns mal wieder richtig die Haare waschen. Schon vor Wochen waren die letzten Tropfen des Shampoos aufgebraucht, das ich aus Teheran mitgebracht habe.

Auf unserer Flucht durch Täler und Schluchten habe ich die Flasche immer zuerst in den Rucksack gepackt. Von Anfang an habe ich das Shampoo mit den anderen drei Frauen geteilt, und wir haben diese Kostbarkeit so sparsam wie möglich benutzt, aber natürlich ging es irgendwann zu Ende. Als der Inhalt sich nur noch in den Unebenheiten am Flaschenboden sammelte, füllten wir die Flasche noch drei Mal mit Wasser auf, bis wir schließlich einsahen, dass dieses Gemisch zwar immer noch gut roch, aber keinerlei Säuberungseffekte mehr erzielte. Seitdem waschen wir unsere Haare mit Seife. Eine Seife, die wir aus Sar Dasht bekommen. Sie riecht merkwürdig nach altem Fett und macht die Haare so klebrig, dass sie sich wie ein verfilzter Wollteppich anfühlen. »Wenn man wenigstens das Gefühl hätte, dass sie sauber sind«, verflucht Minu diese Seife, während sie mit aller Gewalt versucht, eine Bürste durch ihre langen Haare zu ziehen.

In einiger Entfernung vom Dorf haben wir Frauen eine Quelle gefunden, die schön geschützt liegt. Das Wasser kommt direkt aus den Felsen und ist klar und kalt. Hier waschen wir uns lieber als am Fluss in der Nähe des Camps. Wir nehmen immer einen Kessel, einen Eimer und eine kleine Schüssel mit. Das heiße Wasser im Kessel mischen wir dann in dem Eimer mit dem Wasser aus der Quelle. So haben wir ausreichend warmes Wasser für alle. Ich hätte nie gedacht, dass man mit so wenig Wasser zum Waschen tatsächlich auskommt. Mit dem frisch erstandenen Shampoo machen wir uns gut gelaunt zu unserer Quelle auf. Kurz bevor wir sie erreichen, hören wir es planschen. »Scheiße, da ist jemand!« Da kommt auch schon ein splitternackter Mann hinter einem Felsen hervor: »*Khoshkekan, lera riga niä!*« Das heißt soviel wie »Schwester, nicht hier entlang«. Ein paar Männer aus dem Dorf baden in unserer Quelle. »Wo können wir uns denn sonst waschen?«, fragt Roonak, während wir eilig weitergehen, um aus dem Blickfeld der Männer zu verschwinden. »Sollen wir etwa so lange warten, bis die fertig sind?« Minu ist sauer. Ein bisschen zu warten finde ich nicht problematisch. »Ich frage mich sowieso, wo wir uns waschen werden, wenn es richtig kalt wird?«, gebe ich zu bedenken. Auch jetzt ist das kalte Wasser nicht gerade eine Wohltat. Die Tage, an denen es angenehm war, sich im Freien zu waschen, sind vorbei. Selbst bei so herrlichem Sonnenschein wie an diesem Tag ist es schon empfindlich kalt. »Ganz einfach, in einem Kuhstall«, wirft Azade locker ein. Das soll wohl ein Scherz sein? »Es geht eigentlich ganz gut, bloß die Flöhe stören ein bisschen.« Die Flöhe! Da warte ich mit dem Waschen lieber, bis der Sommer wiederkommt.

Die Männer lassen sich Zeit. Als sie endlich gehen und an uns vorbeikommen, ernten wir vorwurfsvolle Blicke. Azade kann es nicht fassen: »Jetzt denken die drei Gockel wohl auch noch, dass wir sie heimlich beobachtet haben!« »Meinetwegen sollen sie doch denken, was sie wollen.« Minu zuckt nur mit den Schultern und gießt das Wasser aus dem Kessel in den Eimer. »Na toll, das Wasser ist nicht mal mehr lauwarm. Ausgerechnet heute, wo wir das Shampoo haben«, ärgert sie sich.

Mit der kleinen Schüssel gieße ich mir das kalte Wasser über den Kopf und spüle mir den Rest des Shampoos aus dem Haar, das ich vor vielen Wochen kurz geschnitten habe. Es ist schon wieder nachgewachsen, aber schön sieht es nicht mehr aus. Ich kann mich selbst kaum wieder erkennen, wenn ich mich manchmal zufällig in einem Spiegel sehe. Mir ist es aber auch nicht mehr wichtig, wie ich aussehe. Und eigentlich brauche ich mir hier um mein Aussehen keine Gedanken zu machen. Es stellt sich sogar als Vorteil heraus, ein wenig verkommen auszusehen, bei den vielen jungen Männern im Camp, die keine Frau haben. Was ich noch weniger ertrage, als keinem Mann zu gefallen, ist, einem Mann zu gefallen, der mir nicht gefällt. Das macht mich schnell aggressiv, vor allem, wenn dieser Mann mein Desinteresse nicht wahrnimmt oder ignoriert. Mir ist es sogar recht, wenn man mich hier überhaupt nicht als Frau betrachtet. »Du bist nicht wiederzuerkennen, Zara«, sagt mir auch Ebi, als er mich während einer heftigen Diskussion mit einem der *Peshmerge* beobachtete. »Wie ruppig du mit unseren Genossen umgehst!« »Phh, deine Genossen! Nur weil sie dicke Muskeln haben, glauben sie, dass sie auch mehr im Kopf haben. Das ist ja reinstes Mittelalter!«

Ist unser jetziges Badezimmer eine Quelle, ist das Klo ein Holzsteg. Wer sein Geschäft auf der wackeligen Konstruktion verrichten will, braucht nicht nur Mut, sondern auch akrobatisches Talent. Im Bach haben sich im Laufe der Zeit Fäkalien angesammelt, die bei jedem starken Regen ungehindert durch das Dorf fließen. Schon von weitem kann einem von dem Gestank übel werden. Die Dorfhühner tapsen fröhlich durch die Jauche und picken in den unverdauten Reststücken herum. Nur zu den großen Feierlichkeiten werden diese Hühner geschlachtet, und ihre Eier kommen üblicherweise bei den Reichen des Dorfes auf das *Sofreh*.

Wenn ich auf dieses Klo gehen muss und die Augen schließe, um den ganzen Dreck unter mir nicht sehen zu müssen, denke ich manchmal an meinen letzten Disco-Abend, kurz vor dem Niedergang des Schah-Regimes. Wir waren im »Hilton«, nördlich von Teheran. Penibel hatte ich die saubere Klobrille dieses Luxus-WCs mit ausreichend Klopapier ausgelegt, damit ich ja nicht mit ihr in Berührung kam. Viele Jahre später, als mein Sohn sich bei einer öffentlichen Toilette in Deutschland genauso anstellt, werde ich wieder an diesen Bach denken müssen.

Wir sind nur vier Frauen und leben manchmal mit bis zu hundert Männern zusammen. Roonak und ich sind offiziell vergeben. Minu und Azade interessieren sich für keinen von ihnen.

Man könnte sich vielleicht vorstellen, dass unsere männlichen Genossen sich Frauen aus dem Dorf suchen, aber das ist nicht der Fall. Einfach so mit einer Frau ins Bett zu springen ist ein Ding der Unmöglichkeit. Die Menschen hier sind religiös, und Sex vor der Ehe kommt für sie nicht infrage. Und die Frauen aus dem Dorf zu heiraten kommt für unsere Männer, die meist aus der Stadt stammen, nicht infrage. Das harte Lagerleben und die ständigen *Jolehs* lassen ohnehin wenig Raum für solche Geschichten. Zudem ist Sex hier ein Tabu. Nicht nur hier, in den abgelegenen Dörfern Kurdistans, sondern auch in vielen iranischen Familien, wird über Sex nicht gesprochen. An der Tradition, dass die Töchter bis zu ihrem Hochzeitstag Jungfrau bleiben müssen, halten nicht wenige fest. Ob die Töchter das allerdings genauso sehen, ist eine andere

Sache. Gerade unter der islamischen Regierung hat die Moral stark gelitten …

Unsere Männer jedenfalls versuchen, ihre Bedürfnisse in den Bergen von Kurdistan zu begraben, was aber nicht heißt, dass wir nie damit konfrontiert werden.

Azade, Minu und Mohamad, einer der Anführer der *Peshmerge*, waren vor einiger Zeit gemeinsam beauftragt worden, in Arzane, einem Dorf nahe der Grenze zum Irak, ein Büro für die Zeitung der Organisation zu etablieren. Sie reisten dorthin und übernachteten alle zusammen in einem Zimmer. »Ich bringe euch beide um!« Von diesem Geschrei wurden Azade und Minu aus dem Schlaf gerissen. Über ihren Köpfen stand Mohamad, seine geladene Kalaschnikow in den Händen. »Was willst du von uns?«, bekam Azade, zitternd vor Todesangst, gerade noch heraus. »Ihr Dreckshuren! Ich habe sehr gut gehört, wie ihr mich gerufen und eingeladen habt, mich zwischen euch beide zu legen.« Minu und Azade, noch immer den Gewehrlauf vor der Nase, waren sprachlos und gelähmt vor Angst. »Steht auf, ihr verdammten Flittchen!«, schrie Mohamad wieder. Mitten in der Nacht zwang er sie, ihre Sachen zusammenzupacken und sich auf den Rückweg nach Mooseh zu machen. Unterwegs beschimpfte er sie ohne Pause. Als sie vier Tage später im Mooseh ankamen, hatte er sich noch immer nicht beruhigt und veranstaltete eine richtige Szene vor den Anwesenden. Alle waren sprachlos über dieses unglaubliche Theater und wollten natürlich wissen, was tatsächlich geschehen war. Minu und Azade schworen Stein und Bein, dass sie tief und fest geschlafen und nicht die leiseste Ahnung hatten, wovon Mohamad redete. Mohamad, hysterisch wie er war, bestand auf seiner Version, die beiden hätten versucht ihn zu verführen. Seine Begründung dafür war völlig absurd: »Sie wollten, dass ich mit ihnen schlafe, damit ich mein Ansehen unter den Kämpfern verliere.«

In der Organisation kam es zu einer heftigen Debatte, denn man war sich nicht einig, wie man in diesem Fall verfahren sollte. Mohamad ging indessen so weit, dass er in einem Brief an Taher darum bat, ihm zu gestatten, die beiden »verkommenen Frauen« höchstpersönlich mit sich ins Gebirge zu nehmen und so lange zu »verhören«, bis sie endlich gestehen und die Wahrheit ausspucken würden. Obwohl die Vermutung nahe lag, dass Mohamad sich in seinem sexuellen Notstand diesen Verführungsversuch nur eingebildet hatte, war Taher der Einzige, der Mohamad verteidigte und ihm sogar erlauben wollte, die beiden Frauen allein zu verhören! Ebi und Hamed waren entsetzt und protestierten lautstark dagegen. Glücklicherweise gelang es ihnen, Taher umzustimmen. Taher war beileibe nicht so dumm gewesen, die offensichtlichen Tatsachen zu verkennen! Er hatte Mohamad allein aus »rationalen« Erwägungen verteidigt. »Mohamad ist einer unserer kompetentesten Kämpfer. Was er zustande bringen kann, ist das Zehnfache von dem, was Azade und Minu können. Wenn wir ihn für schuldig halten, wird er gehen. Wir können doch nicht einen unserer besten Männer für zwei Frauen opfern!« Dennoch war Mohamad auf Druck von Ebi und Hamed bestraft worden und wurde degradiert. Er verließ uns aber zum allgemeinen Erstaunen nicht. Wie eine giftige Schlange blieb Mohamad im Camp, eine giftige Schlange, vor der sich besonders Azade und Minu in Acht nehmen mussten.

Ende Oktober ist die Luft schon deutlich kühler. Wir wissen nicht, wie lange wir noch hier bleiben können. Von vielen Dorfbewohnern hören wir, dass die Regierung sich für einen neuen Angriff rüstet.

Die *Peshmerge* kehren nach einer langen *Joleh* niedergeschlagen ins Camp zurück. Sie haben diesmal einen Mann verloren. Karim, ihr Kommandeur, ist nicht mehr unter ihnen. »Wir sind in einen Hinterhalt geraten«, erzählt einer der Kämpfer. »Als wir uns nach einem erfolgreichen Angriff wieder zurückziehen wollten, haben uns ein paar *Jashs* aufgelauert. Karim hat es noch rechtzeitig bemerkt und uns Feuerschutz gegeben, damit wir uns in Sicherheit bringen konnten. Erst als er überzeugt war, dass wir aus der Schusslinie sind, hat er versucht sich zu retten. Doch als er losrannte, wurde er von oben getroffen.« Er erzählt weiter von dem Feuergefecht, das sie sich lieferten, um die *Jashs* zu vertreiben. »Als ich bei Karim ankam, war er nicht mehr am Leben. Die Kugel hat ihn in der Herzgegend getroffen.« Der Mann weint, während er das erzählt. Es ist das erste Mal, dass ich einen der Kämpfer weinen sehe.

Kurdistan, Herbst 1983. *Täglich hört man von Angriffen der Peshmerge auf Militärfestungen. Auch, wenn nur noch ein Eckchen der »Freien Zone« übrig ist, schafft die islamische Regierung es nicht, Kurdistan vollständig unter Kontrolle zu bekommen. Hunderte Kämpfer aus allen oppositionellen Gruppen leisten noch immer Widerstand und greifen auch die schon besetzten Dörfer an, sodass sich die Hisbollahtruppen nirgendwo in Sicherheit wiegen können. Das Leben und Überleben der kurdischen Kämpfer wird in den besetzten Gebieten dennoch zunehmend schwieriger. Die Wege der Peshmerge, die sie ohne Rast durch die Berge zurücklegen müssen, sind viel länger geworden.*

Die Regierung versucht immer wieder Kurden ausfindig zu machen, die bereit sind, als Jashs *zu arbeiten. Es sind zwar nicht viele, aber für die Widerständler sind sie eine größere Gefahr als die Hisbollahtruppen.*

Wir wollen für die *Peshmerge*, die nach einer Woche noch immer müde und erschöpft sind, ein Festessen veranstalten. Dafür kaufen wir im Dorf wieder zwei Schafe. »Hoffentlich sind sie diesmal gar, bevor die Hisbollah hier eintrifft«, witzelt Ali. Das Küchenteam besteht aus Azade, Hamed, Saber und mir. Kochen gehört nach wie vor nicht gerade zu meinen Lieblingsbeschäftigungen, aber wenigstens treibt es mir keinen Angstschweiß mehr auf die Stirn, und wenn ich dabei nicht alleine bin, kann es zuweilen sogar ein bisschen Spaß machen.

Wir essen immer zu zweit von einem Teller. So ist das Verteilen des Essens viel einfacher, besonders dann, wenn es nicht viel gibt. Dabei kämpfen die Männer regelrecht darum, eine von uns Frauen als Teller-Partnerin abzubekommen, in der Hoffnung, wir würden weniger essen. Azade ist besonders gefragt. »Genossin Azade, wollen wir zusammen essen?«, fragt einer der Hungrigen. »Ich bin schon gebucht«, lacht Azade. Sie isst nicht nur wie ein Spatz, sondern ist obendrein darauf bedacht, dass der andere genügend zu essen hat. Die kleine, dunkelhäutige Frau mit ihrem rundlichen Gesicht und den kurzen, flinken Fingern hat viele Freunde. Ihr krauses Haar, die vollen Lippen und ihre breite Nase verleihen ihr afrikanisches Aussehen. Ihre größte Stärke ist es, auch in extremen Situationen ruhig und hilfsbereit zu bleiben. Dafür wird sie von allen hier besonders gemocht und respektiert.

Aber eine Freundin ist auch sie nicht. Mit Roonak und Minu kann ich ebenfalls nicht viel anfangen. Azade will ich lieber nicht zu nah kommen, weil sie gern über andere redet und ich befürchte, dass diese Eigenschaft irgendwie ansteckend ist. Irgendwann fängt man sicher auch an zu tratschen. »Hast du gehört, wie Ali und Rahman miteinander gestritten haben?«, zieht sie einen hinein. »Nein, echt? Worüber denn?«, falle ich darauf herein. »Über einen Schlafsack …« Und so hat Azade immer etwas zu erzählen und weiß über alles und jeden Bescheid. »In letzter Zeit geht Minu immer häufiger ins Dorf! Zu der wohlhabendsten Familie«, weiß sie ein anderes Mal. »Was will sie denn da?«, frage ich. »Ich glaube, sie möchte sich etwas aus der Stadt kommen lassen.« Natürlich weiß sie dann auch zu sagen, was, wie viel davon und so weiter. Ich würde nur zu gern wissen, was Azade in meiner Abwesenheit über mich erzählt. Wenn von uns Frauen eine in der Runde fehlt, kann sie sicher sein, dass sie das Gesprächsthema der drei anderen ist. »Diese Blicke. Ich merke sofort, dass sie die ganze Zeit über mich geredet haben, als ob es nichts Wichtigeres in dieser Welt gibt«, beschwere ich mich bei Ebi. »Die Männer sind auch nicht viel besser«, versucht Ebi mich zu beruhigen. »Mir fehlt eine richtige Freundin oder ein Freund, mit dem ich reden kann. Ich vermisse meine alten Freunde«, stelle ich wehmütig fest. Vor allem vermisse ich die Atmosphäre, in der Freundschaften entstehen, wachsen und sich festigen können. In einer politischen Organisation und unter diesen extremen Bedingungen kann man mit keiner wahren Freundschaft rechnen. Das stelle ich im Laufe der Zeit leider immer wieder fest. Im politischen Kampf sind wir keine Freunde, sondern Genossen. Und Genossen werden wir nicht bleiben, bis dass der Tod uns scheidet, sondern bis die nächste Meinungsverschiedenheit uns zu Feinden macht.

Ich heirate den Freund meines Mannes

Und so bleibt Ebi der einzige Mensch, dem ich hier als Freund vertrauen kann. Ebi und ich wohnen in einem kleinen Haus in der Mitte des Dorfes. Das macht das Leben ein bisschen erträglicher. Mit den anderen Frauen das Zelt zu teilen, in unmittelbarer Nachbarschaft zu den Männerzelten zu hausen und andauernd von anderen beobachtet zu werden, habe ich mit der Zeit als unerträglich empfunden. »In einer politischen Organisation kann es keine Privatsphäre und kein Privatleben geben. Alle ziehen an einem Strang.« Der Verfechter dieses Unsinns ist Taher, der fest daran glaubt, die Organisation stehe über allem. »Und unter ›der Organisation‹ versteht er in erster Linie sich selbst«, beklage ich mich wieder einmal bei Ebi. »Kein Wunder, dass er eine so große Bewunderung für Stalin hegt. Glaubst du auch daran, dass ein politisch aktiver Mensch kein Recht auf ein Privatleben hat?«, frage ich ihn. Zum ersten Mal erzählt mir Ebi von einer Zeit, in der ich noch nicht in seinem Leben vorkam; von einer Zeit, über die ich so gut wie gar nichts weiß. Er erzählt von seiner größten Liebe, einer Liebe, auf die er verzichten musste.

Sie hieß Taraneh und war eine nette, hübsche und intelligente Frau. Eine ganz normale Frau, mit ganz normalen Wünschen, Sehnsüchten und Ängsten. Eben keine

Kämpferin. Für sie war ein Leben im Untergrund unvorstellbar. »Du kannst doch keine Frau heiraten, die nicht bereit ist, sich für den politischen Kampf zu opfern«, war die Haltung der Organisation. Was wie ein Rat klang, war in Wirklichkeit ein Befehl. Und Ebi hatte als Mitglied einer Untergrundgruppe tatsächlich keine andere Wahl, als diese Frau zu verlassen. »Wir hatten sogar schon das Hochzeitskleid und die Ringe gekauft. Sie ist nie darüber hinweggekommen.«

Ja, wie den auch? Ich bin völlig niedergeschlagen. Ich kann Taranehs Enttäuschung sehr gut nachvollziehen. »Ich wüsste nicht, was ich an ihrer Stelle gemacht hätte. An deiner Stelle wüsste ich es allerdings ebenso wenig.« Irgendwie hatten sie alle Recht gehabt: Taraneh, Ebi, aber auch die Organisation. Ich will mehr über Taraneh wissen, wie sie aussieht, ob sie ein schönes Lachen hat und fröhliche Augen. Ich frage Ebi, ob er erfahren hat, was sie nach der Trennung gemacht hat und wo sie jetzt lebt. »Sie hat ein paar Jahre später einen anderen Mann geheiratet, lebt mit ihm noch immer in Teheran und hat zwei hübsche Kinder. Das sind Jawads Neffen«, sagt er. Für einen Moment stockt mir der Atem. Ebis unglückliche Liebe war also Jawads Schwester! Ich bekomme langsam das Gefühl, das Schicksal macht sich über mich lustig. Doch wären wir glücklicher, wenn Ebi mit der Schwester seines besten Freundes und ich mit seinem besten Freund zusammengekommen wäre?

Ebi und ich haben uns am ersten Mai 1980, kurz vor der Spaltung der »Fedayi«, kennen gelernt. Die Organisation hatte zu einer Demonstration auf dem »Ring der Freiheit« aufgerufen. Der »Ring« hieß früher »Schah yad«, was soviel wie »zum Gedenken an den Schah« bedeutet.

Im Zentrum dieses riesigen Platzes hatte sich der Schah selbst schon zu seinen Lebzeiten ein Denkmal gesetzt: eine

Art Eiffelturm aus weißem Marmor, gestaltet in einer wilden Mischung aus moderner und traditioneller persischer Architektur. Am »Ring« konnten sich mehr als vierhunderttausend Menschen versammeln. »Fedayi« hatte ihre Kundgebungen und Demonstrationen immer auf diesem riesigen Platz abgehalten, um der Regierung deutlich ihre Macht zu zeigen.

Es war ein wunderschöner Morgen, und gegen elf Uhr war der Platz zum Bersten voll. In Jeans und Turnschuhen fühlten sich alle so, als könnten sie die Welt erobern. Wir waren stolz darauf, einer mächtigen Widerstandsorganisation anzugehören. Die Regierung hatte diese Versammlung zwar genehmigt, doch es hatten sich unzählige Hisbollahanhänger unauffällig unter die Menge dicht an der Rednerbühne gemischt. Die Bühne war so von drei Seiten mehr oder weniger abgeriegelt. Gleich nachdem der erste Redner das Podest betreten hatte, stürmten sie los und überrumpelten die Bühnenwache. Gleichzeitig griff die Regierungsarmee von außen an. In kürzester Zeit war völliges Chaos ausgebrochen, und die Menschen flohen panisch auseinander. Die Demonstration war in einer knappen halben Stunde aufgelöst.

Ich hatte es geschafft, mich aus der wirren Menge zu befreien, und rannte auf die Hauptstraße, von wo weitere Armeefahrzeuge anrückten. In Panik winkte ich einem rasend schnell vorbeifahrenden Auto. Mit einer Vollbremsung hielt der Wagen an. Eine Tür flog auf. »Steig ein, schnell!«, forderte mich jemand auf. Hinter mir sah ich noch immer die Menschenmassen in alle Himmelsrichtungen auseinander laufen. Als ich mich umwandte, blickte ich in ein bekanntes Gesicht. »Oh, Sie sind es!« Ich kannte Ebis Gesicht von Hunderten von Wahlplakaten, die ich selbst aufgehängt hatte. Oft hatten Hisbollah-Anhänger unsere Plakate zerrissen und mit Schimpfwörtern beschmiert. Aber wir waren nicht müde geworden, sie wieder und wieder neu zu überkleben.

Ebi hatte bei der ersten »freien« Wahl des iranischen Parlaments im Jahr 1980 für die »Fedayi« kandidiert. Daraufhin war er zu Talkshows im Fernsehen eingeladen worden, wohl vor allem in der Hoffnung, ihn vor aller Augen nach Strich und Faden verunglimpfen zu können. Ich hatte einige seiner Interviews gehört und dabei seine Schlagfertigkeit gegenüber den religiösen Wortführern bewundert. Tatsächlich hatte er mit 230 000 Stimmen die erforderliche Mehrheit für einen Sitz im iranischen Parlament erreicht, woraufhin die islamische Regierung die Stimmen ein zweites Mal auszählen ließ und Ebi den Einzug ins Parlament plötzlich verfehlte.

Nun saß ich im Auto neben einem der wichtigsten Führer der »Fedayi« und hatte richtiges Lampenfieber. »Wo waren Sie, als die Hisbollah die Bühne gestürmt hat?«, wollte ich wissen. »Wir hatten Glück«, sagte Ebi. »Ein paar Genossen und ich standen direkt hinter der Bühne. Die Wachen konnten die Hisbollah gerade noch so lange zurückhalten, dass wir verschwinden konnten.« »Das war ein echter Überraschungsangriff!«, bemerkte ich. »Stimmt, ein richtig kleiner Blitzkrieg, gar nicht so dumm, unsere Regierung!« »Wird die Organisation dagegen etwas unternehmen können?«, erkundigte ich mich neugierig. »Wir werden natürlich von der Regierung eine Erklärung verlangen. Im Moment mache ich mir aber eher Sorgen darum, wie viele der Genossen verletzt oder verhaftet worden sind. Es kann noch eine Weile dauern, bis wir diese Informationen zusammenbekommen.«

Nachdem mir eine Weile nichts mehr eingefallen war, was ich noch sagen konnte, fragte ich frech: »Und was haben Sie jetzt vor?« »Erst mal abwarten, wie es für uns aussieht. Es wird sicher ein paar Stunden dauern, bis ich nähere Informationen bekomme.« Aus seiner Antwort schloss ich, dass er für die nächsten Stunden nichts zu tun hatte, außer abzuwarten, und das konnte er auch ebenso gut bei mir zu Hause, dachte ich. Meine Eltern waren um diese Zeit normalerweise nicht da. Das wäre ja eine gute Gelegenheit, sich ungestört mit ihm zu unterhalten. »Wo fahren Sie denn jetzt hin?«, fragte ich etwas zu plötzlich, um gleich darauf nachzuschieben: »Was halten Sie davon, bei einer Tasse Tee in unserem Garten zu warten?« Er sah mich überrascht an, überlegte kurz und nahm zu meinem Erstaunen mein Angebot an. »Aber nur kurz«, betonte er. »Ich habe nicht so viel Zeit«, fügte er etwas wirr hinzu. Es war für ihn wohl ziemlich ungewöhnlich, dass eine junge Sympathisantin ihn so unbefangen zu sich nach Hause einlud. Ich habe selten auf Grenzen zwischen »Älteren« oder »Wichtigeren« und mir geachtet.

Trotz seiner so knapp bemessenen Zeit saß ich an diesem Tag lange mit Ebi in unserem Garten. Wir unterhielten uns über alles Mögliche, vor allem natürlich über Politik. Da gab es seit kurzem ein Gerücht über große Spannungen innerhalb der »Fedayi«, und ich wollte von Ebi erfahren, ob etwas daran sei. Er gab keine direkte Antwort auf meine Frage, sondern erging sich in Andeutungen. »Und könnte dieser Konflikt tatsächlich zu einer Spaltung führen, wie manche von uns behaupten?«, bohrte ich weiter. Ebi fand, es sei noch viel zu früh, darüber eine Meinung abzugeben. Obwohl er schon längst wusste, dass diese Spaltung nicht mehr zu verhindern war. »Noch nie«, sagte ich, »hat mich in meinem Leben etwas so motiviert wie die Arbeit in der ›Fedayi‹. Eine Spaltung wäre das Ende der Organisation, oder nicht?« Ein unbehagliches Gefühl beschlich mich, als er still sagte: »Das wäre das Ende von vielem.« Ich hätte mich noch gerne länger mit ihm unterhalten und wollte ihn kaum gehen lassen. Er schaute auf seine Uhr. »Jetzt muss ich wirklich weg.« »Ich würde mich freuen, wenn sich unsere Wege wieder mal kreuzen«, sagte ich zum Abschied und drückte ihm noch schnell einen Zettel mit unserer Telefonnummer in die Hand. Erstaunt sah er mich an. »Mal sehen, wie unsere Wege verlaufen.« Es war für einen Führer der »Fedayi« nicht so einfach, sich mit einer Sympathisantin aus der Studentenorganisation zu verabreden. Die Organisation funktionierte nach gewissen Regeln, die man nicht einfach ignorieren konnte. Ein Mann in seiner Position verkehrte normalerweise nur mit Frauen, die schon unter dem Schah als Kämpferinnen bekannt waren und dem Zentralkomitee nahe standen, wenn sie nicht sogar dazugehörten.

»Telefon für dich«, rief meine Mutter ein paar Tage später aus dem Wohnzimmer. »Kannst du am Dienstagvormittag?«, fragte eine unsichere Stimme am anderen Ende. Es war Ebi. Natürlich konnte ich! »Wann denn?«, wollte ich wissen. Es blieb kurz still, so als ob er nicht wirklich von der Richtigkeit dessen, was er da tat, überzeugt war. »Um Viertel nach elf am Keshawrs Boulevard vor dem Haupteingang des Lale Park. Ich treffe dich da.« Gut, gut.

Ich hatte fast nicht auf einen Anruf von ihm zu hoffen gewagt. Auch meine Freundin, der ich von dem Treffen erzählt hatte, war skeptisch gewesen. »Wetten wir? Der meldet sich nicht mehr. Der hat doch Wichtigeres zu tun.«

»Wer war denn das? Du siehst ja so aufgeregt aus!«, fragte meine Mutter, die mich neugierig beobachtet hatte. »Ach, ein Freund aus der Uni, den ich lange nicht mehr gesehen habe«, sagte ich wie beiläufig und ging den prüfenden Blicken meiner Mutter schnell aus dem Weg. In meinem Zimmer nahm ich sofort mein eigenes Telefon zur Hand und rief meine Freundin an: »Du hast die Wette verloren! Er hat sich gerade gemeldet. Wir treffen uns am Dienstag!« Ich war selig.

»Du hast doch hoffentlich niemandem von unserem Treffen erzählt?« Das war Ebis erste Frage bei unserem Wiedersehen, kaum, dass ich in sein Auto eingestiegen war. »Nein! Ich meine, doch! Aber sie ist meine beste Freundin«, gestand ich verlegen. »Jetzt kann man es nicht mehr ändern. Aber beim nächsten Mal erzählst du bitte niemandem davon, ja? Und schon gar nicht am Telefon.« Er wurde richtig formell. »Jetzt musst du bitte die Augen schließen. Nicht, dass ich dir nicht vertraue, es ist zu deiner eigenen Sicherheit. Okay?« »Okay.« Leicht irritiert schloss ich die Augen. Wie aufregend, auf diese Art zu einem unbekannten Ziel gefahren zu werden. Ebi fuhr eine Weile willkürlich durch die Straßen von Teheran. So lange, bis er sich offenbar sicher war, dass ich die Orientierung verloren hatte. Endlich fuhr er langsam bergab und hielt an. »Du kannst die Augen wieder aufmachen.« Wir waren in einer Tiefgarage, die um diese Uhrzeit fast leer war. Mit einem edlen, chromglänzenden Fahrstuhl fuhren wir in die vierte Etage dieses sechsstöckigen Gebäudes. Ich folgte ihm durch einen breiten Flur mit Marmorboden. »Jetzt links«, sagte Ebi leise und schloss die Tür zu seiner Wohnung auf. »Wow, hier wohnst du? Ich dachte immer, die Führer der Arbeiterklasse lebten ein bisschen bescheidener«, entfuhr es mir. »Die Wohnung habe ich schon vor langer Zeit gekauft. Da war ich noch als Architekt bei ›Meli-Sachteman‹ beschäftigt«, erklärte Ebi fast entschuldigend. Dies war eines der größten Bauunternehmen in der Schah-Zeit gewesen und hatte nach der islamischen Revolution Pleite gemacht. Ein Schicksal, das viele Betriebe ereilte, sie meldeten entweder Konkurs an oder wurden beschlagnahmt. »Ich wusste nicht, dass du Architekt bist.« »Glaubst du, ich lebe im Untergrund, seit meine Mutter mich geboren hat?« »Genau das dachte ich«, hätte ich beinahe gesagt. Ich schaute mich um. Die Wände waren in hellgelben Tönen gestrichen, und es sah aus, als schiene die Sonne, obwohl die roten langen Gardinen zugezogen waren. Eine Fototapete mit Herbstwald und grandiosem Sonnenuntergang bedeckte eine ganze Wand. Der lange Tisch und die zehn Stühle darum herum, die beiden modernen Ledersofas im gleichen Gelbton wie die Wände, dazwischen der rechteckige Glastisch – das Ganze machte eher den Eindruck eines Konferenzsaals als den einer Wohnung. Der Fußboden war mit dunkelrotem Teppich ausgelegt, und ein riesiges Bücherregal bildete die rechte Wand des Wohnzimmers. »Meine Güte, hast du aber viele Bücher. Hast du die alle gelesen?«, fragte ich schmunzelnd. »Die meisten«, beteuerte er. Alle Achtung! Der muss ja einiges im Kopf haben, dachte ich bei mir. »Deine Wohnung gefällt mir, auch wenn sie ein wenig merkwürdig eingerichtet ist«, sagte ich, nachdem ich mir alles bis ins Kleinste angeschaut hatte. »Ich entscheide mich oft für die merkwürdigen Dinge«, erwiderte er rätselhaft. Was er wohl damit meinte? Ein Kribbeln ging mir durch den Bauch. »Ach ja, und noch etwas«, sagte ich wie beiläufig. »Den ganzen Aufwand mit dem Herumfahren und den geschlossenen Augen können wir uns beim nächsten Mal ruhig sparen. Am besten, wir treffen uns gleich vor deiner Haustür.« »Was willst du damit sagen?«, fragte er mit erstauntem Blick. »Ich will damit sagen, dass ich genau weiß, welchen Weg du gefahren bist und wo wir uns hier befinden, obwohl du so oft im Kreis gefahren bist.« Ich kannte diesen Stadtteil wie meine Westentasche. Es war mir nicht schwer gefallen, mit ein bisschen Konzentration jeden seiner Richtungswechsel nachzuvollziehen. »Bitte sehr, und wo befinden wir uns?«

Vollkommen selbstsicher nannte ich ihm die Namen der Straßen, an die ich mich erinnern konnte, beschrieb, wo er zurückgefahren war und sagte ihm die Adresse. »Vollkommen richtig. Bravo! Ich wusste nicht, dass unsere jungen Sympathisanten so clever sind. Es war alles richtig, bis auf den Stadtteil und die Straße!«, lachte er genussvoll. Damit brachte er mich nicht nur zum Zweifeln, sondern auch in Verlegenheit. Die Bezeichnung »junge Sympathisanten« gefiel mir gar nicht. Ich fand sie demütigend. Ein paar Monate später, als ich zum ersten Mal mit offenen Augen mit zu ihm fuhr, merkte ich, dass ich die Adresse doch richtig geraten hatte. »Du kannst einen ganz schön verunsichern, Ebi«, sagte ich vorwurfsvoll.

»Triffst du dich oft mit ihm?«, fragte mein Vater, als ich eines Abends nach Hause kam. Er hatte Ebi und mich in der Stadt zusammen gesehen. »Warum ausgerechnet er? Die politische Lage wird immer schwieriger. Ich sehe den Tag kommen, an dem Leute wie er überall gesucht werden. Dieser Kontakt ist viel zu gefährlich für dich, Maryam. Er ist nicht der Richtige für dich. Hoffentlich hast du keine Dummheiten im Kopf.« »Bestimmt nicht, Papa! Mach dir keine Sorgen.« Ich hatte lediglich vor, Ebi zu heiraten! Auch wenn ich wusste, dass mein Vater Recht hatte.

Teheran, Sommer 1980. *Die Regierung hat inzwischen die Universitäten schließen lassen, doch auf den Straßen von Teheran und anderen Städten gibt es immer noch Büchertische und Zeitungsstände der Opposition, die von Studenten und Schülern organisiert werden. Auf allen großen Plätzen und an Kreuzungen stehen Studenten, denen jegliche Mög-lichkeit des Studiums genommen worden ist und arbeiten als Vollzeit-Propagandisten für die unterschiedlichsten Oppositionsgruppen: die »Mehrheit«, deren linke Abspaltung, die so genannte »Linke Front der Mehrheit« und des weiteren die »Minderheit«, die sich gerne für die »Echte Linke« hält. Auch die »Volks-Mujaheddin«, die kommunistische Partei »Tudeh« und unzählige kleinere Gruppen versammeln sich und werben um Anhänger und Unterstützung in ihrem Kampf gegen die islamische Regierung. Die Informationstische all dieser Gruppen und Grüppchen reihen sich in den Fußgängerzonen Teherans aneinander.*

Ein Dorn im Auge der Regierung, denn selten gehen Passanten vorbei, ohne sich wenigstens kurz dort aufzuhalten und einen Blick auf die Zeitungen, Bücher und Flugblätter zu werfen.

Häufig kommt es zu heftigen Diskussionen mit religiösen Bürgern, die wissen wollen, welche Rolle »Fedayi« in den vielen Konflikten im Iran spielt. »Wenn ›Fedayi‹ nur einen politischen Kampf führen möchte, warum wird dann in jeder Ecke des Landes bewaffnet gekämpft?« Dass dies die Antwort auf Unterdrückung, Folter und Verfolgung sei, bedeutet im Gespräch mit den Religiösen das Ende der Diskussion. Angefüllt mit Hass und Aggressionen erheben sie ihr Geschrei: »Nieder mit ›Fedayi‹, nieder mit dem Großen Satan …«

Die Hisbollahanhänger werden oft mehrmals am Tag von der Regierung auf die Oppositionellen angesetzt. In Einheiten von dreißig bis vierzig Leuten, manchmal auf Motorrädern, versuchen sie die Widerstandsaktionen zu sabotieren, überfallen die Stände, reißen alles nieder und schlagen mit mächtigen Holzknüppeln auf die jungen Leute ein. Auch die Tische der »Mehrheit« und der kommunistischen Partei Irans, »Tudeh«, die sich unermüdlich bemühen, ihre Treue gegenüber der Regierung zu demonstrieren, bleiben von solchen Attacken nicht verschont. Zum Selbstschutz gehen die Aktivisten bald nur noch in größeren Gruppen auf die Straße. Etwa sieben bis zehn Studentinnen stehen am Büchertisch, während genausoviele Studenten als Wache postiert werden und jede Bewegung auf der Straße beobachten. Regelmäßig schwärmen Späher aus, um rechtzeitig vor den Hisbollahtruppen zu warnen.

Ich stand fast jeden Tag am Büchertisch der »Linken Front der Mehrheit«. In meinem großen Rucksack, in dem ich die Bücher, Zeitungen und Flugblätter transportierte, hatte ich immer auch einen langen schwarzen Mantel, ein schwarzes Kopftuch und eine Brille, ein dickes schwarzes Horngestell mit Fensterglas. Das war meine Verkleidung, für den Fall, dass es brenzlig wurde. An einem Tag kamen die Hisbollah plötzlich in einer Hundertschaft, und wir wurden dermaßen von ihnen überrumpelt, dass unsere Leute nicht einmal mehr dazu kamen, uns ein Alarmzeichen zu geben. Sie wurden von der Straße weg verhaftet. Wir anderen am Tisch waren gerade in eine hitzige Diskussion verwickelt, als es um uns herum plötzlich laut wurde. Ich sah nur, wie die Schergen auf ihren Motorrädern über die Bürgersteige rasten, ein paar hatten schon ihre Maschinen abgestellt und kamen mit Messern und Holzknüppeln auf uns zu. »Los, lauf, Maryam!«, rief Saiid, ein Freund aus der Uni. Ich fing an, in aller Eile ein paar der Bücher zu greifen, als er wieder schrie: »Lass das, hau ab!« So griff ich nur noch meinen Rucksack und rannte in die nächste Seitenstraße. Dort hastete ich in die erste offene Tür und lief die Treppen hoch bis in den ersten Stock. Hier war eine Arztpraxis. Ich war gerade dabei, mich hastig umzuziehen, da kam ein Ehepaar aus der Praxis. Sie verfolgten mit großen Augen, wie sich ein Jeansmädchen blitzschnell in eine schwarz verhüllte Hisbollahschwester verwandelte. Ich setzte schließlich noch die Brille auf und ging dann wieder hinunter auf die Straße. Hier war alles ruhig. Doch schon als ich in die Hauptstraße eingebogen war, kam mir in zwanzig Metern Entfernung ein großer Trupp Hisbollahmänner entgegen.

Sie suchten noch immer nach Entkommenen. »Eins von diesen Weibern ist in die Straße dort gelaufen«, hörte ich einen sagen, der dabei in meine Richtung wies. Mir wurden die Knie weich und meine Beine fingen an zu zittern. Siedend heiss fielen mir plötzlich die Zeitungen in meinem Rucksack wieder ein. Warum hatte ich sie nicht weggeschmissen? Was sollte ich machen, wenn sie mich durchsuchten? Wegrennen war jedenfalls zwecklos. Jetzt waren sie nur noch wenige Meter von mir entfernt. Plötzlich schoss mir eine verrückte Idee durch den Kopf. Ich trat geradewegs auf die Männer zu und fragte unschuldig: »Entschuldigung, Brüder, könntet ihr mir sagen, wie ich nach Yusef Abad komme?« Sie sahen mich nur herablassend an und einer sagte grob: »Wir haben hier was Wichtigeres zu tun!« Sie hatten es eilig, mich loszuwerden und machten sich auf in die Seitenstraße, aus der ich gekommen war. Nassgeschwitzt blieb ich auf der Straße zurück. Mir war, als wäre gerade eine Schar Fleisch fressender Insekten an mir vorbeigezogen. Ich nahm ein Taxi und fuhr nach Hause. Von Büchertischen wollte ich an diesem Tag nichts mehr wissen.

Fast ein Jahr lang, von der dramatischen Schließung der Universitäten bis zu jenem verhängnisvollen »Tag des Willens Gottes«, spielt die Regierung dieses Katz-und-Maus-Spiel mit der Opposition. Danach wird jede öffentliche Form des Widerstandes unmöglich. Die Regierung nutzt diese Zeit, um alle Aktivisten zu registrieren, und bereitet sich so auf den großen Angriff im Juni 1981 vor.

Bereits im Frühjahr 1981 versucht die islamische Regierung, die inzwischen die Turkmenen im Norden des Irans in die Knie gezwungen hat und im Westen einen erbitterten Kampf gegen die Kurden führt, jede Art von freier Meinungsäußerung und den politischen Kampf der Opposition zu unterbinden. Von Tag zu Tag wird die Zahl der schwarzen Banditen, die die Informationsstände verwüsten, größer und ihre Vorgehensweise brutaler.

Um gegen den Regierungsterror Widerstand zu leisten, schließen sich im Herbst 1982 zwei Parteien der zerstrittenen »Fedayi« wieder zusammen, nämlich die gemäßigte »Linke Front der Mehrheit« und die »Minderheit«. Viele der Führungsleute der »Minderheit« sind zu diesem Zeitpunkt allerdings schon nicht mehr am Leben.

Ich traf mich mittlerweile zwei- bis dreimal in der Woche mit Ebi und berichtete ihm ausführlich über unsere Situation auf den Straßen. Nächtelang saßen wir zusammen und analysierten den Verlauf der Ereignisse im Iran. Diskutieren, diskutieren und nochmals diskutieren, das war und blieb immer der Mittelpunkt unserer Partnerschaft. Ab und zu blieb ich über Nacht bei Ebi. Er war vielleicht nicht der attraktivste Mann, den ich bis dahin kennen gelernt hatte, dafür aber der interessanteste. Ebi ist mit seinem einen Meter vierundsiezig für meinen Geschmack etwas zu klein, und er hat eine Glatze. Aber seine kleinen scharfen Augen betrachten jede Einzelheit ganz genau. Was mich an ihm faszinierte, war vor allem sein brillianter Kopf, und dass er mich auch politisch überzeugte. Die Tatsache, dass ich von ihm so überzeugt war, hatte natürlich auch ihre Schattenseiten. Er hatte einen so großen Einfluss auf mich, dass ich mich zumindest in den ersten Jahren nur selten davon befreien konnte. Dabei war es mir sehr wichtig, meinen eigenen Kopf zu haben.

So widersprach ich ihm manchmal aus purem Trotz, auch wenn ich genau wusste, dass er wieder mal Recht hatte. Einmal ging ich so weit, dass ich bei einer wichtigen Entscheidung gegen ihn stimmte. Mit der Folge, dass seine Gegner eine knappe Mehrheit von nur einer Stimme erreichten. Noch heute kann ich mich darüber ärgern.

Meine Mutter hatte die Schubladen ihres Schminktisches immer abgeschlossen, bevor sie zur Arbeit ging, um ihre Sachen vor meinen Angriffen zu schützen. Als Spielzeug für ein sechsjähriges Mädchen war ihr ihre Kosmetik zu kostbar. Doch manchmal, wenn sie in der Küche saß und frühstückte, angelte ich den Schlüssel aus ihrer Handtasche, öffnete die Schubladen und legte ihn wieder in die Tasche zurück. Abends, wenn sie zurückkam, nutzte ich die erstbeste Gelegenheit, wiederholte das Spiel auf umgekehrte Weise und schloss alles wieder ab.

Ich schminkte mich mit allem, was sie hatte, und oft, wenn ich richtig schön eingeschmiert war, zog ich ihr glänzendes, weißes Hochzeitskleid an. Dazu die weißen, glatten Schuhe, die mir viel zu groß waren. Sie bewahrte alles in einer antiken Holztruhe neben dem Bett auf, und ich war verrückt danach.

Bei meiner eigenen Hochzeit, sechs Wochen nach dem »Tag des Willens Gottes«, trug ich dagegen lustlos einen weißen Rock und eine schlichte weiße Bluse.

»Mama, könntest du das nächste Mal bitte meinen weißen Rock mit ins Büro bringen?«, fragte ich, als wir uns, wie verabredet, in ihrer Mittagspause trafen. Ich wohnte inzwischen bei der mysteriösen »Freundin«, wo ich »für eine Weile untergetaucht« war. Es war ein sehr feiner Seidenrock und ich trug ihn nur zu bestimmten Anlässen. Einfach so hätte ich ihn jedenfalls nicht getragen. Schon gar nicht auf der Straße, wo eine islamische Regierung allem, was nach Freude oder Feierlichkeiten aussieht, misstrauisch nachspäht. »Wozu brauchst du denn ausgerechnet diesen Rock? Gibt es tatsächlich noch Partys heutzutage?«, fragte meine Mutter erstaunt. Ach Mama, es ist unerträglich, dass ich dir die Wahrheit nicht sagen kann. »Meine Freundin heiratet und will kein Geld für ein Hochzeitskleid ausgeben. Es lohnt sich ja gar nicht mehr, für einen Abend so viel Aufwand zu betreiben.« Für meine Eltern wäre mein Entschluss, Ebi zu heiraten, eine perfekte Katastrophe gewesen. »Dürfen dein Vater und ich noch immer nicht wissen, wer diese Freundin ist, bei der du wohnst?« In den Augen meiner Mutter blitzte eine instinktive Ahnung auf. Ich wich diesem Blick aus und schaute weg. Sieben Jahre später erzählte sie mir, dass ihr an diesem Tag ein fürchterliches Gespür gesagt hatte, wer diese »Freundin« war und wofür ich das Kleid brauchte.

Da die Lage sehr angespannt war, ging ich nicht mit Ebi zur Trauung, sondern mit Abbas, einem seiner Freunde, der ihm verblüffend ähnlich sah. Nur Ebis Papiere nahmen wir mit.

Der Standesbeamte schaute uns während des Rituals immer wieder verwirrt an und zögerte, brachte dann aber seine Arbeit zügig zu Ende und entließ uns in den Bund der Ehe. Dabei hatte nicht Abbas' Aussehen Verdacht erregt, wohl aber hatte unser Verhalten den Beamten nervös gemacht. Wir benahmen uns wahrscheinlich nicht wie zwei Menschen, die sich sicher waren, ihr Leben gemeinsam verbringen zu wollen.

Nachdem ich Abbas das »Ja-Wort« gegeben hatte, fuhren wir zu Jawads Wohnung, um die Hochzeit dort, allen Widrigkeiten zum Trotz, wenigstens ein bisschen zu feiern. Ebi, ein paar seiner Familienangehörigen, einige Freunde und Bekannte von ihm warteten dort auf uns. »Hey, was machst du mit meiner Frau?«, lachte Abbas, als Ebi mich küssen wollte.

Ausgerechnet Jawads Wohnung hatte Ebi für die Feier ausgewählt! Den ganzen Abend über war mir leicht schwindlig. »Geht es dir gut?«, fragte Ebi besorgt.« »Ja, mir geht's bestens«, beruhigte ich ihn. Schließlich war ich diejenige, die den Heiratsantrag gemacht hatte, und nicht er. Und egal in wen ich verliebt war, so wusste ich doch, dass Ebi für mich der Wichtigste von allen war.

Nach unserer Hochzeit wohnten wir noch vierzehn Monate zusammen. Fast niemand aus unseren Familien oder aus unserem Bekanntenkreis kannte unsere Adresse. Zugang zu unserer Wohnung hatten nur die wenigen Freunde, die gleichzeitig auch Genossen in der Organisation waren, unter ihnen Jawad. Die Einzige aus meiner Familie, die ich mit zu uns nahm, war meine Schwester. »Schließ die Augen«, befahl ich ihr, sobald sie in mein Auto einstieg. »Es ist zu deiner eigenen Sicherheit«, sagte ich ihr in demselben Ton wie damals Ebi und empfand ein Gefühl von Stolz, im Untergrund zu leben.

Aber ich lebte nun auch mit jemandem zusammen, der, wie mein Vater vorhergesehen hatte, überall gesucht wurde. In manchen Momenten der Verzweiflung, fragte ich mich, ob ich nicht lieber auf ihn hätte hören sollen. »Ich hoffe, du hast keine Dummheiten im Kopf.« Hatte ich eine Dummheit begangen? Ich wusste manchmal nicht mehr, was richtig oder falsch war. Wäre ich glücklicher gewesen, wenn ich zum Studieren nach Amerika geflogen wäre? Ich konnte es mir schlecht vorstellen. Ich liebte meine Heimat, trotz allem, was hier vor sich ging. Und wenn ich Ebi nicht geheiratet hätte? Ich weiß heute nicht mehr, welche Antwort ich mir damals auf diese

Frage gab. Noch hatte ich die Motivation nicht verloren, für eine bessere Zeit zu kämpfen. Und Ebi an meiner Seite gab mir Mut und Hoffnung!

»Wenn ich bis zehn Uhr nicht zurück bin, packst du die wichtigsten Sachen zusammen und verschwindest von hier«, sagte Ebi jedes Mal, wenn er das Haus verließ. Mit den »wichtigsten Sachen« meinte er allerdings nicht Fernsehen, Teppiche oder Möbelstücke, sondern die Akten, die er in einem Geheimfach in der Rückwand des Küchenschranks aufbewahrte. Ebi war nicht nur Architekt und Journalist, sondern er war auch ein begabter Tischler. Er hatte den Küchenschrank so umgebaut, dass es überhaupt nicht auffiel. Das Geheimfach ließ sich nur öffnen, indem man die Rückwand mit einem Messer entfernte. Alles, was im Fall einer Durchsuchung nicht entdeckt werden durfte, bewahrte Ebi hier auf.

Nie ging er, ohne mir einen festen Zeitpunkt zu nennen, bis zu dem ich warten sollte. Wäre er bis dahin nicht zurück, musste ich davon ausgehen, dass ihm etwas zugestoßen war. Wir sprachen auch den Fall durch, dass Ebi verhaftet und ihm sein Gift entwendet würde, bevor er es nehmen konnte. Dann würde er versuchen, jede Folter wenigstens so lange über den vereinbarten Zeitpunkt hinweg auszuhalten, sodass mir genug Zeit bliebe, zu verschwinden und die anderen Leute, deren Adressen er kannte, zu warnen. Auf ihn war Verlass, denn er hatte schon in den Schahgefängnissen unter systematischen Folterungen durchgehalten, ohne irgendwelche Informationen preiszugeben.

Die Regierung weiß, dass die wichtigen Informationsträger Gift bei sich haben. Die Leute vom Geheimdienst versuchten, sie um jeden Preis lebendig in ihre Gewalt zu bringen. Nur so sind sie in der Lage, mithilfe ihrer Folter-

knechte Informationen über weitere Gegner zu bekommen und ihre Opfer anschließend gebrochen und reumütig in einer »Fernsehshow« zu präsentieren. Nicht wenige Führer oppositioneller Gruppen werden nach dem Juni 1981 vor die Kamera gezerrt, um im staatlichen Fernsehen öffentlich alles zuzugeben und zu bereuen, was sie gemacht haben. In der letzten Folge dieser Show werden die Führungsleute der alteingesessenen kommunistischen Partei Irans, »Tudeh«, auf dem Bildschirm präsentiert. Diese Männer, die alles in ihrer Macht Stehende für die islamische Regierung getan haben, werden zur Belohnung für diesen Treuedienst allesamt verhaftet. Der 72-jährige Haupttheoretiker der Partei, Tabari, gibt in aller Öffentlichkeit zu, dass er »verführt worden« sei und im Gefängnis »die Gelegenheit bekommen habe, mit dem Islam in Berührung zu kommen«. Nun wisse er, dass »der Islam der einzig wahre Weg sei«.

Abedini, ein führendes Mitglied der linksextremistischen Gruppe »Peykar«, schreibt kurz vor seiner Hinrichtung: »Mein Körper liegt wie eine große, offene Wunde auf dem kalten, grauen Beton einer dunklen Zelle, am Ende eines langen unterirdischen Flurs. Links und rechts von diesem Flur sind eiserne Türen. Die grauen Wände sind alle mit Blut bespritzt und beschmiert. Hinter den Türen höre ich das unablässige Pfeifen der Peitsche und das schreiende Heulen. Der Geruch der eiternden Wunden und das geronnene Blut auf meinem ganzen Körper ziehen die Ratten an. Ich sehe, wie sie sich an mich heranmachen. Sie kauen an meinen geschwollenen, blutigen Zehen (...).« Abedini gehört auch zu denen, die unter der Folter zusammengebrochen sind und vor den Augen der Öffentlichkeit bereuen. Und wie so viele andere, die im Gefängnis ihre Taten bereuen, wird auch er anschließend hingerichtet.

»Mal sehen, wie lange unser gemeinsames Leben diesmal dauert«, sage ich schmunzelnd. »Wie meinst du das?«, erwidert Ebi überrascht. »Nun ja, das Leben unter einem Dach in Khoremir! Meinst du, es werden wieder nur vierzehn Monate oder schaffen wir es diesmal etwas länger?« Ebi merkt sofort, dass ich wieder dabei bin, ihn zu veralbern, doch er reagiert ungewöhnlich ernst: »Ich glaube nicht, dass wir lange hier bleiben.« »Meinst du, wir können bald zurück?« In mir regt sich etwas wie verzweifelte Hoffnung und ich blicke ihn fragend an. Ebi antwortet nicht. »Warum sagst du nichts?«, frage ich noch mal. Endlich antwortet er: »Ich befürchte, die Chance auf eine Rückkehr ist nicht sehr groß, Zara. Wenn es so weitergeht, landen wir früher oder später in Europa.« In Europa! In Europa habe ich bislang nur Urlaub gemacht, aber dort leben? Nein, ich will zurück nach Teheran. Ich möchte meine Familie, meine Freunde und meine Stadt wiedersehen. Ich möchte mich vielleicht noch einmal mit Jawad treffen. Vielleicht? Das Leben hier überschattet langsam alle meine Gefühle. Ich weiß bald nicht mehr, was ich eigentlich für wen empfinde. »Was macht Jawad eigentlich?«, rutscht es mir heraus. »Lebt er noch im Untergrund oder ist er auch auf der Flucht?« Ebi sieht mich überrascht an. »Wie kommst du denn jetzt auf Jawad?« »Einfach so. Er ist unser bester Freund.« Was für eine unverschämte Antwort, eigentlich. Und woher soll Ebi wissen, was Jawad und viele andere unserer Freunde machen? »Nach Kurdistan wird er bestimmt nicht kommen, falls das deine Frage beantwortet.« Ebi sieht mir in die Augen, dann wendet er sich ab und schaut lange aus dem Fenster. Ohne sich umzudrehen, sagt er: »Du hast manchmal Gedanken, Zara!«

Anfang November startet die Regierung ihre letzte Attacke auf die »Freie Zone«. Diesmal sind wir vorbereitet. Alle wissen inzwischen sowieso, dass die Zeit der »Freien Zone« bald abgelaufen ist. Wieder packen wir unsere Siebensachen zusammen und machen uns auf den Weg. Tage- und nächtelang ziehen wir durch die Kälte, Blasen an den Füßen, weil die klobigen Schuhe scheuern. Nirgendwo können wir länger als ein paar Stunden Rast machen. Erschöpft, dreckig und hungrig gehen wir weiter. Nirgendwo sind wir in Sicherheit. Aus allen Winkeln der »Freien Zone« bewegt sich eine Flut von Menschen in Richtung des irakischen Kurdistan.

Ein verfluchtes Niemandsland

Vor uns liegt ein reißender Fluss. Der Zab bildet die natürliche Grenze zum Irak. Das letzte Dorf im iranischen Landesteil, Arzane, haben wir schon vor ein paar Stunden hinter uns gelassen. »Wer nicht schwimmen kann, steigt auf ein Maultier. Die anderen halten sich an den Händen und bilden eine Kette. Anders kommen wir da nicht rüber. Ich werde als Erster gehen«, befiehlt Rasool, der neue Kommandeur der *Peshmerge*. Die einzige Ähnlichkeit zwischen ihm und Karim ist die Adlernase. Mit einem Meter dreiundneunzig ist er der Größte von uns. Ein zurückhaltender, fast schweigsamer Mensch. »Aber er ist nicht weniger mutig und besonnen als Karim und der Einzige, der dem Team gegenüber Autorität hat«, kommentierte Ebi die Wahl Rasools zum Kommandeur.

Wir ziehen die Schuhe und Strümpfe aus, knoten die Schnürsenkel zusammen und hängen uns die Schuhe um den Hals. Unsere Hosen krempeln wir so weit nach oben, wie es geht. Dann warten wir frierend in einer Schlange. »Will keiner aufs Muli?«, fragt Rasool erstaunt. Ob wirklich alle schwimmen können? »Doch, ich«, sagt Roonak. Sie ist die Einzige, die sich traut, sich zu melden. »Ich werde auch nicht gerne nass«, flüstere ich Ebi zu. »Du kannst aber sehr wohl schwimmen«, erwidert er vorwurfsvoll. »Ja, aber wenn sonst keiner will, warum kann dann nicht ich auf dem anderen Muli sitzen?«, beharre ich weiter auf meinem Wunsch. »Siehst du nicht, wie viel Gepäck zu transportieren ist? Wer soll die ganzen Geräte, Bücher, Rucksäcke und die Waffen schleppen?« Von mir aus können die Maultiere ruhig noch einmal den Fluss überqueren, oder ist es für sie auch unangenehm? Die Kette fängt an, sich zu bewegen. Rasool geht voran und zieht die anderen hinter sich her. »Ohhh, ist das kalt«, schreit Minu, die schon bis zu den Oberschenkeln eingetaucht ist. Bald bin ich an der Reihe. Hamed, der vor mir geht und meine Finger kräftig in seiner großen Hand hält, zieht mich vorwärts. Ich stecke einen Fuß ins Wasser, will mich zurückziehen, doch es gibt kein Entrinnen. Hamed zieht jetzt vorne mit Gewalt, während Ebi von hinten nachschiebt.

Ich bekomme sofort Gänsehaut, und meine Zähne klappern laut. O, wie hasse ich die Kälte – kaltes Wasser noch mehr als kaltes Wetter. Die Steine unter den Füßen tun weh und ich rutsche immer wieder aus. »Verdammte Scheiße!«, schreie ich wütend, während ich Ebi so erbost anblicke, als sei er für das Ganze verantwortlich. Der Fluss wird immer tiefer, die Strömung zerrt an meinen Kleidern, immer wieder spritzt mir Wasser ins Gesicht. Das Aufkrempeln der Hosen war wirklich völlig sinnlos.

Ich sehe, wie unser Einmeterneunzig-Mann Rasool die Mitte des Flusses erreicht hat und schon bis zur Brust im reißenden Wasser steht. Du lieber Gott! An dieser Stelle brauche *ich* dann eine Taucherbrille!

Wir fassen einander so fest, wie es nur geht, doch die Strömung ist stärker als wir alle zusammen.

»Ich kann mich nicht mehr halten«, schreit Azade. Und da reißt auch schon die Kette, ziemlich genau in der Flussmitte. »Halt sie fest«, schreit Rasool von vorne und Saber versucht Azades Hand wieder zu fangen. Doch da ist

Azade schon zu weit abgetrieben. Sie klammert sich jetzt mit beiden Hände und aller Kraft an Fariborz fest, der hinter ihr geht. Er kann kaum noch das Gleichgewicht halten. Rasool, der schon fast das andere Ufer erreicht hat, kämpft sich allein zur Flussmitte zurück.

»Beeil dich. Ich kann mich nicht länger festhalten«, schreit Azade. Immer wieder verschwindet jetzt auch ihr Kopf in den Fluten. Endlich erwischt Rasool ihren Arm und es gelingt ihm, die Kette wieder zu schließen. Langsam kämpfen wir uns mühsam weiter. An der tiefsten Stelle tauche ich bis zum Hals ein und fühle, wie mir fast die Beine unter dem Körper fortgerissen werden. Doch Hamed lässt meinen Arm nicht los und zieht mich mit aller Kraft hinter sich her, und auch Ebi hat noch Boden unter den Füßen und hält mich fest im Griff. Nach und nach erreichen wir das andere Ufer.

Mit welchem Fuß soll ich zuerst das fremde Land betreten? Ich überlege kurz. »Beweg dich, Mensch, es ist arschkalt!« Ich entscheide mich für den linken und setze ihn vorsichtig auf das steinige Ufer des Nachbarlandes. So habe ich nie eine Grenze überquert.

Bis auf die Knochen durchgefroren schlottern jetzt alle am Ufer vor sich hin. Nur Roonak thront wie eine Prinzessin auf einem Stein. »Ach, ihr Armen«, schüttelt sie den Kopf, während Raasol sich die beiden Maultiere nimmt und den Fluss noch einmal überquert, um das restliche Gepäck zu holen. Ich kann das Zähneklappern der ganzen Gruppe hören. Manche springen auf und ab, um irgendwie warm zu werden. Es hat keinen Sinn, wir sind alle so fertig und kraftlos, dass selbst die Zähesten von uns nach wenigen Sekunden frierend zusammensinken. Außer Roonak, den Büchern und Waffen sind mit den Mulis mittlerweile auch unsere Ruck- und Schlafsäcke trocken herübergekommen. »Zieht euch schnell um«, befiehlt Rasool. »Wer keine trockenen Kleider mehr hat, muss sich von den anderen etwas leihen. Wir können keine Kranken gebrauchen.« Jeder verschwindet mit seinem Rucksack hinter einem großen Stein. Außer einer Hose und dem rosa Pullover meiner Mutter habe ich nichts Trockenes mehr zum Anziehen, zumindest nichts, was noch nicht vor Dreck starrt. In den letzten hektischen Stunden in Khoremir bin ich nämlich nicht mehr dazu gekommen, meine Wäsche zu waschen, und habe einfach alles in eine Plastiktüte gewickelt. Ich kann sie jetzt aber unmöglich einfach so wieder anziehen! Ich habe zwar viele meiner Abneigungen und oft auch meinen Ekel überwunden, aber es gibt auch Grenzen. »Hast du vielleicht eine Bluse für mich?«, frage ich Azade, die sich gerade in meiner Nähe umzieht. Azade sucht in ihren Sachen und reicht mir ein Unterhemd. »Das ist alles, was ich dir geben kann. Meine Bluse brauche ich selbst.« Besser als nichts, denke ich, als Minu mich fragt: »Hast du Socken?« »Nein, wieso? In unseren klitschnassen Schuhen brauchen wir doch sowieso keine trockenen Socken.«

Minu wirft einen skeptischen Blick auf Roonak. »Jetzt sag mal ganz ehrlich, Roonak. Kannst du wirklich nicht schwimmen, oder wolltest du einfach nur trocken rüber?« Roonak ist jetzt wütend. »Ich komme eben nicht aus Teheran, wo man ja angeblich so fortschrittlich ist und alle Möglichkeiten hat.«

Diesen vorwurfsvollen Ton hört man regelmäßig, sobald es um »die Perser« und »die Kurden« geht. Die Regierungen im Iran, gleich welcher Art, haben andere Völker, die im Iran leben, niemals tatsächlich am Reichtum des Landes beteiligt. Wirtschaftliche Ungerechtigkeit, wie auch politische und kulturelle Diskriminierung, hat es in den nicht-persischen Landesteilen schon immer gegeben.

Beispielsweise dürfen die Kinder der Kurden, Turkmenen, Araber oder Baloochen in allen Schulfächern nur Persisch sprechen, das für sie eine Fremdsprache ist, was das Lernen natürlich unheimlich erschwert. Auch gehobene Posten in den Behörden werden immer mit Persern besetzt. Direkt, wenn auch weniger offensichtlich, reflektiert unsere kleine, abgeschlossene Gesellschaft diese Probleme, allerdings mit dem Unterschied, dass wir »arroganten Perser« jetzt auf die Kurden angewiesen sind. »Euer Proletariat in den großen Industriebetrieben hat doch längst aufgegeben und heult jetzt mit den Wölfen! Wohin wärt ihr denn geflüchtet, wenn wir auch aufgegeben hätten?« Dies und Ähnliches halten uns die Kurden gerne vor. Ich beteilige mich nicht an diesen unsinnigen Diskussionen, die in der Regel zwischen »uns« und »denen« folgen. Doch allein die Tatsache, dass ich kein großes Interesse oder keine Begeisterung für die kurdische Sprache zeige, führt hin und wieder zu Animositäten.

Wir müssen ausruhen. Jeder sucht sich ein ruhiges Eckchen und streckt die müden Glieder für eine Weile. Unsere nassen Kleidungsstücke sind auf den großen Felsbrocken ausgebreitet. Überall liegen Hemden, Hosen, Unterwäsche, Socken und *Pousewaneh*. Das sind Stulpen aus reiner Ziegenwolle, die hier zu jeder Jahreszeit über die Hose gezogen werden, weil sie gegen Schlangenbisse und Kälte schützen.

Ich stehe noch am Fluss, der tosend zwischen mir und meinem Land einen kräftigen Strich zieht. Zum ersten Mal in meinem Leben stehe ich an der Grenze meines Landes und betrachte es von der anderen Seite. Bislang habe ich den Iran nur einmal über den Luftweg verlassen – für einen Urlaub in Paris und London.

Auf der iranischen Seite bilden die Berge eine regelrechte Wand, die keinen Blick auf das zulässt, was hinter ihnen liegt. Ich liebe meine Freiheit, ich liebe die endlose Weite und den freien Blick. Und hier sind die Täler so schmal und von hohen Felswänden eng umarmt. Seit ich in Kurdistan bin, habe ich manchmal das Gefühl, als befinde ich mich in einem großen Gefängnis. Ein Gefängnis aus Entbehrung und Sehnsucht, aus engen Tälern und hohen Bergen.

Teheran liegt auch am Fuß eines hohen Berges, doch dort ist es ganz anders. Der Gipfel des Tochal liegt in etwa 4000 Metern Höhe. Es führen wunderschöne Wege hinauf und über die Vorgebirge. Dort hat man immer einen freien Blick bis ins Unendliche. Im Winter ist dort oben alles weiß. Und in weniger als einer halben Stunde erreicht man von Teheran mit der Seilbahn eine der vielen Skipisten. Im Sommer kann man auf der Terrasse eines der alten Teehäuser am Weg einen Moment die Aussicht genießen und zu seinen Füßen die ganze Stadt sehen. Bei klarer Sicht erkennt man sogar das Gewimmel in den Schwimmbädern im Norden Teherans.

Könnte ich doch nur einen Tunnel in diese kurdische Bergwand bohren, der mich bis nach Hause führen würde! Einen Tunnel ohne Kontrollen des Komitees, ohne *Pasdar* oder Hisbollahwächter. Denselben Weg zurückzugehen, den ich gekommen bin, kann ich mir nicht mehr vorstellen. Denn die Welt, durch die wir da gegangen sind, existiert nur noch in meiner Erinnerung. Die Dörfer, die uns aufnahmen oder durch die wir hindurchgewandert sind, stehen jetzt unter der Herrschaft der islamischen Regierung und werden durch die Hisbollah kontrolliert.

Unsere Pause währt nicht lang, denn wir müssen weiter. Wer ein einigermaßen trockenes Hemd trägt, dem tätowieren die immer noch nassen Kleidungsstücke im Rucksack bald einen feuchten Kreis auf den Rücken. Wir haben so gut wie nichts mehr zu essen. Bis auf eine dürftige Menge trockenes Brot konnten uns die Bewohner von Arzane nichts anbieten. Jeder hat seine klägliche Ration schon lange verdrückt und der Hunger meldet sich lautstark.

Kaum entfernen wir uns vom Flussufer, führt uns der Weg durch eine Schlucht. Sie ist so schmal, dass wir nur einzeln hintereinander gehen können. Dahinter, wie von Zauberhand geöffnet, liegt plötzlich ein breites Tal, durch das sich die Spuren einer Piste ziehen. Noch zwei weitere Stunden marschieren wir entlang dieser Spuren.

Weit und breit ist kein Mensch, kein Tier, kein Lebenszeichen zu sehen. Nur ein paar Ruinen zeugen davon, dass es hier einst Dörfer gegeben hat, aber selbst diese Ruinen sind kaum noch erkennbar. Was ist hier bloß passiert? Die Wälder sind abgebrannt, es sind nur noch einige kahle, rußgeschwärzte Stämme und Stümpfe übrig. Die Brunnen und Quellen sind zubetoniert, frisches Wasser kann man hier nirgendwo finden! So hat Saddam Hussein seine kurdischen Gegner bekämpft. Mit dem Schah hatte er 1975 ein Abkommen getroffen, entlang der Grenze beider Staaten einen Streifen von zwanzig Kilometern so zu zerstören, dass Regimegegner in Kurdistan keinen Unterschlupf finden können und dort keine Überlebenschance haben. Weder der Schah noch Khomeini haben sich an dieses Abkommen gehalten. Saddam Hussein seinerseits zögerte nicht, diesen Vernichtungsfeldzug umgehend in Angriff zu nehmen. Während auf der iranischen Seite einige der schönsten Dörfer Kurdistans in ihrer bezaubernden Landschaft erhalten blieben, bietet die irakische Seite jetzt das traurige Bild einer endlosen, öden Wüste.

»Wir bleiben hier«, verkündet Rasool. Im kühlen Wind der ersten Novemberwoche campieren wir mitten in diesem verfluchten Niemandsland. »Wenigstens so lange, bis wir wissen, wo wir uns niederlassen können.« Darüber entscheiden nicht wir, sondern die »Jekati Nishtemani«, die »Nationale Union Irakisches Kurdistan«, eine der Oppositionsgruppen, zu der bereits ein Bote von uns unterwegs ist.

In dieser Gegend haben nämlich irakische Widerstandsgruppen das Sagen. Die iranische Opposition hat hauptsächlich mit den »Jekati Nishtemani« zu tun. Die andere wichtige Gruppe im Irak, die »Barezanis«, haben ihr Territorium weiter nördlich, an der Grenze zur Türkei.

Als es langsam dunkel wird, sucht sich jeder eine geschützte Stelle hinter einem Felsbrocken, um sich müde und ausgelaugt in den Schlafsack zu verkriechen. »Ich gehe mit Hamed dort hoch, hast du Lust mitzukommen?«, fragt Ebi und deutet auf eine Stelle irgendwo oben in den Felsen. Ich bin so kaputt, dass ich kaum noch einen Schritt machen kann. Aber ich brauche Ebis Nähe mehr denn je. Er ist ja die einzige Verbindung zu meiner Vergangenheit, zu meiner Geschichte, die ich habe. Eine bedrückende Wahrheit beginnt sich in diesen Tagen für mich herauszukristallisieren: Nicht nur an diesem Abend und in Kurdistan, sondern auch in den nächsten fünf Jahren und später in Deutschland wird er der einzige Anknüpfungspunkt zu meinem vergangenen Leben sein, zu meinen Erinnerungen, zu meinen Träumen, zu allem, was mich bis dahin ausgemacht hat. »Ja, ich komme mit«, antworte ich, binde meine Schuhe wieder zu und rolle meinen Schlafsack wieder zusammen.

Oben angelangt blicken wir über eine weite Hochebene, einsam und still und wie für uns drei gemacht. Wir liegen auf dem Rücken und schauen in den Sternenhimmel. Eine helle Vollmondnacht. Ebi und Hamed reden leise und spekulieren darüber, wie sich die Beziehung zu der irakischen Regierung für uns entwickeln wird und wie lange wir wohl hier leben werden. »Jedenfalls brauchen wir dringend die Erlaubnis, in die irakischen Städte zu fahren, und einen halbwegs problemlosen Transfer nach Europa«, stellt Ebi fest.

Die Situation ist fast als grotesk zu bezeichnen: Wir haben die Unterstützung des irakischen Widerstands und gleichzeitig auch die der irakischen Regierung. Und daraus ergibt sich eine ständige Gratwanderung: Nehmen wir die Hilfe von Saddam Hussein zu sehr in Anspruch, gefährden wir dadurch unsere Beziehung zum irakischen Widerstand und umgekehrt. Eine vergleichbare Situation bietet sich den irakischen Gruppen, die in den Iran geflüchtet sind.

»Wir haben kaum noch Geld«, höre ich Ebi weitersprechen. »Und ohne die finanzielle Unterstützung aus Europa und ohne eine Erlaubnis, in die Städte zu fahren, können wir hier unmöglich überleben«, stellt Hamed verbittert fest. Seltsamerweise vergeht mir die Lust, ihrem Gespräch weiter zu folgen. Sonst interessiert es mich immer sehr, was Ebi mit anderen Genossen bespricht und diskutiert. So sehr, dass er mich einmal bremste: »Ich kann dir nicht alle meine Gespräche wiedergeben, Zara, nur weil du meine Frau bist.« Ganz besonders interessant wird es, wenn Ebi mit Taher diskutiert. Da bin ich dann hartnäckig und mache Ebi notfalls auch Vorwürfe: »Es ist nicht auszuhalten, dass es sogar hier, in diesem Mikrokosmos der Organisation, noch Geheimnisse gibt. Wir leben nicht mehr im Untergrund. Es ist mein gutes Recht, zu wissen, was zum Teufel in der Organisation vor sich geht«, bedränge ich Ebi so lange entrüstet, bis er schließlich nachgibt.

Heute Abend versinke ich so tief in meinen Gedanken, dass ich ihre Stimmen nur von ferne höre. Ich schaue in den Himmel und frage mich, welcher von den Sternen wohl direkt über meinem Elternhaus steht. Als Kind hatte ich mir so oft ausgemalt, es würde ein Raumschiff wie die »Enterprise« tatsächlich geben. Ich stellte mir dann immer vor, wie ich in einer grellen Lichtflut in kleine Energieteilchen zerfiel, die sekundenschnell an jedem Ort, den ich mir wünschte, wieder zu meiner Gestalt werden konnten. Heute Abend wünsche ich mir so ein Raumschiff mehr denn je.

Die Ebene, auf der ich liege, hebt sich höher und höher. Dann wird es gleißend hell. Ich weiß sofort, wo ich bin. Auf der »Enterprise«, es muss die »Enterprise« sein! Obwohl, so richtig wie auf der »Enterprise« sieht es hier eigentlich nicht aus. Eher wie in einem überdimensionalen Reisebus voller Menschen. »Habt ihr noch Platz?«, frage ich den Mann in Kapitänsuniform. »Wo willst du hin?«, fragt er, und erst jetzt sehe ich, dass Ebi dieser Kapitän ist. »Weg hier. Ich will zurück«, entfährt es mir lauthals. »Dann stell dich vor die Scheinwerfer.« Ich tue, was er sagt, und als er das Licht einschaltet, fährt eine Hochspannung durch meinen Körper. Aber ich stehe noch da, wie Blei. Also noch mehr Energieschübe! Ich zittere schließlich am ganzen Körper und verwandele mich tatsächlich in sichtbare Lichtteilchen, bewege mich aber immer noch keinen Zentimeter vom Fleck. »Noch mal«, sagt der Kapitän. »Noch mal, nochchch, chchch.« Ich werde wach. Ein kalter Wind streicht über mich hinweg, und ich friere. Ebi schnarcht laut und rhythmisch: »Chchao, mhaahh.«

Nachdem wir einen Tag an diesem unwirtlichen Ort ausgeharrt haben, kommt unser Bote mit einer »Adresse« zurück, wo wir uns niederlassen können. Wir wandern weiter in südwestlicher Richtung. Nach weniger als zwei Stunden erreichen wir den für uns bestimmten Ort, ein enges Tal namens Gelaleh.

Nur eine zubetonierte Quelle, deren Wasser seinen Weg zur Erdoberfläche an anderen Stellen wieder gefunden hat, zeugt noch von der vergangenen Existenz einer Siedlung. Wie zum Trotz dringt das Wasser nun aus mehreren Löchern aus der Erde und bildet kleine Bäche.

»Hier bleiben wir«, sagt Taher. Erst denke ich noch, es ist nur für ein paar Tage, so lange, bis wir eine endgültige Bleibe haben. Was haben wir denn auch hier, inmitten dieses verwüsteten Landstrichs, zu suchen? Aus ein paar Tagen werden schließlich eineinhalb Jahre. Wie einfach sich der Mensch auf jede Art von Unmöglichkeit einlässt, solange er hoffen kann: Es ist bald vorbei, es ist alles nur vorübergehend. Es ist bald vorbei. Es ist bald vorbei.

Als Erstes bauen wir wieder unsere Zelte auf. Ein Männer- und ein Frauenzelt, aber kein Vorratszelt. Wir haben nämlich nichts mehr außer Schwarztee. In der ersten Nacht kann keiner von uns schlafen. Es ist kalt und zugig und wir haben großen Hunger. Die *Peshmerge* sitzen bis zum Morgen um ein großes Feuer und versuchen mit heißem Tee die Kälte und den Hunger zu vertreiben. Ebi, Hamed, Azade, Minu und ich setzen uns immer wieder stundenweise dazu. Ali hat sich gestern Nachmittag schon aufgemacht, um etwas Essbares für uns aufzutreiben. Aber wer weiß, wie weit es bis zum nächsten Dorf ist. Bis zum Abend ist er nicht wieder zurück.

Gleich am Ausgang unseres Tals Gelaleh verläuft eine staubige Piste, auf der wir ab und zu Menschenkarawanen anderer Widerstandsgruppen an uns vorüberziehen sehen. Seit heute Nachmittag sind auch ein paar Laster vorbeigefahren, die offenbar die Ausrüstung der größeren kurdischen Widerstandsgruppen transportieren. Sie scheinen viel besser organisiert und ausgerüstet zu sein als wir. »Hungern müssen die jedenfalls nicht«, murrt Ronak, die bei leerem Magen immer besonders schlechte

Laune hat. Am nächsten Morgen hält einer der Lastwagen an. Ali steigt aus. Er hat zwei Säcke Mehl, einen Sack Reis und eine Tüte Zucker mitgebracht. »Das ist alles, was ich besorgen konnte. Sie haben gerade so viel, dass sie selber überleben können.« Es dauert nicht lange, bis wir begreifen, was das bedeutet, nämlich: »Liebe Genossen und Genossinnen: Ab heute sind wir von A bis Z auf uns selbst angewiesen!«

Unter A bis Z konnte ich mir vieles vorstellen. So konnte »B« für »Brotbacken« stehen. Auch das noch! Nicht nur Kochen, sondern auch noch Backen. Wenn ich geahnt hätte, wie gut wir in den abgelegensten Dörfern Irans noch dran waren! Stundenlang in der Hitze im stickigen Rauch von brennendem Kuhmist zu hocken und immer wieder die gleichen langweiligen Brotstücke zu formen, dazu habe ich ganz einfach keine LUST!

Wir haben mittlerweile jeden Kontakt zu den Städten im Iran verloren, und bis wir Hilfsgüter aus Europa bekommen, können unter Umständen mehrere Wochen vergehen. Wir haben zwar jemand zu unserer Kontaktperson in der Stadt Sulaymaniyah geschickt, aber bis unser Hilferuf nach Europa weitergeleitet wird und die Ware oder das Geld endlich hier eintrifft, müssen wir mit dem, was in diesen Säcken zu finden ist, zurechtkommen.

In der ersten Woche dieses Novembers 1983 beginnt eine neue Phase unserer Flucht. Wir geben unsere prähistorische Jäger-und-Sammler-Phase auf und werden sesshaft.

Wie eine Ameisenkolonie machen wir uns jeden Morgen auf den Weg. Ein Teil von uns sucht Holz zum Kochen und Backen. Die anderen sammeln Steine. Wir wollen ein Haus bauen mit einem Zimmer für die vier Frauen, einem großen Raum für die über 70 Männer und einem Büro. Auch eine Küche, eine Toilette, ein Badezimmer und eine Vorratskammer sind geplant. Dafür müssen wir Tag und Nacht arbeiten, und das zügig, bevor das Wetter schlechter wird und der Winter vollends über uns hereinbricht. Zum Glück sind die Winter in dieser Gegend nicht ganz so streng.

An regnerischen Tagen gerät das Kochen oder Backen zur mittelschweren Katastrophe. Aus vier Holzstützen und einem Rest Plastikfolie haben wir eine Kochstelle eingerichtet. Aber hier kommt der Regen immer von der Seite. Dann hocken wir auf einem Stein unter dem transparenten Plastikhimmel, und der Regen schlägt uns ins Gesicht. In einer Ecke der Plane wächst eine Wasserbeule und sinkt langsam ab, bis sie uns fast auf den Kopf drückt. Dann drückt einer mit einem Holzstock dagegen und ein Wasserschwall ergießt sich über den Rand, was uns nur noch nasser macht.

Die Männer kriegen das Brotbacken immer irgendwie besser hin als wir Frauen. »Sogar das können wir besser als ihr«, hänseln sie.

Seit drei Wochen essen wir abwechslungsreicher denn je. Morgens Brot mit Schwarztee. Mittags Reis. Abends Schwarztee mit Brot. Die erste Woche ist besonders geschmackvoll: Ohne Öl und Salz für den Reis, das ist geradezu ein kulinarischer Hochgenuss! Da komme ich auf die kreative Idee, den Reis mit Zucker zu kochen. Die weiße Masse entwickelt sich langsam zu einem klebrigen Irgendwas, das kaum noch umzurühren ist. Es sieht erbärmlich aus und der Löffel bleibt darin stecken, als ich versuche, es auf die Teller zu verteilen. »Am besten, kommst du gar nicht erst ins Zelt rein. Sie werden dich auf der Stelle fressen«, sagt Hamed, der wissen will, von wem ich meine Kochkunst geerbt habe. Der riesige Topf bleibt voll. Ich weiß selbst, wie grausam es schmeckt, und es ist kein Wunder, dass trotz des schrecklichen Hungers nach einem harten Arbeitstag keiner davon essen will. Was mache ich bloß? Ich versuche, mich bis zum Abend vor den bösen Blicken zu verstecken. Der Topf ist kaum wieder sauber zu kriegen. Mühsam entferne ich die letzten Reste von dem Klebstoff und denke dabei, das würde sich als Schuhkleber für unsere Schuhe, die allesamt zerfallen sind, gut eignen. »Irgendwann solltest du das beim Patentamt registrieren lassen«, meint einer aus dem Kriegerteam. »Würdest du mir das Rezept verraten?« »Wie konntest du nur so etwas Kriminelles schaffen?« »Den Tee hast du aber echt gut hingekriegt, Genossin Zara!« Bis zum nächsten Abend muss ich mir das anhören. Meine »Schöpfung« ist natürlich wirklich unverzeihlich. Wir haben ohnehin wenig, viel zu wenig, als dass ich damit auch noch hätte herumexperimentieren dürfen. Keiner meiner Genossen hier kann sich vorstellen, dass aus mir einmal eine ganz passable Köchin werden wird. Noch eines meiner unentdeckten Talente. Später werde ich von meinen deutschen Freunden für meine »persische Kochkunst« ein dickes Lob ernten. Es sei denn, sie haben die persische Küche schon mal woanders probiert…

Mitte Dezember ist der Rohbau unserer neuen »Siedlung« fertig. Zumindest das »Haupthaus« zum Schlafen und Arbeiten steht. Doch schon nach mehreren kräftigen Regenfällen wird sich herausstellen, dass wir das Dach wieder neu decken müssen. Der »Architekt« Faraj, ein älterer Kämpfer der *Peshmerge*, regt sich furchtbar auf. Er habe schon viele Häuser in seinem Dorf gebaut, die für die Ewigkeit dicht waren. »Es ist eure Schuld. Ich hätte niemals Plastikfolie genommen, aber ihr wolltet ja nicht auf mich hören.« Sehr wahrscheinlich hat er Recht.

Die Dachkonstruktion besteht aus Holzbalken, einer Schicht Bretter, dann abwechselnd zwei Schichten Plastikfolie und Lehm. »Die Leute in den Dörfern mischen den Lehm ordentlich mit Sand und viel Salz, und das Dach bleibt hundert Jahre dicht. Ihr wollt alles nur schnell und einfach«, schimpft Faraj.

Unsere Mauern haben wir aus mittelgroßen Steinen und Mörtel gebaut. Mit demselben groben Mörtel haben wir auch die Innenwände verputzt, und es ist ziemlich ungemütlich, sich daran anzulehnen. Aber die Hauptsache ist, dass wir endlich wieder ein Dach über dem Kopf haben und nicht mehr in einem Zelt schlafen müssen. Es ist nicht mehr so laut, wenn der Wind geht oder der Regen niederprasselt, und ich fühle mich wieder viel sicherer. Im Zelt habe ich nachts oft Albträume, dass ich im Freien liege und der Wind mich in unendliche Täler und Abgründe verweht.

In jedem der drei Räume steht ein eiserner Ofen. Jeden Abend ist ein anderer mit Anfeuern an der Reihe. Dann kann es abends manchmal urgemütlich sein, wenn es draußen eisig stürmt und regnet, am Ofen zu sitzen, bis man ganz schläfrig ist. Wehe dem, der dann doch noch einmal rausmuss, zum Klo, das 100 Meter weiter liegt und zum »Waschbecken« unter Gottes freiem Himmel. Nach so einem Gang kommt man mit frisch geputzten Zähnen und fast immer nass und verfroren zurück.

Noch schlimmer trifft es einen, wenn man in diesen kalten, regnerischen Nächten Wache halten muss. Solange die *Peshmerge* bei uns sind, ist jeder etwa alle drei Nächte an der Reihe. Wenn sie sich wieder auf *Joleh* verabschieden, dann sind wir nur noch so wenige, dass jeder von uns jeden Abend für eine Stunde dran ist, und das über Monate. Wer ganz oben auf der Liste steht, kann sich glücklich schätzen. Bis Mitternacht hat man dann seine Wache hinter sich und kann sich endlich hinlegen und ruhig durchschlafen. Ist der Name in diesem Rotationssystem weiter nach unten gerutscht, heißt es nachts um drei Uhr den Schlafsack verlassen, sich anziehen und raus in die Kälte.

Nur der Küchendienst ist von der Wache befreit. Dafür hat er dann tagsüber wenig zu lachen. Der Rohbau der »Küche« mit der gemauerten Feuerstelle steht zwar mittlerweile, hat aber immer noch keine Tür, und so treibt der Wind den Regen ungehindert herein. Allerdings ist es nicht so zugig, dass der dicke Qualm von dem ewig feuchten Brennholz auch wieder abziehen würde. Der Koch ist am Ende eines solchen Tages fix und fertig und zudem völlig verräuchert.

Das Geschirrspülen ist eine weitere Katastrophe für sich. Es ist eine Strafe bei der Kälte, gebeugt über das im Freien stehende Betonbecken, bergeweise schmutzige Teller abzuwaschen und sich dabei durchregnen zu lassen. Unsere tarnfarbenen Baumwollparkas müssen danach neben der anderen Wäsche, die bereits über dem Ofen hängt, zum Trocknen aufgehängt werden. Dann kriecht eine feuchte Wolke aus altem Schweiß, Fett und Rauch langsam aus Jacken, die wir im vergangenen Jahr nicht einmal gewaschen haben.

Der Toilettenbau ist auch im Rohzustand, hat aber zumindest schon eine Tür. Viel komfortabler wird er auch nicht mehr werden. Eine vernünftige Kanalisationstechnik hat bislang noch keiner von uns ausgetüftelt, und so benutzen wir das gängige Prinzip: je tiefer, desto besser. Nur das Badehäuschen ist geradezu grandios ausgestattet und mit modernster Technik versehen. Wir haben zwar keine Wanne, aber immerhin eine Dusche, aus der tatsächlich Kalt- und Warmwasser fließt! Es liegt direkt an einem Berghang, und von einer Quelle weiter oben in den Felsen leiten wir das Wasser mit Schläuchen in zwei Metallbehälter auf dem Dach. Die ehemaligen LKW-Tanks und die Schläuche konnten wir glücklicherweise in einem der umliegenden Dörfer auftreiben. Unter einem dieser Tanks befindet sich eine Feuerstelle, und so gewinnen wir heißes Wasser. Es dauert bis zu drei Stunden, bis sich das Wasser einigermaßen erwärmt hat, aber dann können wir endlich heiß duschen. Bis unsere »Siedlung« diesen nahezu luxuriösen Zustand erreicht, ist allerdings der April 1984 angebrochen.

Einmal in der Woche ist Duschtag. Das Ritual beginnt morgens um fünf Uhr. An einer Pinwand am Hauptgebäude hängt eine Liste. Der Erste auf der Liste hat dafür zu sorgen, dass die Tanks voll sind und muss Feuer machen. Wenn er dann unter der Dusche steht, muss der Nächste aufpassen, dass ausreichend Wasser nachfließt und das Feuer in Gang bleibt. Wenn jemand zwischendurch vergisst aufzupassen und das Feuer ausgeht oder nicht genügend Wasser in einem der Tanks ist, dann gibt es großes Geschrei. »Welcher Trottel ist nach mir dran? Ich verbrühe mich hier, und es gibt kein kaltes Wasser mehr!« Oder die umgekehrte Variante: »Welcher Penner hat das Feuer ausgehen lassen? Ich friere!«, tönt es dann aus unserem Badehäuschen.

Alle zwei Wochen haben wir eine Kritiksitzung, wo über alle unsere Sünden diskutiert wird. Ein höchst wichtiger Bestandteil des gemeinsamen Lebens in Gelaleh! Ich weiß nicht, was ohne diese Kritiksitzungen aus uns geworden wäre. »Meiner Meinung nach muss Genossin Zara noch hart an sich arbeiten. Sie ist letzte Woche länger in ihrem Schlafsack geblieben, als die Wache alle geweckt hat. Außerdem wäscht sie ihre Wäsche zu oft und bleibt viel zu lang unter der Dusche.« Vor jeder Sitzung muss ich mich fragen, welche meiner »bourgeoisen« Gewohnheiten diesmal zur Debatte steht. Aber ich bin nicht die Einzige, die angegriffen wird. Im Grunde dienen diese Sitzungen der politischen Maßregelung, werden aber ebenso gern für persönliche Rachefeldzüge missbraucht. Verletzungen und Missverständnisse gibt es überall, wo Menschen sich auseinander setzen. Doch hier fallen sie viel mehr ins Gewicht, bekommen eine andere Bedeutung und eine größere Dimension. Wie soll es auch anders sein, wenn eine mehr oder weniger willkürlich zusammengewürfelte Gruppe von Frauen und Männern tagein, tagaus auf engstem Raum über Monate und Jahre zusammenlebt, ohne jegliche Beziehung zur »realen Welt«? Manchmal denke ich, dass die Genossen vielleicht in der Lage wären, ihre alltäglichen Probleme ohne Kritiksitzung untereinander zu lösen, doch wie ein aufmerksamer Vater nimmt die Organisation jede Bewegung ihrer Mitglieder unter die Lupe, um unsere »bourgeoisen Unreinheiten« auszumerzen.

Seitdem wir uns hier niedergelassen haben, haben wir kaum noch Kontakte zur Außenwelt. Die Berichte, die uns aus dem Iran erreichen, scheinen von einem anderen Planeten zu kommen. Ich frage mich immer öfter, was wir hier zu suchen haben und warum wir überhaupt hier leben müssen. Politische Arbeit betreiben wir ja kaum noch. Um zu überleben? Ja. Wir wollen überleben. Doch es gäbe ungefährlichere und weniger mühsame Möglichkeiten des Überlebens. Eine davon heißt Europa. Aber nach Europa zu gehen bedeutet das Ende eines Kampfes, von dem wir noch immer glauben, wir seien daran beteiligt. Es bedeutet auch das Ende des Traumes von einer Rückkehr. Wir alle sind wie besessen von diesem Traum, so sehr, dass wir die Realität nicht wahrnehmen.

Und die Realität ist gnadenlos: Es gibt keine Rückkehr! Wir sind keine Bedrohung mehr für diese Regierung, die trotz aller politischen und wirtschaftlichen Widrigkeiten nicht so instabil und vorübergehend ist, wie die Opposition es sich wünscht. Keiner will wahrhaben, dass unsere Existenz hier nur den einen Grund hat: zu Überleben für einen unbestimmten Zeitpunkt in einer unbestimmten Zukunft. Für eine Zeit, die viel weiter entfernt ist, als sich die meisten von uns vorstellen können. Keiner will wahrhaben, dass wir uns in diesem engen Tal langsam in eine Sekte verwandeln.

Dass auch die ganze Organisation sich zu einer Sekte verwandelt. Nicht nur hier zwischen diesen gottverlassenen Bergen, sondern auch im Iran, trotz ihrer vielen Anhänger dort und in Europa und sogar in Amerika. Sie setzen ihre Hoffnung auf »Fedayi«, aber ganz bestimmt nicht auf unsere armselige Gesellschaft, von der ein Teil überzeugt ist, mit seinen Theorien den Iran in die nächste Revolution führen zu müssen.

Einmal in der Woche haben wir außerdem einen Diskussionsabend, eine Art politische Lagebesprechung. Ebi plädiert für eine vereinigte Front aller demokratischen, oppositionellen Gruppen. Sonst sieht er keine Chance, gegen die islamische Regierung anzukommen. »Dass jede einzelne dieser Gruppen zu klein und zu schwach ist, begreift doch jeder gesunde Menschenverstand«, behauptet er. Gegen ihn steht das gesamte Zentralkomitee. Bei uns hier in Gelaleh ist Taher dessen Vertreter, und auch er lehnt jede Vereinigung mit anderen kategorisch ab. Auf sein Anraten unternehmen die Anhänger der »Minderheit« in Europa zunehmend Aktionen gegen andere iranische Widerstandsgruppen, anstatt gegen die islamische Regierung zu kämpfen. Dabei kommt es sogar zu handgreiflichen Auseinandersetzungen. Dies ist bei unseren Diskussionsabenden derzeit das wichtigste Thema, und die Meinungsunterschiede zwischen Taher und Ebi spitzen sich immer mehr zu.

Hier, in unserer kleinen Welt, deren Regeln von einer Hand voll Leute aufgestellt werden, die noch immer nicht begriffen haben, dass es kaum noch etwas zu regeln, geschweige denn zu führen gibt, reduziert sich jeder Meinungsunterschied auf einen persönlichen Krieg.

An einem Diskussionsabend, als der Streit einen nicht mehr absehbaren Verlauf nimmt, bitte ich Ebi in einer Pause, erst einmal nachzugeben. »Warte doch bis zum nächsten Kongress, dort kannst du dann diese Starrköpfe direkt ansprechen. Uns helfen diese aggressiven Debatten doch wirklich kein bisschen.« Außerdem sind die Mehrzahl der Leute hier auch ziemliche Betonköpfe und werden vermutlich noch lange Zeit brauchen, bis sie zur Vernunft kommen.

Dies ist zunächst der letzte »Diskussionsabend«, und unser Leben verläuft für eine Zeit lang wieder »friedlich«.

Könnte ich ahnen, dass die weiße Fahne, die wir an diesem Abend hissen, zwei Jahre später von diesen Betonköpfen mit Blut befleckt wird, würde ich mich von dieser Sekte sofort verabschieden, mit oder ohne Ebi.

Im Winter 1984 stoßen zwei Neue zu uns. Farhad, ein enger Freund Ebis aus Teheran und wichtiger Mitarbeiter unserer Zeitschrift »Kar«, hat eine Möglichkeit gefunden, nach Kurdistan zu fliehen. Er will nur so lange bei uns bleiben, bis er auch für seine Frau und sein Kind eine Fluchtmöglichkeit findet. Dann will er mit seiner Familie nach Europa reisen. Aber schließlich entscheidet er sich doch, zu bleiben und bildet mit Ebi eine starke Front. Dieser Umstand ist natürlich nicht unproblematisch. Je mehr Gewicht die »Mäßigen« unter uns bekommen, desto sturer und feindseliger werden die Anhänger der »Minderheit«, also Tahers, die in der »Fedayi« ihr alleiniges und rechtmäßiges Erbe sehen.

Das zweite neue Gesicht in unserer Mitte gehört einer Bekannten von Jawad, Zohre, die ich flüchtig aus Teheran kenne. Auch sie ist eigentlich auf ihrem Weg nach Europa. Aber die Welt ist manchmal kleiner, als man denkt, und da kreuzen sich unsere Wege ausgerechnet in Gelaleh, obwohl das eigentlich nicht auf ihrer Route liegt. Mit einer kleinen Gruppe war sie in den Norden aufgebrochen, um Kurdistan über die Türkei zu verlassen und weiter nach Europa zu fliehen. Doch ihr Flüchtlingstreck war im nördlichen Teil wegen der Schneemassen, die das Passieren des Gebirges unmöglich machten, nicht weitergekommen. So hatten sie entschieden, den Weg nach Süden einzuschlagen, um über den Irak nach Europa zu gelangen.

In dem Moment, als ich sie hier zum ersten Mal sah, hatte ich das Gefühl, als hätte ich Jawad selbst gesehen. Ich lasse Zohre keine Minute aus den Augen und suche nach einer Gelegenheit, bei der ich sie auf ihn ansprechen kann. Doch dazu komme ich nicht. Ebi ist schneller. Gleich nach dem Mittagessen setzt er sich zwischen uns. »Hast du vielleicht was von Jawad gehört?«, fragt Ebi. »Ach der! Er lebt wieder relativ normal. Keiner hat etwas von seinem Untergrundleben gemerkt. Letztes Jahr hat er die Firma seines Vaters übernommen und vor kurzem sogar geheiratet«, erzählt sie ohne Umschweife. Was denn? Einfach so geheiratet? Am liebsten würde ich sie aus dem Zimmer zerren und sie fragen: Wen hat er geheiratet? Wo hat er geheiratet? Wie haben sie sich kennen gelernt?

Wie sieht sie aus? Wie war die Hochzeit? Was hat sie angehabt? Wie sah Jawad aus? War er glücklich? Aber vor allem hätte ich gerne gewusst: Warum? Warum zum Teufel hat er geheiratet? Gab es denn nichts Dringlicheres in der Welt zu tun, als zu heiraten? Bis zum Abend, als Zohre in unseren Frauenraum kommt, quält mich vor allem das Warum. Mein blasses Gesicht wirkt unter dem Licht der Öllampe elendig gelb. »Bis du krank?«, fragt sie mich. »Nein, schon gut, mir geht es fabelhaft. Erzähl mal ein bisschen mehr über Jawads Hochzeit. Wie war es denn?« Und sie berichtet von seiner »Traumhochzeit«. »Die Braut hatte ein wunderschönes Kleid an.« »Ist sie denn hübsch?« »Tja, als eine außergewöhnliche Schönheit würde ich sie vielleicht nicht gerade bezeichnen, aber schlecht sieht sie nun auch nicht aus. Normal eben. Ich glaube aber nicht, dass das Jawad stört. Ihm sind ja eher andere Dinge wichtig.« Ich will von ihr wissen, was ihn an dieser Frau so fasziniert. »Woher soll ich das wissen?« Sie sieht mich erstaunt an. Dann will sie nur noch wissen, wo sie schlafen kann. Ich habe nur noch eine letzte Frage: »Liebt er sie?« »Warum soll er sie nicht lieben, er hat sie ja geheiratet.«

An diesem Abend und unzählige Nächte danach liege ich lange wach und kann kaum schlafen. Problemlos hätte ich alle anderen von der Wache ablösen können. »Was ist denn mit dir los, Zara? So habe ich dich noch nie erlebt«, spricht mich Ebi eines Abends an. Ich möchte ihn nicht anlügen, sehe aber auch keinen Grund mehr, ihm die Wahrheit zu sagen. Es ist sowieso alles vorbei und zu spät. »Ich will nicht länger hier bleiben. Ich weiß sowieso nicht mehr, was der Blödsinn hier eigentlich soll«, fahre ich ihn genervt an. Ebi kennt mich zu gut, als dass ich ihm etwas vormachen kann. »Wenn das dein Problem ist, dann kann dich der nächste Bote gleich nach Bagdad mitnehmen, und von dort aus kannst du fliegen, wo immer du hinwillst.« Wo immer ich hinwill! Wenn das so einfach wäre. »Und wenn ich von Bagdad nach Teheran fliegen will! Kannst du das auch ermöglichen?«

Der nächste Bote kommt drei Monate später und bringt uns jede Menge neuer Schlafsäcke, Schuhe, Jacken und Lebensmittel. Und noch etwas viel Wichtigeres: die komplette Ausrüstung für eine Sendestation. Die Idee, einen Radiosender zu gründen, hatten wir schon lange. Doch nachdem wir stolz den kleinen Sender und ein paar Aufnahmegeräte in einer Ecke des Büros ausgepackt und »ausgestellt« haben, kann sich keiner von uns wirklich vorstellen, dass wir damit auch jemals auf Sendung gehen.

Das Radio ist unsere Rettung. Endlich haben wir wieder eine Aufgabe. Und eine Gelegenheit, die Proteste im Iran, die sich trotz aller Niederschlagungen immer wieder erheben, mit unserem kleinen Lebenszeichen zu unterstützen. Diese Idee stimmt viele, die keinen Sinn mehr darin sehen, in Kurdistan zu bleiben, noch einmal um. Bis wir allerdings den Staub von den Geräten wischen und den Sender wirklich in Betrieb nehmen, wird noch ein weiteres Jahr vergehen.

Doch der Bote bringt in diesem beginnenden Sommer 1984 noch weitere erfreuliche Dinge: die Antworten auf unsere Briefe, die wir vor einer halben Ewigkeit, vielleicht sogar in einem anderen Leben, geschrieben haben. »Genossin Zara, hier ist ein Brief aus Teheran für dich.« Im Vorbeigehen reicht er mir den Umschlag. Hastig reiße ich ihn auf. Zwei Fotos und einen Brief finde ich darin. Mit dem Lesen will ich noch warten, damit die Freude nicht so schnell wieder vorüber ist. Also betrachte ich erst einmal eingehend die Fotos. Auf einem sind meine Eltern im

Wohnzimmer zu sehen. Jedes Detail betrachte ich, jeden Knopf, jedes Glas. Die Möbel erkenne ich wieder, aber das Zimmer selbst sieht fremd aus. Ob sie umgezogen sind? In dieser Bluse habe ich meine Mutter noch nie gesehen, sie ist sicher neu. Sie war sicher neu. Jetzt ist auch der Tag, an dem das Bild aufgenommen worden ist, schon lange Vergangenheit. Auf dem anderen ist die ganze Familie am Kaspischen Meer abgelichtet. Sind sie viel älter geworden? Auf diesem Foto kann ich es nicht genau erkennen. Meine Eltern stehen in der Mitte und meine Schwester und mein Bruder rechts und links von ihnen. Es ist Herbst oder Winter. Sie sind alle dick angezogen. Außerdem kann ich an der Haltung meiner Mutter erkennen, dass sie friert. Sie steht dann immer mit hochgezogenen Schultern und verschränkten Armen da. Ihr ist eigentlich immer kalt. Auf dem Bild lächelt sie, aber in ihrem Blick spiegelt sich eine schmerzhafte Wehmut. Mein Vater scheint grauer geworden zu sein. Geht es ihm nicht gut? Er schaut in die Kamera, als ob er dasselbe von mir wissen möchte. Mein Bruder ist tatsächlich einen Tick gewachsen und bald so groß wie meine Mutter. Meine Schwester macht einen lockeren Eindruck. Das tut sie immer, auch wenn sie es nicht ist. Sie trägt einen schwarzen Mantel. Ist das nicht meiner? Ich drehe das Foto um:

»Erkennst du deinen hübschen Mantel noch? Wenn du ihn wiederhaben willst, dann musst du zurückkommen.

Ich vermisse dich furchtbar. Was treibst du denn, zum Teufel? Deine Schwester

November 1983 am Kaspischen Meer.«

Wie gern wäre ich dabei gewesen am Kaspischen Meer. Mein Vater hat dort ein kleines Haus direkt am Meer, wo wir alle paar Wochen hingefahren sind. Zu jeder Jahreszeit. Oft kamen auch unsere Freunde mit. Ich habe dort die nettesten Urlaube verbracht und habe die schönsten Erinnerungen an dieses Haus. Es liegt in einer kleinen Siedlung, die Nachbarn kennen sich untereinander gut und sind vielfach auch zu guten Freunden geworden. Während der Schah-Zeit haben wir dort die Nächte durchgemacht und bis zum Morgen gefeiert, getrunken und getanzt. Wir sind dann immer gegen vier Uhr an den Strand hinuntergegangen, um in den Sonnenaufgang zu schwimmen. Ich liebe das Schwimmen im Meer, und wenn ich erst mal drin bin, holt mich keiner so schnell wieder raus. Auch den Weg von Teheran zum Kaspischen Meer liebe ich. Man fährt etwa vier Stunden durch das Gebirge nördlich von Teheran. Die Straße ist manchmal außergewöhnlich hoch und steil, jedes Mal ist mir beim Runterschauen schwindelig geworden und ich bekam eine Gänsehaut. Die Gebirgslandschaft auf der Teheran zugewandten Seite ist eher trocken. Die Berge sind so hoch, dass die Wolken, die vom offenen Meer herankommen, es kaum schaffen, über sie hinwegzuziehen. Sobald man den höchsten Pass überwunden hat, ändert sich die Landschaft plötzlich so gravierend, dass man glaubt, seinen Augen nicht trauen zu können. Weit und breit grüner, dichter Wald, mit üppigen Pflanzen, die man sonst nirgends sieht.

In den ersten Jahren nach der islamischen Revolution dürfen die Frauen nur noch bekleidet mit einer weiten, langen Hose und einer weiten Bluse schwimmen, und das getrennt von Männern. Unter den nassen Baumwollkleidern zeichnen sich ihre Körper allerdings viel deutlicher ab als unter jedem Badeanzug. Später wurde der Badeanzug dann wieder erlaubt. Tagsüber machten die Hisbollahwächter mit ihren Motorrädern eine Runde am Strand, um sich zu vergewissern, dass alles nach den islamischen Regeln ablief. Es war grausam, in Kleidern schwimmen zu müssen. Danach sind wir meistens nur noch nachts zum Baden gegangen und haben anschließend, wie noch zu Schahs Zeiten, zu Hause weitergefeiert, getrunken und getanzt. Alles ging nur etwas vorsichtiger vonstatten. Die Einwohner der Anlage bezahlten den Pförtner in seinem Häuschen am Eingangstor dafür, dass er uns »bei Gefahr« rechtzeitig alarmierte. An einem Nachmittag, als das Kaspische Meer so stürmisch war, dass die schwarze Flagge gehisst wurde, ging ich allein zum Strand hinaus. Es war heiß und niemand war dort. Alle waren in ihren Häusern. Von der Hisbollah war auch nichts zu sehen, denn sie wussten, dass sich bei diesem Sturm keiner ins Meer traute, schon gar nicht in Klamotten! Ich schaute mich noch einmal um. Nein, keiner war da, ich hatte den ganzen Strand für mich alleine. Ich zog mich aus, kämpfte mich durchs Wasser bis zu der ersten Reihe der Holzpfähle, die den Nichtschwimmerbereich markierte. Ich knotete meine Kleider an einen dieser Pfähle und schwamm los. Als ich mich nach meinen Kleidern umsah, waren sie nicht mehr da. Der Sturm hatte sie ins Meer gefegt. Wie sollte ich nun zurück zu unserem Haus kommen? Das Meer wurde immer wilder, doch vor einem *Pasdar* hatte ich nicht weniger Angst als vor dem Ertrinken. Ein Gestalt näherte sich dem Ufer und stand jetzt am Strand: Ein großer Mann, der mich herauswinkte. Du lieber Gott! Meine Stunde war gekommen. Ich kämpfte mich durch die wilden Wellen, die mich nicht mehr zurücklassen wollten. Als ich endlich wieder Boden unter meinen Füßen spürte, erkannte ich meinen Vater, der ein langes Handtuch schwang. Mit nasser Unterwäsche, die mir am Leib klebte, ging ich auf ihn zu. Zum ersten Mal im Leben schämte ich mich für meine Aufmachung so sehr wie nie zuvor. »Bist du wahnsinnig geworden?«, brüllte er. Es war einer der ganz seltenen Fälle, wo ich meinen Vater so wütend sah.

Ich war bereits in Kurdistan, als ich hörte, dass die Regierung eine hohe Betonwand ins Meer gezogen hat, um die Frauen und Männer am Strand endgültig zu trennen. Ich habe versucht, mir dieses hässliche Bild vorzustellen. Eine graue Betonwand mitten im Meer!

Das türkisblaue Wasser, das beim Sonnenuntergang feuerrot schimmert, und die dicht bewaldeten Berge, die in einen weichen, olivbraunen Sandstrand übergehen, wie oft hatte ich davon geträumt. Diese Träume verwandeln sich in letzter Zeit oft zu einem Albtraum. Dann wird das Meer von Sekunde zu Sekunde unruhiger. Die Wellen steigen höher und höher. Ich schwimme zurück zum Strand und laufe weg, die Berge hinauf. Ich stehe irgendwann am Gipfel und denke, bis hier oben schafft das Wasser es nicht. Doch die Wellen steigen immer höher und schlagen über mir zusammen. Sie reißen alles mit. Die Häuser, die Menschen, die Bäume und sogar die Berge, alles. Ich bin mittendrin in diesem Ungeheuer und habe furchtbare Angst. Aber sogar dann ist das Meer mir nicht feindlich gesinnt. Es lässt mich jedes Mal entkommen.

Nachdem ich die Bilder bis ins kleinste Detail untersucht habe und rieche, ob sie vielleicht den Geruch von Zuhause mitgebracht haben, nehme ich den Brief zur Hand. Auf der einen Seite erkenne ich die Handschrift meiner Mutter, auf der anderen die meines Vaters, der den Brief beendet hat. Nur zwei Seiten?, denke ich und lese:

Meine liebe Tochter,

ich hoffe, es geht dir gut und du bist gesund. Es hat eine schlimme Ewigkeit gedauert, bis wir von dir gehört haben. Aus dem, was du geschrieben hast, konnte ich nicht erken-

nen, ob du wirklich wohlauf bist und was du tust. Ich ahne nur, dass es nicht das Richtige für dich sein kann, und hoffe, dass du genau überlegst, ob du noch länger in dieser »Uni mitten in der Wildnis der Gebirge« bleiben willst. Wenn nicht, werden wir alles tun, dir dort rauszuhelfen.

Seitdem du weg bist, gehe ich jeden Abend mit dem Wunsch zu Bett, dich wiederzusehen. Jedes Mal, wenn es klingelt, hoffe ich, du würdest vor der Tür stehen. Und jeden Morgen, wenn ich die Augen aufmache, frage ich mich, wie lange ich noch die Kraft haben werde, die Tage ohne dich, ohne von dir zu hören und ohne zu wissen, wie es dir geht, zu überstehen.

Ich kann noch immer nicht glauben, dass du fortgegangen bist, ohne dich von uns zu verabschieden.

Maryam, egal wo du jetzt bist und was du machst, ich habe nur eine Bitte an dich: Pass auf dich auf!

Deine Mutter

Und auf der Rückseite schreibt mein Vater:

Liebste,

uns geht es allen gut. Nur deine Abwesenheit macht uns das Leben schwerer, als es heutzutage ohnehin schon ist. Das Foto im Wohnzimmer ist in unserem neuen Haus aufgenommen. Wir haben einmal zusammen das Grundstück besichtigt, erinnerst du dich noch daran? Es liegt im Nordwesten von Teheran, und ich habe es so bauen lassen, wie du es dir damals gewünscht hast. Auf drei Ebenen. Dazwischen gibt es jeweils drei Treppen. Das Haus hat einen sehr schönen Garten und ein kleines Schwimmbad. Du kannst dir nicht vorstellen, wie sehr ich mich auf den Tag freue, an dem du zurückkommst und hier bei uns lebst. Ich träume oft davon, dass du hier auf der Terrasse sitzt und einen Tee mit uns trinkst. Das Foto vom Haus am

Meer ist das Letzte, das wir gemacht haben. Ich werde es bald verkaufen. Seitdem du weg bist, sind wir nur zweimal dort gewesen.

Ich vermisse dich über alles.

Dein Vater

Ob es das Haus am Kaspischen Meer überhaupt noch gibt? Ich sehe auf das Datum des Briefes. Schon sechs Monate alt. Wahrscheinlich ist es längst verkauft. Schnell wische ich mir die Tränen weg, bevor jemand sie sieht. Noch einmal sehe ich mir die Fotos an. Sie lächeln zwar alle, aber aus ihren Augen spricht Trauer. Eine tiefe, ferne Trauer. Wie furchtbar ich sie alle liebe und vermisse. Ich habe ein schrecklich schlechtes Gewissen, dass meine Mutter meinetwegen so leiden muss und dass in den liebevollen Augen meines Vaters kein Funke von Freude mehr zu sehen ist.

Das Radio

Seit nunmehr zwei Jahren siedeln sich in den Bergen, Hügeln und Tälern des irakischen Kurdistan unterschiedliche iranische Widerstandsgruppen an. Wir werden zwar nicht mehr direkt verfolgt, doch die islamische Regierung bombardiert uns weiter mit ihren Flugzeugen. Ziele sind eher die großen kurdischen Gruppen des Irans, die für die islamische Regierung noch immer eine reelle Gefahr darstellen. Über unseren Himmel sind sie bisher dreimal geflogen. Es ist erstaunlich, wie plötzlich sie am hohen, wolkenlosen Himmel auftauchen und ihren todbringenden Ballast in die friedlichen Nachmittagsstunden fallen lassen. Man hört sie zwar schon lange, bevor sie zu sehen sind, aber der Moment, in dem sie ihre Bomben abwerfen, kommt immer wieder unerwartet. Gelaleh liegt in einem sehr schmalen Tal und ist kein leichtes Ziel für die Jagdbomber. Bisher hat noch keiner dieser Sprengkörper unsere Siedlung getroffen. Doch es gelingt ihnen prächtig, Angst zu verbreiten. Ja, jedes Mal, wenn wir sie nahen hören, kommt die Angst, die nächsten Bomben könnten auf uns niedergehen. Die Feinde der Islamischen Republik Iran einfach im verhassten Nachbarland »ausruhen« zu lassen, ist beileibe nicht im Sinne der Regierung.

Ein lautes Krachen durchschneidet die Stille, es kommt völlig unerwartet. In Panik rennen alle auseinander, jeder sucht sich einen Platz, einen Stein, der irgendwie Schutz bieten kann. Kauert sich hin und wartet auf Detonationen und Funkenregen. Aber nichts passiert. Es bleibt ruhig. Wieder hat nur eines der Flugzeuge die Schallmauer durchbrochen. Es klingt wie das Explodieren der Bomben.

Viele von uns haben in diesen zwei Jahren jede Motivation für politische Arbeit verloren und uns verlassen. Die, die dabei versucht haben, den Irak auf eigene Faust und ohne Begleitkurier der Organisation zu durchqueren, um von Bagdad aus nach Europa zu fliehen, sind spurlos verschwunden. Keiner weiß, was ihnen jenseits der »Freien Zone« zugestoßen ist. Die irakischen Regierungstruppen und der Geheimdienst verhaften gnadenlos jeden, der keine Papiere irgendeiner oppositionellen iranischen Gruppe vorweisen kann. Aber unsere Organisation gibt denen, die nicht mehr an sie glauben, keinerlei Unterstützung, sondern lässt sie mitten in dieser Wüstenei allein. Diese Leute sind müde. Des harten Lebens müde und vor allem der Hoffnungslosigkeit.

Im Iran sinkt den Menschen der Mut. Die Hoffnung, dass sich bald etwas ändern wird, scheint nur noch ein Traum zu sein. Die großen Widerstandsgruppen sind zerschlagen und aufgelöst. Viele ihrer Anhänger sind inhaftiert, wurden hingerichtet oder sind geflüchtet. Diejenigen, die dem Terror anderweitig entkommen sind, halten sich fern von jedem Risiko. Die Unzufriedenheit wird zwar immer größer, aber sie wird leiser denn je in der Öffentlichkeit ausgesprochen.

In der Geschichte des Widerstandes im Iran sind dies die Jahre der Depression und des Tiefstandes.

Es sind die Jahre des Kriegs und der Zerstörung. Zerstörung der schönsten Städte im Süden Irans und auch des wirtschaftlichen Reichtums des Landes, der gigantischen Ölraffinerien. Das Land mit den drittgrößten Ölvorkommen im Mittleren Osten muss nun von der OPEC Öl und Benzin kaufen.

Es sind die Jahre der Obdachlosigkeit. Eine Flut von Menschen, die in den ruinierten Städten alles verloren haben, sucht nach Unterkunft und Arbeit und endet dabei in einem elenden Leben in Teheran oder den anderen Städte im Norden Irans.

Es sind die Jahre, in denen die Kinder der armen Familien gleich gruppenweise aus den Schulen abgeholt und per Bus in die Kriegsgebiete verfrachtet werden. Mit einem Schlüssel um den Hals schickt die islamische Regierung diese Kinder, von denen die Ältesten nicht einmal vierzehn sind, in die Minenfelder. Sie brauchen vor den Minen keine Angst haben, denn es ist »Der Schlüssel zum Paradies«, den sie bei sich tragen. Wenn sie zerfetzt werden, kommen sie an einen Ort, wo sie sich alles wünschen können. Alles, wovon sie in diesem Leben nicht einmal träumen würden. Es sind die Kinder der »Barfüßer«, die die Last der islamischen Revolution tragen. Die, die alles, sogar die eigenen Kinder, für den Islam opfern.

Die oppositionellen Zeitschriften spielen keine Rolle mehr. Es ist zu gefährlich geworden, sie im Iran herauszugeben und zu verteilen. Selbst wenn sie im Untergrund gedruckt werden, gibt es weniger als eine Hand voll Menschen, die noch den Mut dazu aufbringen, sie zu verteilen. Und ihre frühere Leserschaft will solche bedrohlichen Schriftstücke auch nicht mehr unbedingt bei sich tragen.

Es sind die Jahre der Totenstille im Iran.

Uns Übrigen, deren Motivation sich noch nicht ganz verabschiedet hat, stellt sich täglich aufs Neue die Frage: Und was nun?

Wir müssen diesen Teufelskreis irgendwie durchbrechen. Wir müssen unbedingt den Kontakt zum Iran wieder herstellen. Es muss einen Weg geben, kleine Zeichen von Leben, Mut und Hoffnung dorthin zu senden. Die Idee einer Radiostation gibt es schon lange. Seitdem ich mich in Kurdistan befinde, habe ich immer wieder gehört, dass wir dabei sind, alles in die Wege zu leiten und »schon bald« damit fertig seien.

Jetzt sind die Sendegeräte da, doch es gibt niemanden, der sich in diesem Bereich auskennt. Auf dem erstbesten Gipfel haben wir eine Station errichtet und die Antenne provisorisch aufgestellt. Doch Hamed kriegt die Geräte nicht in Gang und gibt schließlich auf. Die Hände in den Taschen und mit gesenktem Kopf trödelt er bergab und kickt dabei genervt Kiesel von sich.

»Ein Fachmann fürs Radio ist aus Amerika unterwegs«, verkündet Taher eines Tages begeistert. Vielleicht geht es ja wirklich bald los! Wir bilden eine kleine Radiogruppe. Wenige Auserwählte nur, die Gelaleh verlassen werden, denn hier befinden wir uns viel zu dicht an der Grenze zum Iran. Das Dorf, in dem sich das Sendeteam niederlassen soll, heißt Gapilon und liegt drei Stunden nordwestlich von Gelaleh, tiefer im irakischen Kurdistan.

An einem sonnigen Frühlingstag fährt ein kleiner Teil des Radioteams mit einem voll beladenen Laster durch ein weites Tal unterhalb des kleinen Bergdorfes Gapilon. Einen Kilometer weiter, am Fuß des Berges, halten wir an. Ein wunderschöner Ort, der aber schon in wenigen Monaten nicht mehr so unberührt aussehen wird wie an diesem Tag, denn an diesem Hang werden wir unsere Radiostation aufbauen.

Zu dieser Jahreszeit ist das Tal übersät mit wilden Tulpen und Klatschmohn, ein Meer aus Farben: Violett, Rot, Rosa, Blau und Weiß. Ein leichter Wind zieht durch das

Blumenmeer und vermischt die Farben. Die Berge auf der gegenüberliegenden Seite des Tales sind weit weg, die Gegend ist hier viel weitläufiger als in Khoremir. Nach langer, langer Zeit kann ich wieder in eine weite Ferne schauen und seufze laut: »Ich kann wieder atmen.« »Wie bitte?«, fragt Taher erstaunt, der neben mir sitzt. »Ach nichts. Gut, dass wir endlich da sind!«

Erleichtert springen wir von der Ladefläche und laden alles ab: sämtliches Zubehör für den Sender, den Generator, den Kopierer, die Schreibmaschine und unsere »persönlichen« Sachen, einen Rucksack und einen Schlafsack von jedem. Dass man zwei Jahre lang mit so wenig auskommt und tatsächlich mit nur zwei kleinen Bündeln leben kann, erscheint mir immer wieder aufs Neue unglaublich.

Fürs Erste haben wir nur das Männerzelt mitgebracht. Das Frauenzelt trifft erst morgen, mit dem Rest des Teams, hier ein. Wir Frauen übernachten heute in einem Haus in Gapilon. Insgesamt werden hier in der nächsten Zeit zwanzig Leute leben und für das Radio arbeiten. Ebi, Taher, Hamed, Azade, Minu und ich und noch vierzehn weitere Männer, die uns bei der Arbeit für das Radio unterstützen und für die Sicherheit der Station sorgen sollen. Der Rest ist in Gelaleh geblieben und die *Peshmerge* begeben sich von dort aus nach einer Ewigkeit wieder auf eine *Joleh*.

Nachdem wir alles vom LKW abgeladen haben, beginne ich mit einer Entdeckungsreise in die Umgebung. Der Berghang ist terrassenförmig. Auf der obersten Stufe wollen wir die Station aufbauen. Aus einer Höhle hier oben fließt Wasser in ein Becken aus Beton. Ich staune nicht schlecht, als ich das sehe. Tatsächlich hat sich jemand hier in der Wildnis einen Pool angelegt! Das Quellwasser fließt von dort in einem gewundenen Rinnsal, weiter auf die untere Terrasse. Von hier oben sieht es fast aus, als wäre dort unten mal ein Feld gewesen. Und wirklich, ich finde zwischen dem aufgeschossenen Unkraut Stängel von etwas, was Tomaten, Zucchini oder Paprika sein könnten.

»Daraus können wir wieder ein richtiges Feld machen und jede Menge Gemüse anpflanzen«, schwärmt Saber. Er denkt so viel ans Essen. »Außerdem habe ich unten im Bach Frösche gesehen. Bald können wir eine Paprika-Frosch-Suppe kochen. Was hältst du davon?«, fragt er grinsend. »Eine Paprika-Frosch-Suppe? Du Schwein. Mir wird jetzt noch schlecht, wenn ich bloß daran denke!«, fahre ich ihn an. Ausgerechnet Saber muss mir jetzt folgen, wo ich mich einfach nur in aller Ruhe etwas umsehen möchte. »Dass man nie auch nur eine Minute für sich allein sein kann, finde ich entsetzlich«, sage ich. Zum ersten Mal, seit ich ihn kenne, verschwindet das Lächeln aus Sabers Augen. Er dreht sich um und geht am Bach entlang nach unten ins Tal. »Hier gibt es außer Fröschen auch dicke Schildkröten, Schnecken und Schlangen!«, ruft er zu mir herauf.

Saber bringt am Nachmittag beim Tee die Idee vor, auf der unteren Terrasse Gemüse anzubauen, und alle sind sofort Feuer und Flamme. Das heißt, fast alle. Ich bin mir nicht sicher, ob ich mich auch noch für Feldarbeit begeistern kann. Klar ist jedenfalls, dass alle mitmachen müssen, wenn es erst einmal entschieden ist. »Ach, mach dir keine Gedanken darüber. Wir werden immer frisches Gemüse haben, und schon dafür lohnt sich die Arbeit. Vielleicht macht es dir ja sogar Spaß.« Vielleicht hat Ebi Recht. Mir wäre es aber lieber, wir könnten unser Gemüse auf dem Markt kaufen. Wenn es denn einen gäbe. »Der nächste Markt ist in Kariza. Etwa vier Stunden nördlich von uns hier«, berichtet Ali, der sich auf der Suche nach

Möglichkeiten, irgendwie die zukünftige Vorratskammer aufzufüllen, im Dorf umgehört hat.

Unsere schöne Terrassenlandschaft mit dem Brunnen, dem Wasserbecken und dem Feld gehört, wie sich herausstellt, einem reichen Mann aus dem Dorf. Als er hört, dass wir demnächst dort siedeln wollen, ist er nicht sehr begeistert. Aber dass er dafür mindestens drei große Gebäude auf seinem Grundstück haben wird, wenn wir es wieder verlassen, stimmt ihn um. Dazu schwören wir, keinen einzigen der Bäume zu fällen. Plötzlich ist er begeistert von der Idee und will nicht einmal mehr eine Miete für sein Grundstück.

Am Nachmittag steige ich weiter ins Tal hinab und genieße unterwegs den weiten Blick, den ich so sehr vermisst habe. Ich schaue in die Ferne. Weit, sehr weit am Ende schließt sich das Tal mit einer Art Tor aus zwei kegelförmigen Bergen rechts und links. Dahinter sieht man nur noch den Himmel, so als sei die Welt dort zu Ende. Wenn ich je dorthin gelangte, könnte ich dann auf die andere Hälfte der Erdkugel blicken? Und was würde ich sehen? Ist es dort noch Nacht oder vielleicht schon früh am Morgen? Wie mögen die Menschen dort leben?

Bestimmt müssen sie nicht jeden Morgen in die gleichen Gesichter sehen, die gleichen Uniformen anziehen, diese breiten, faltigen Männerhosen. Immer dasselbe Hemd und derselbe Fraß. Und sie haben sicher persönliche Gedanken, ihre Geheimnisse, und sie sind vor allen Dingen eines: Individuen.

Die Verneinung des Individualismus in unserer Organisation empfinde ich als eine trostlose Lüge. Ausgerechnet bei uns, wo das Individuum angeblich nichts gilt, bilden sich an der Spitze langsam, aber sicher ein Narzissmus und eine Selbstsucht, die zu allem fähig ist. Doch dieser Gedanke streift mich nur kurz. Mein neues Zuhause bietet, wenn auch sonst nicht viel, jedenfalls eine tolle Aussicht. Ein kleiner Moment des Glücks.

Auf der oberen Terrasse wachsen auch einige wilde Maulbeerbäume, Walnuss- und Apfelbäume. Am Hang haben sich Kornelkirschen und wilde Pflaumen angesiedelt. Früchte, die man selten findet und unter normalen Umständen auch kaum essen würde. Wir aber nehmen alles, was uns unterwegs begegnet und irgendwie essbar scheint, seien es Kräuter, Füchse, Schildkröten oder Schlangen.

Gegen Abend machen Azade, Minu und ich uns auf den Weg nach Gapilon. Wir gehen den geschwungenen Pfad in Richtung des Dorfes gleich hinter dem nächsten Hügel. Schon im ersten Haus werden wir freundlich aufgenommen. Die Mutter der Familie führt uns auf die Terrasse ihres Hauses, wo wir eine Weile mit ihr sitzen; mit Blick auf das Dorf zur Rechten und auf das »Tor zum Ende der Welt« zur Linken. *Dade* Gore bietet uns einen Platz auf einem abgewetzten, alten *Kelim* an. Das Wetter ist angenehm mild und wir bleiben lange draußen. In einer Ecke glüht noch das Feuer, über dem *Dade* Gore Brot gebacken hat. Sie scheint gerade fertig geworden zu sein. »Heute war schon einer von euch hier und hat bei mir Brot für morgen bestellt.« Stolz zeigt sie auf einen Berg von dem runden, dünnen Brot, das unter einem Tuch neben dem Feuer liegt. Diese fürchterliche Aufgabe sind wir also endlich losgeworden. Ich bin ihr so dankbar. *Dade* Gore bringt uns Tee und setzt sich wieder zu uns. Sie beginnt von ihrem Leben zu erzählen. Während ich zuhöre, beobachte ich, wie am »Ende der Welt« langsam die Sonne untergeht und den Himmel zum Glühen bringt. Tausend undenkbare Farbtöne mischen sich ineinander. Ein atemberaubendes Bild. Wieder einmal wünsche ich mir, ich hätte meine Maltuschen, Pinsel und ein paar

Blätter Papier bei mir. Das Malen werde ich in Deutschland gründlich nachholen. Ich male wie eine Verrückte. Landschaften und nackte Frauen. Allerdings nicht in den wundervoll bunten Farben Kurdistans, sondern in meinen Lieblingsfarben Rostrot, Ocker und Gelb.

Dade Gore hat drei Kinder. Das älteste ist fünf. Da die Frauen hier schon mit etwa fünfzehn ihr erstes Kind kriegen, ist sie wahrscheinlich kaum älter als zwanzig. Sie wirkt aber mindestens zehn Jahre älter. *Dade* Gore hat nach der Tradition *Jhen be Jhen*, das bedeutet »Frau gegen Frau«, geheiratet.

Diese Tradition findet sich noch in abgelegenen Gegenden Kurdistans. Die heiratsfähigen Mädchen zweier Familien werden dann einfach untereinander ausgetauscht. Diese Tradition wird besonders dann praktiziert, wenn der Mann kein Geld hat, um sich eine Frau zu leisten, im Klartext, sie von ihrem Vater zu kaufen. Er kann sie aber heiraten, wenn sie einen unverheirateten Bruder hat und er selbst eine unverheiratete Schwester. Und so hat *Dade* Gore das auch gemacht. Sie hat den Bruder ihrer Schwägerin geheiratet. »Ich habe großes Glück gehabt, dass mein Mann eine Schwester hat und ich einen Bruder«, erzählt *Dade* Gore uns fröhlich von ihrer Heirat. In ihrer Familie gibt es allerdings ein kleines Problem. Sie hat nur einen Bruder, aber vier weitere Schwestern, die noch immer im Haushalt ihres Vaters leben. Das Aussehen *Dade* Gores lässt nicht gerade vermuten, dass ihre Schwestern beispiellose Schönheiten sind, und so bleiben sie vielleicht für immer Jungfrauen.

Jhen be Jhen heißt aber noch mehr. Wenn *Dade* Gore etwa von ihrem Mann geschlagen und misshandelt würde, dann schlüge ihr Bruder zum Ausgleich seine Frau! Auf diese Art wird die »Gerechtigkeit« wieder hergestellt.

Die Frauen in diesen Dörfern haben keinerlei Rechte.

Sie dürfen beim Essen nicht einmal mit um das *Sofreh* sitzen. Das Familienoberhaupt, wie auch seine Brüder, seine Schwager und andere männliche Erwachsene, essen zuerst. So lange halten sich Frauen und Kinder in der Küche oder in einem anderen Raum auf. Die Reste, falls etwas übrig bleibt, werden dann zuerst unter den männlichen Kindern verteilt. Was dann noch abfällt, dürfen die Mütter und ihre Töchter unter sich aufteilen.

Als vor ein paar Monaten ein Kämpfer der *Peshmerge*, der aus dieser Gegend stammt, die Nachricht bekommen hatte, seine Frau habe eine Tochter zur Welt gebracht, hat er angefangen, zu singen und mit den Fingern zu schnipsen. Seine Reaktion erstaunte mich. Normalerweise gilt in einer Kultur wie dieser ein weiblicher Säugling doch eher als Schande! Es begeisterte mich, dass er sich so über eine Tochter freute. Endlich ein Mann, der sich moderner benahm! Auf meine Frage, warum er sich so freute, trällerte er fröhlich: »*Kotsch Pareye*«, also »Tochter bedeutet Geld«.

Uns behandeln die Männer aus dem Dorf anders, weil wir in ihren Augen keine »richtigen« Frauen sind. Sie lassen sich wahrscheinlich von unseren Waffen, den Munitionsgürteln und den Männerkleidern beeindrucken. Wir sind für sie ein undefinierbares Phänomen.

Als es dunkel wird, bereitet *Dade* Gore uns eine Schlafgelegenheit. Neben der harten Matratze für uns drei bekommt jede ein noch härteres Kopfkissen und eine Decke, die viel zu dick ist für diese Jahreszeit. Die Bettsachen riechen nach Wolle, gerade frisch von einem Schaf geschoren. »Richtig sauber riecht das nicht gerade, oder?«, bemerke ich, als ich sehe, dass Minu genauso wenig begeistert dreinschaut. »Vielleicht hätten wir unsere eigenen Schlafsäcke mitbringen sollen.« Von sauberen Sachen kann man hier nur träumen. Es gibt nirgendwo eine vernünftige Möglichkeit, sich oder die Wäsche zu waschen. Damit ist es ist hier auch nicht anders als in den anderen Dörfern, die wir bisher gesehen haben. »Jetzt ist es sowieso zu spät, sich darüber Gedanken zu machen«, sagt Azade, die nicht die geringste Lust verspürt, sich wieder zu erheben und womöglich zum Camp zurückzulaufen. Müde von dem langen Umzugstag schlüpfe ich unter die Decke. Es ist ein merkwürdiges Gefühl, nach zwei Jahren im Schlafsack wieder auf einer Matratze zu liegen, eine Decke über dem Körper und ein Kopfkissen unter dem Kopf zu haben. Würde ich zu dieser Stunde ahnen, was in diesem herrlichen Bett auf uns wartet, würde ich schnurstracks aufspringen, in stockfinsterer Nacht kilometerweit laufen und mich bereit erklären, den Rest meiner Tage in einem Schlafsack zu übernachten.

Bei Sonnenaufgang verabschieden wir uns von *Dade* Gore und brechen zu unserem Camp auf. Am Hügel kurz vor der Terrasse, wo das erste Zelt bereits aufgebaut ist, steht noch die Wache. »*Kit kora?*«, schreit er und lädt sein Gewehr durch. Ein Geräusch, das einen zum Stehenbleiben auffordert. »Spinnst du?«, frage ich Saber, der sich wieder mal einen seiner Scherze erlaubt. »Ich halte Wache und bin verpflichtet, jeden Vorbeigehenden anzurufen«, lacht er. »Ich finde es gar nicht lustig, mit einer Waffe einen Spaß zu machen«, sagt Minu empört. Saber murmelt leise, aber gerade noch hörbar: »Frauen verstehen eben keinen Spaß.«

Ali ist heute der Koch und gerade dabei, das Feuer für den Tee anzuheizen. »Habt ihr das Brot mitgebracht?«, fragt er hoffnungsvoll. Keine von uns hat daran gedacht. »Schon gut. Auf Frauen ist eben kein Verlass.« Der Tag fängt ja gut an, denke ich mir. Und da aller schlechten Dinge drei sind, bin ich gespannt, wer uns das nächste

Kompliment machen wird. Im Männerzelt stecken die meisten noch in ihren Schlafsäcken. »Wann gedenken die Genossen denn bitte schön aufzustehen? Der Tag ist schon in vollem Gange und bald beginnt die Mittagspause«, ruft Azade laut ins Zelt hinein. Fluchend und meckernd kriechen sie langsam aus den Federn und verfinsterte Gesichter kommen zum Vorschein. »Warum, zum Teufel, gibt es keinen Tag in der Welt, an dem man länger schlafen kann? Immer diese Weiber!« Da war's! Der Rest des Tages wird nun hoffentlich normal verlaufen.

Das Wasser kocht auf dem Feuer. Ich mache den Tee und Azade holt die Plastikbecher, die seit gestern Abend am Fluss herumliegen. »Männer!«, schnaubt sie verächtlich. Bis Ali mit dem Brot wieder aus dem Dorf zurück ist, wird es eine Weile dauern. Ich gehe runter ins Tal, um einen Blick auf das »Tor am Ende der Welt« zu werfen. Überall auf den Blumen hat sich der Tau in glitzernden Perlen niedergelassen. Ich pflücke ein paar und kann gar nicht mehr aufhören. Jede Blume ist schöner als die vorherige. Am liebsten will ich alle mitnehmen. Mit einem bunten Strauß gehe ich zurück zum Zelt, stelle die Blumen in einen schmalen Topf und setze ihn auf die Mitte des Tuches. »Es ist eigentlich warm genug, um draußen zu frühstücken anstatt in diesem muffeligen Zelt, findet ihr nicht?«, frage ich, und Azade, Minu und ich ziehen den ganzen Kram raus, vor das Zelt. Ali kommt schließlich mit dem Brot und sogar einer Schüssel Joghurt zurück und ist begeistert: »Oh, wir frühstücken heute auf dem Balkon!« Tatsächlich. Die Stelle, die wir uns ausgesucht haben, wirkt wie eine fürstliche Veranda, vor der sich ein gigantischer Garten ausbreitet.

Seit ich wach bin, juckt es überall und ich muss mich ständig kratzen. Beim Frühstück bemerke ich, dass nicht nur ich, sondern auch Minu und Azade sich andauernd verstohlen kratzen. »Habt ihr drei etwa Läuse?«, fragt Hamed hämisch. Seinen Augen bleibt nichts verborgen, besonders im Hinblick auf Frauen. »Sehr witzig«, antwortet Minu verärgert. Mich trifft diese Frage wie der Schlag. Schnell trinke ich meinen Tee aus und gehe zu einem Felsvorsprung, hinter dem ich mich ausziehe. Mein Unterhemd ist übersät von kleinen Blutflecken. Ich untersuche sie etwas genauer. Auf jedem Fleck finde ich etwas Kleines, das einen unbeschreiblichen Ekel in mir erregt. Hilfe, wir haben Läuse! Vor Schreck fange ich an zu weinen. Dieser Ekel ist nicht irgendeiner. Er lässt sich kaum beschreiben. Eine ekelhafte, widerliche Angst. Etwas, was ich nicht ertragen kann. Die Vorstellung von scheußlichen Tierchen, die ihren teuflischen Spaziergang über meine Haut machen, in meinen Haaren hängen und mein Blut aufsaugen, lässt mich fast hysterisch werden. Erschrocken und angeekelt ziehe ich mir die blutbefleckte, verseuchte Wäsche wieder an. Igitt! Es ist eine Folter. Schnell gehe ich zurück, um Minu und Azade zu finden. »Die sind gerade irgendwo hinter den Felsen verschwunden«, sagt Hamed. Na dann, viel Spaß! Bestimmt machen sie die gleiche Entdeckung wie ich. Ich mache mich sofort auf die Suche nach Holz, um ein größeres Feuer zu machen. Die Kleidung muss ausgekocht werden. Von weitem sehe ich Minu und Azade von ihrer Entdeckungsreise zurückkommen. Sie sehen aus, als müssten sie sich gleich übergeben. »Gut, dass du schon angefangen hast«, sagt Azade, die genau weiß, wozu ich das Holz sammele. »Unsere Klamotten können wir kochen, aber was machen wir mit uns selbst, mit unseren Haaren? Ich meine, wie sollen wir verhindern, dass sich die Läuse in unseren Haaren einnisten?«, frage ich sie, während wir gemeinsam immer mehr Holz aufstapeln. »Schlimmstenfalls müssen wir uns die Köpfe rasieren«, bemerkt Azade nach einer Weile. Ich habe sowieso nicht mehr als paar Zentimeter zu verlieren, tröste ich mich.

Eine Woche lang wechseln wir jetzt täglich alles, was wir am Leib tragen. Täglich wird also ein Satz Kleider ausgekocht. Mit einem Insektenspray sprühen wir unsere Schlafsäcke ein. »Das ist hochgiftig! Ich kann euch nicht empfehlen, in diesen Schlafsäcken zu schlafen«, mahnt Doktor Sepehr. Die Kleidungsstücke sind inzwischen so oft durchgekocht, das sie aussehen wie Plissee. »Neue Kleider gibt's erst wieder in einem Jahr. Bis dahin müsst ihr in eurem komischen Knitter-Look rumlaufen«, meint Hamed, der sich die ganze Zeit schon über unsere Läuse lustig gemacht hat. »Habt ihr ihnen eigentlich auch Namen gegeben?« Wir haben großes Glück, dass unsere Haare von dieser Plage verschont bleiben. Aus welchem Grund, wissen wir nicht, aber wir wollen es auch gar nicht wissen.

Der Sommer ist eine harte Zeit für uns. Aber nicht nur für uns. Auch bei denen, die in Gelaleh zurückgeblieben sind, gibt es immer wieder Probleme. Ein paar Leute, die für die kurdische Zeitschrift »Rigay Gal« schreiben, sind dort geblieben. Farhad, Ebis Freund, der vor drei Monaten zu uns gestoßen ist, ist der Chefredakteur.

Einige Monate nach Farhad waren auch seine Frau und sein zweijähriger Sohn in Gelaleh angekommen. Ich fragte mich, wie das gehen sollte, mit einem Kind hier zu leben. In dieser harten militärischen Atmosphäre, in der nicht einmal die Frauen etwas für Kinder übrig haben. Von Liebe und Freude einem Kind gegenüber ganz zu schweigen. Kinder sind nur lästig, dachte ich, besonders so kleine. Jale hielt die Hand ihres kleinen Sohnes und zog ihn hinter sich her. Aus ihren Augen sprach eine große Freude. Nach den gefährlichen Monaten allein mit dem Kind, erst im Untergrund und dann auf dem Weg nach Kurdistan, sah sie nun endlich ihren Mann wieder. Sie schien zu denken, sie wäre bei Freunden angekommen, die sie ungeduldig erwarteten. Der kleine Pejman, der das übliche Entzücken gewohnt war, mit dem Kinder häufig empfangen werden, schrak von der ersten Sekunde an vor der Kälte in den Blicken der Fremden zurück. Sie jagten ihm Angst ein. Er spürte diese Kälte wahrscheinlich viel eher als seine Mutter. Kindern kann man nichts vormachen. Er guckte ängstlich in die derben Gesichter, die mit einem falschen Lächeln geschminkt waren, und klammerte sich fest an seine Mutter. Ein süßes Kind, eigentlich. Das werde ich allerdings erst mehrere Jahre später feststellen, als ich ein Foto von ihm aus dieser Zeit in meinen Sachen finde.

Jale, die sich in Sicherheit und in der besten Gesellschaft von Freunden glaubte, kam fröhlich auf ihren Mann zu und merkte nicht, wie die Blicke sie längst abgeschätzt und verurteilt hatten. »Was haben die denn hier verloren?«, fragte einer den anderen. »Sie wird nicht bleiben. Sie werden bald nach Europa geschickt, habe ich gehört«, entgegnete ein anderer.

Aber Jale und ihr Kind bleiben in Gelaleh. Sie kann nämlich sehr gut layouten und ist auch sonst eine sehr engagierte Frau. Nur der kleine Pejman macht es der kleinen Familie zunehmend schwerer. Farhad beklagt sich in einem Brief:

Ich will dir nicht zur Last fallen, Ebi. Ich weiß, du hast genug zu tun. Aber schon seit mehreren Wochen haben wir nichts Vernünftiges mehr zu essen gehabt. Ich weiß nicht, wie ein kleines Kind sich nur mit trockenem Brot und schwarzem Tee entwickeln soll? Du kannst dir nicht vorstellen, wie sehr ich darunter leide, jeden Tag in die traurigen Augen meines Sohnes zu schauen. Er ist durch und durch einsam. Keiner hier will mit ihm spielen, keiner will auf ihn aufpassen, zumindest solange ich und seine Mutter bei der Arbeit sind. Und wenn sie sich dann doch einmal mit ihm beschäftigen, behandeln sie ihn wie ein Spielzeug, ärgern ihn, machen ihm Angst, kneifen ihn und freuen sich auch noch, wenn er dann schreit… Jale und ich sind jedenfalls ratlos und wissen nicht, was wir noch tun sollen.«

Als Ebi mir voller Sorge und Mitgefühl von dem Brief erzählt, denke ich bloß: Na und? Erst Jahre später, wenn ich ein eigenes Kind habe, werde ich über meine einstige Gefühlskälte erschrecken.

Unsere Probleme hier in Gapilon sind anderer Natur: Während wir schon mit der redaktionellen Arbeit beschäftigt sind, bauen wir gleichzeitig die gesamte Anlage der Radiostation. Um eventuelle Schäden von Bombenangriffen zu minimieren, werden die Gebäude großzügig über das gesamte Gelände verteilt. Auf der oberen Terrasse errichten wir ein fünfzehn mal zehn Meter großes Ess- und Wohngebäude, nicht weit davon ein Bürogebäude mit vier Zimmern: Redaktion, Nachrichtenteam, Schreibbüro und Frauenzimmer. Ein kleineres Aufnahmestudio steht auf der Kuppe des angrenzenden Hügels und unmittelbar unterhalb davon ein Sendebunker. Dieser hat eine ein Meter dicke Stahlbetondecke und vier Meter Erdüberdeckung. Neben dem Swimmingpool entsteht das Küchengebäude, weiter unten ein Duschhäuschen und eine Toilette.

Etwa fünfzig Meter oberhalb des Bürogebäudes haben Ebi und ich uns ein ziemlich komfortables Zelt errichtet. Auf einem quadratischen Zwei-mal-zwei-Meter-Sockel haben wir eine niedrige Mauer gebaut, wie ein richtiges Zimmer. Darüber haben wir ein altes Stoffzelt als Dach gespannt, welches durch eine Schicht trockenen Laubes und eine weitere Plastikplane isoliert ist. Im Winter wird es dennoch wohl kaum besonders kuschelig werden, aber für uns ist es das luxuriöseste Zelt der Welt. An die niedrige Mauer kann man sich nämlich richtig gut lehnen, wenn man den Schlafsack als Kissen benutzt. Das Zelt hat sogar ein großes Fenster aus Klarsichtfolie. Hierdurch hat man einen weiten Blick über das Lager bis ins Tal. Und auf das Volleyballfeld. Wir haben tatsächlich einen Teil des Hangs abgetragen, um Volleyball spielen zu können. Die Idee dazu hatte Ebi. Er ist ein richtiger Sportsmann. In einem der vielen harten kurdischen Winter hat er sich selber zwei Skier zurechtgeschnitzt, um damit den steilsten Abhang weit und breit hinunterzujagen. Die Genossen haben ihn dann mit einem geschwollenen Knie und jeder Menge blauen Flecken wieder aufgesammelt.

Das Zimmer für die Frauen im Bürogebäude haben Azade und Minu nun für sich allein. Eigentlich ziemlich geräumig für zwei. Unser Architekt hat sogar eine Nische geplant. Dort haben sie sich ein Holzregal gebaut und davor eine Gardine mit Blumenmuster gehängt. In der Nische bewahren sie ihre ganze Habe auf: Bücher, Zahnbürste, Kämme, Shampoo und sogar einen kleinen Spiegel. Wie gerne verweile ich vor dieser Nische, wenn ich dort zu Besuch bin. Nach tausend Jahren endlich wieder ein wenig Häuslichkeit.

Die Bauarbeiten im Lager beschäftigen uns bis zum Ende des Sommers. Die Tage sind lang und anstrengend und gefolgt von noch längeren Nächten des Wachestehens. Aber unser Essen hat sich hier in Gapilon verbessert! Aus der kleinen Stadt Karize können wir ab und zu Eier besorgen. Fleisch bleibt noch immer ein Luxus, den wir höchstens alle sechs Monate genießen können. Im Vergleich zu allen anderen Arbeiten, sogar den Bauarbeiten, empfinde ich das Kochen noch immer als die lästigste Aufgabe. Und äußerst selten bekomme ich für das, was ich zubereite, ein Lob.

An einem der Tage, an dem ich wieder einmal Küchendienst habe, bekommen wir Hühner aus dem Dorf. Fünf Stück fettes Federvieh. Saber hackt ihnen die Köpfe ab und schmeißt mir die blutigen Tiere vor die Füße. Die kopflosen Wesen hüpfen und flattern immer noch. »Viel Spaß beim Rupfen!« Er lächelt dabei, wie immer. Herr im Himmel, denke ich, wie soll ich das denn hinkriegen? Ausgerechnet heute müssen wir Hähnchen essen! »Die Federn kriegst du nur ab, wenn du die Hühner eine Weile in sehr heißes Wasser legst.« Der Tipp kommt von Azade, die auch schon mal einen Pechtag beim Kochen erwischt hatte. Gegen drei Uhr nachmittags sind die Hühner gar. Viele haben mir während ihrer Arbeitszeit geholfen. »Nicht, dass du das schöne Hühnerfleisch versaust«, scherzt Ali, der die fünf Hühner günstig erstanden hat. »Wir bekommen schließlich nicht alle Tage so was Gutes.«

Als ich zum Essen rufe, sitzen schon längst alle im Esszimmer. Zuerst trage ich den riesigen Topf, in den ich fast selber hineinpasse, mit Reis auf. Dann beeile ich mich, den Topf mit den fünf Hühnern aus der Küche zu holen. Der Weg von der Küche zum Esszimmer ist wegen der Bauarbeiten aufgeweicht, nass und glitschig. Kurz vor dem Esszimmer bleibt einer der Schuhe im Matsch stecken, und mit dem Topf in beiden Händen versuche ich, auf nur einem Bein stehend, mit dem anderen den verdammten Schuh wieder zu erreichen. Als ich ihn fast wieder am Fuß habe, gerate ich aus dem Gleichgewicht und falle mitsamt dem Topf in den Schlamm. Oh Gott! Sie bringen mich um! Diesmal ist es mein Ende. Ich erhebe mich aus dem Dreck. Einen Moment stehe ich regungslos da und starre auf das Bild, das sich mir bietet: fünf nackte Hühner mit weit auseinander gebreiteten Schenkeln auf dem matschigen Boden. Aus dem Esszimmer tönen die ersten lauten Proteste: »Wo sind die Hühner? Wir sind am Verhungern.« Für einen Moment lang dreht sich alles. Wohin kann ich nur flüchten? Nirgendwohin! Sammel bloß schnell deine Hühner wieder ein! Ich renne damit zur Küche zurück, hole einen Kessel Wasser vom Brunnen, wische die Hühner in zwei Sekunden ab, stecke sie wieder in den Topf hinein und gieße das Wasser darüber. Die Holzkohle glüht noch kräftig. Während sich der Inhalt erwärmt, löse ich eine Dose Tomatenmark im Wasser, gebe ordentlich Salz darauf und entferne den gröbsten Dreck von meinen Sachen. »Was machst du denn da? Schönheitssalon? Ich denke, die Hühner sind längst fertig. Alle jammern, nun mach schon!«, sagt Hamed, der schon eine Weile hinter mir steht und mich beobachtet. »Würdest du den Topf bitte mitnehmen? Ich habe noch eine Kleinigkeit zu erledigen«, bitte ich ihn und schaue ihm nach, bis er heil mit dem Topf im Gebäude verschwunden ist. Dann atme ich tief durch. Eine Weile bleibe ich noch in der Küche, um sicherzugehen, dass sie kein Kopfgeld auf mich aussetzen. Dann gehe ich langsam hinüber ins Esszimmer. »Wo warst du denn so lange? Willst du selbst nichts essen? Ich habe ein Stück Hühnerfleisch für dich zurückgehalten«, empfängt mich Hamed. »Ach, irgendwie bin ich vom Kochen schon satt. Ich nehme nur ein bisschen von dem Reis«, murmele ich zurückhaltend. »Wie denn, du willst gar nichts von dem

Fleisch?«, fragt er erstaunt. »Hühner mag ich sowieso nicht so sehr«, antworte ich und beobachte, wie sich die anderen mit großem Appetit auf meinen Anteil stürzen. Nur Ebi rührt sich nicht und mustert mich mit einem Blick, der besagt: »Was hast du schon wieder angerichtet?« Am Abend erzähle ich ihm von meinem Missgeschick. Er ist entsetzt: »Eigentlich sollte man für das, was du uns mit dem Essen antust, eine Strafe einführen.« Wenn einer beim Wachdienst einschläft, dann darf er eine Zeit lang keine Wache mehr schieben. Unter uns ist das eine große Demütigung und für jeden Strafe genug. »Könnte man so eine Regelung nicht auch beim Kochen einführen?«, frage ich hoffnungsvoll.

Ab und zu kommt immer wieder Bewegung in die Gruppe. Anhänger der Organisation aus dem Ausland wollen helfen und uns unterstützen und kommen nach Gelaleh und Gapilon.

Kürzlich ist eine Frau aus Frankreich bei uns eingetroffen. Salimeh. Sie hatte in Paris als Krankenschwester gearbeitet und sich als Sympathisantin der Organisation freiwillig für eine Weile nach Kurdistan schicken lassen. Warum sie ausgerechnet nach Kurdistan wollte, wird mir immer ein Rätsel bleiben. Die Organisation jedenfalls erfüllte ihr diesen Wunsch und sie kam nach Gapilon. Salimeh ist eine verschlossene Frau und hat die Statur eines Mannes. Sie ist sehr kräftig und fast einen Kopf größer als alle anderen Frauen hier. Es ist nicht einfach, herauszubekommen, was sie fühlt oder denkt. Nur eines zeigt sie ganz offen, dass sie weiß, wem sie zu dienen hat: Taher. Von Anfang an finden Taher und die Genossin Salimeh einen guten Ton miteinander, und Salimeh mausert sich sehr schnell zu einer der wichtigsten Personen in Tahers Kreis. »Genossin Salimeh ist eine der revolutionärsten, tapfersten, klügsten, fähigsten und geschicktesten Frauen, der ich in unserer Organisation je begegnet bin«, lobt Taher die neue Genossin.

Pooran und Bahman sind bereits Anfang April zu uns gestoßen. Das Ehepaar ist aus New York angereist, um uns beim Aufbau der Technik unseres Senders zu helfen. Als Pooran mich gleich nach ihrer Ankunft nach dem Weg zur Toilette fragte, zeigte ich ihr das Häuschen unten am Rand des Feldes und setzte mich unter den Maulbeerbaum, um zu beobachten, wie sie wieder rauskam. Ihr Gesicht sah köstlich aus, so, als hätte sie aus ganzem Herzen in eine saftige Zitrone samt Schale gebissen.

»Worüber amüsierst du dich so?«, fragte Ebi, als er sah, wie ich Pooran beobachtete. »Ach nichts, ich dachte nur, dass sie vielleicht Hilfe benötigt.« Ich war drauf und dran, ihr anschließend von großen Taranteln und Schlangen zu erzählen, die sich liebend gern in Schlafsäcke verkriechen. »Wir brauchen dich im Nachrichtenbüro«, sagte Ebi ernst und rettete so die arme Frau. Ich sparte mir die Erzählung für den Abend auf und erzählte sie ihr am Lagerfeuer als nette Gutenachtgeschichte. Irgendwann saß sie nur noch ängstlich zusammengekauert am Feuer und erschrak vor jedem Schatten, der sich bewegte. Bald wurden wir allerdings gute Freundinnen, und ich bekam ein schlechtes Gewissen, immer wenn ich an meinen fiesen Genuss dachte.

Pooran war die einzige Frau im Camp, mit der ich mich gut unterhalten konnte. Leider sind sie und ihr Mann nur ein paar Monate bei uns geblieben. Nachdem sie uns erklärt hatten, wie die Geräte funktionierten, und sicher waren, dass wir auch alles im Griff hatten, verließen sie Kurdistan Hals über Kopf. Der Eindruck, den sie von der Organisation bekommen hatten, hatte wohl all ihre Erwartungen übertroffen …

Die Technik steht, jetzt brauchen wir nur noch Sprecher. Jeder von uns liefert eine Sprechprobe auf Kassette. Unsere Führer hören sich alles an. Einstimmig wird Mehrdad wegen seiner sonoren Stimme zum Sprecher ernannt. Die richtige »Spreche« muss ich ihm allerdings erst mühsam beibringen, vor allem die Betonung, sodass man den Sinn dessen, was er vorzulesen hat, überhaupt versteht. Auch den südpersischen Akzent muss er ablegen. Bei der Wahl der Sprecherinnen gibt es dagegen keine einhellige Meinung. Schließlich befindet Taher, dass Salimeh die beste Stimme hat. Und sie ist wirklich gut, auch wenn keine von uns das zugeben will.

Wir werden jeden Abend ab halb acht eine Dreiviertelstunde senden. Das Programm beginnt mit den Nachrichten aus dem Iran und der Welt. Dann folgen Kommentare und ein kritischer Blick in die oppositionellen Zeitungen. Dann verlesen wir auch noch Artikel aus unseren eigenen Zeitungen »Kar« und »Rigay Gal«. Dazu gibt es persische Musik und ein paar Kulturberichte, hauptsächlich Buchbesprechungen.

Wir bilden ein Nachrichtenteam, das den ganzen Tag Radio hört und die Nachrichten von oppositionellen, ausländischen und Regierungssendern aufnimmt, niederschreibt und komplett an die Redaktion weitergibt. »Wir machen hier nur die Eselsarbeit für euch«, beschwert sich Azade, die Chefin des Nachrichtenteams, nach einer Woche, weil sie keinerlei redaktionelle Aufgaben übernehmen darf. »Da hat sie allerdings Recht. Wir sollten ihnen zumindest zutrauen, dass sie in der Lage sind, die wichtigen Nachrichten selber auszuwählen«, meint Ebi zu Taher, die im täglichen Wechsel »CvD« – »Chef vom Dienst« – und für das gesamte Programm verantwortlich sind. Die beiden eingeschlossen besteht die Redaktion aus fünf Leuten: Ich schreibe Kommentare, Salimeh ist nicht nur Sprecherin, sondern verfasst auch revolutionäre Traktate für die Arbeiterklasse. Sogar Doktor Sepehr, der den Dorfbewohnern zwar nur ungern die Hand gibt, schreibt als Redaktionsmitglied mittlerweile begeistert für das Proletariat.

»Hier ist die Stimme der ›Fedayi‹, die Stimme aller, die für Freiheit, Demokratie und gegen die islamische Regierung Irans kämpfen.« Als die erste Ansage am 1. Juni 1984 über die Lautsprecher unserer Siedlung ertönt, ist das der Moment reinsten Glücks für uns. Jetzt beginnt wieder ein neues Leben. Wir haben wieder eine Aufgabe.

Am Ende jeder Sendung geben wir immer eine Höreradresse an, ein Postfach in Deutschland. Tatsächlich erreichen uns sechs Wochen nach der ersten Ausstrahlung etwa fünfzig Briefe mit Ermutigungen von Hörern aus dem Iran. Damit haben wir nicht gerechnet.

Durch das Radio können wir endlich auch wieder regelmäßig Kontakt zu unseren Mitgliedern im Iran aufnehmen: »Dies ist eine Nachricht für Genossen XYZ: 12 24 84 32 75 84 24 37 25 37 47 48 49 85 95 84 50 … Punkt. Absatz 12 59 84 26 11 23 15 …« Das hieß dann: »Morgen Verabredung mit Kontaktperson um 18 Uhr. Vorsicht mit den …« Zweistellige Codes sind akustisch aus dem Rauschen unseres Kurzwellensenders am leichtesten herauszuhören. Ich bin immer schrecklich stolz, wenn ich auch einmal so eine Meldung verlesen darf.

Die Arbeit für den Sender nimmt fast unsere gesamte Zeit in Anspruch. Oft sind wir übermüdet, können keinen Schlaf finden und sind nicht selten bis zum letzten Nerv gereizt, wenn eine Meldung kurz vor der Sendung noch nicht fertig ist. Immer wieder kommt es vor, dass wir, während die Sendung schon läuft, noch auf Hochtouren an den fehlenden Berichten schreiben. Die Leute aus dem Aufnahmestudio gehen dann nervös hinter der Tür auf und ab: »Wie lange braucht ihr denn noch, in vier Minuten soll das Zeug gesendet werden.« In solchen Fällen geraten alle ins Schwitzen: wir beim Schreiben, die Sprecher beim Reden und das Technikerteam beim Senden.

Trotz des permanenten Schlafmangels, des wenigen Essens und der noch immer andauernden körperlich harten Bauarbeiten, wird selten jemand krank. Wir haben wieder einen Grund, weiterzuleben und hart zu arbeiten.

Später, zu Beginn meines Aufenthaltes in Deutschland, wenn ich ausgiebig Zeit zum Schlafen habe, mich bewusst ernähre, viel Sport treibe und mich trotzdem leer und ohne jede Lebenskraft herumschleppe, werde ich verstehen, dass ich etwas Wichtiges verloren habe: ein Ziel, das mich ausfüllt und den Willen, es zu erreichen.

Roter Schnee

Die beiden Hunde fletschen die Zähne, und ihre Reißer blitzen aus den zitternden Mäulern. Mit gesträubtem Nackenhaar und fürchterlichem Knurren drohen sie, sich jeden Moment ineinander zu verbeißen. Ich habe keinen Mut, näher zu gehen, und schreie nur: »Mishka, hey Mishka, lass das! Aus! Komm hierher!« Alle Hunde, die mir das Schicksal im Leben beschert, nenne ich Mishka. Jetzt greift sie den schwarzen Hirtenhund an, der zu der Schafherde um uns herum gehört. Die Hirtin ist ein kleines, zierliches Mädchen, kaum einsdreißig groß und sicher nicht älter als zwölf Jahre. Das Lämmchen, das sie auf dem Arm trägt, legt sie ruhig zu Boden, dann stürzt sie sich zwischen die beiden wild gewordenen Hunde. Sie packt kraftvoll in das schwarze Fell ihres Hundes und reißt ihn zurück. Außer Atem sieht sie mich mit ihren schönen, großen Augen an und lächelt dann. »*Mandu nabi*«, wünsche ich ihr, was so viel heißt wie »Mahlzeit«. Das Mädchen ist mit etwa zwanzig Schafen und ein paar Lämmern unterwegs nach Gapilon. In ihrem bunten faltigen Kleid sieht sie wirklich niedlich aus. Wie kann so ein kleines Wesen von morgens bis abends allein in diesem Gebirge umherwandern? Was, wenn sie von Wölfen angegriffen wird? Ihr Hund kann sie dann bestimmt nicht retten! Die Kleine nimmt das Lämmchen wieder zärtlich auf den Arm, um es mir zu zeigen: »Es ist unterwegs geboren. Ich muss es bis nach Hause tragen, weil es den weiten Weg noch nicht laufen kann.« Wieder schenkt sie mir ihr süßes Lächeln, treibt ihre Schafe zusammen und winkt mir zu, bevor sie mit der Herde weiterzieht. Ich halte Mishka an ihrem Nackenfell fest und bleibe stehen, bis sich die Kleine mit ihrer Herde etwas entfernt hat, damit meine Hündin nicht noch einmal auf den Hirtenhund losgeht. Alle paar Meter dreht sich das Mädchen um und winkt mir lachend zu.

Mishka habe ich vor ein paar Monaten an einem kühlen Nachmittag auf einem meiner Frühlingsspaziergänge gefunden. Sie kauerte unter einem Felsvorsprung und winselte herzzerreißend wie ein weinendes Kind. Als ich näher kam, zuckte sie zusammen und drückte sich noch tiefer in den Spalt. »Ach, du armes Tier, was machst du denn hier allein?«, redete ich leise auf sie ein. Ich holte das Stück Brot, das ich für unterwegs mitgenommen hatte, aus meiner Tasche und hielt es vor ihre kleine Nase. Sie schnupperte gierig daran, hörte langsam auf zu winseln und kam vom Hunger getrieben aus ihrem Versteck gekrochen. »Wo ist denn deine Mutter abgeblieben?«, unterhielt ich mich weiter mit ihr, während sie das Brot verschlang. Ich beschloss, sie mitzunehmen, obwohl ich wusste, dass ich damit in unserer Siedlung keine Begeisterungsstürme auslösen würde. »Wie eine bourgeoise Frau mit ihrem bourgeoisen Köter!«, war dann auch eine der ersten Bemerkungen, mit der wir beide auf einen gemeinsamen Nenner gebracht wurden. »Da kannst du stolz drauf sein, meine Kleine.« Ich streichelte meine neue Freundin. »Du bist bestimmt die erste Hündin dieser Gegend, die mit einem solchen Adjektiv gekrönt wurde.«

Meinen Genossen war es in der letzten Zeit schwer

gefallen, in den Kritiksitzungen mich anzugreifen. Nun hatten sie wenigstens wieder ein Thema. Unter den tadelnden Blicken aller Anwesenden ging ich mit dem Hündchen durch die Siedlung direkt auf unseren Zeltbau zu. Ebi war so sehr in seine Arbeit vertieft, dass er gar nicht mitbekam, wen ich bei mir hatte. Mishka setzte sich vor den Schreibtisch, den Ebi aus selbst gesägten Brettern zusammengezimmert hatte, ein niedriger Tisch in der Art eines japanischen Teetisches. Mishka machte keinen Mucks, benahm sich wie ein braves Mädchen, das bei der Tante zum Tee-Besuch ist. »Nein, was ist das denn? Ist der aber niedlich. Wo hast du den denn her?«, rief Ebi, als er endlich einmal aufblickte. »Es ist eine Sie. Wir haben uns unterwegs gefunden. Sieh mal die Ohren! Wie flauschig und geknickt sie sind. Jetzt hängen sie noch, aber in ein paar Wochen werden sie stehen wie bei einem Schäferhund, wie bei meiner Mishka in Teheran, da bin ich mir sicher.« Meine neue Mishka hatte aber, im Gegensatz zu der Schäferhündin, weißes Fell mit großen, goldenen Flecken. Sehr schnell entwickelte sie sich zu einem prächtigen, großen Hund. In Mishkas Begleitung fühlte ich mich sicher und dehnte meine Spaziergänge aus.

»Sie behandeln diesen Hund wie ein kleines Kind, Genossin Zara. Meinen Sie nicht, dass er ihre eigentliche Sehnsucht nach einem Kind ersetzt?«, bemerkte Doktor Sepehr einmal zum Thema »Hund«. Dass er mir unterstellte, Sehnsucht nach einem Kind zu haben, machte mich wütend. »Auch wenn Psychologie eines ihrer Spezialgebiete ist, Doktor Sepehr, das einzige Bedürfnis, das ich nie hatte und auch nicht haben werde, ist, Mutter zu sein«, wehrte ich mich empört.

Ich sehe die kleine Hirtin noch ein letztes Mal, bevor sie mit den Schafen hinter einer Kurve verschwindet und nur eine Wolke aus Staub zurücklässt. Ich glaube, sie hat sich noch einmal zu mir umgedreht und mir zugewinkt. Ich winke zurück, dem Mädchen und der Wolke aus Staub. Ich frage mich, wie lange sie wohl noch mit ihrer Familie in Gapilon leben darf.

Unten im Tal fährt ein weißer Landrover der »Jekati«, der »Nationalen Union Irakisches Kurdistan«. Er ist wahrscheinlich auf dem Weg nach Karize. Eine der vielen verwahrlosten Städte, deren schachtelartige Betonbauten die Bewohner aus den zerstörten Dörfern an der Grenze zum Iran regelrecht verschluckt haben.

Irak 1984. *Seit ein paar Monaten führen die kurdischen Widerstandsgruppen Verhandlungsgespräche mit Saddam Hussein. Nachdem das Hussein-Regime an mehreren Fronten gegen den Iran große Verluste erlitten hat, versucht man offenbar mit den kurdischen Gegnern einen Kompromiss zu finden, um zumindest die drohende Gefahr einer kurdischen Front fürs Erste abzuwenden. Die Gespräche zwischen dem Außenminister Iraks, Tarik Asis, und den beiden Führern der zwei mächtigsten kurdischen Gruppen Iraks, Jalal Talebani und Masoud Barezani, sind bislang ergebnislos geblieben. Barezani, dessen Einflussgebiet im Norden liegt, setzt große Hoffnungen auf diese Verhandlungen und ist bereit, beinahe jede Bedingung des Regimes zu akzeptieren, um eine Autonomie der irakischen Kurden zu erlangen. Talebani, der Führer der »Jekati«, gibt sich skeptisch und behauptet, dass Saddam Hussein nur Zeit schinden will. Man befürchtet, dass Saddam Hussein sich alles Zugestandene gewaltsam wieder zurückholen werde, sobald er wieder erstarkt sei.*

Die heftigsten Diskussionen haben sich um die Anerken-

nung der Autonomie der wichtigsten kurdischen Städte im Norden des Irak entfacht: Arbil, Mosul, Suleimanija und vor allem Kirkuk. Besonders Letztere will die irakische Regierung nicht als eine kurdische Stadt anerkennen, denn in diesem Gebiet liegt ein erheblicher Teil der irakischen Ölressourcen. Schon seit geraumer Zeit wird versucht, diese Stadt zu arabisieren. Seit vielen Jahren werden die kurdischen Bewohner Kirkuks vertrieben, während das arabische Volk eingeladen wird, sich dort anzusiedeln. Auf diese Weise liegt mittlerweile etwa die Hälfte der Stadt unter arabischem Einfluss und hat zwei Gesichter. Neben den fröhlich bunten, kurdischen Kleidern prägen nun auch die Araberinnen, meist gläubige Schiitinnen, mit ihren langen schwarzen Schleiern das Bild der Straßen.

Mishka und ich nähern uns der Siedlung. Die Sonne geht langsam unter und die erste Wache beginnt. Als wir ankommen, gehe ich gleich zu unserem Hauptgebäude, um nachzuschauen, wann ich an der Reihe bin. Ich fluche innerlich. Heute bin ich um drei Uhr dran. Und noch viel schlimmer ist, dass Mehrdad nach mir eingeteilt ist. Der Pechvogel vor ihm, heute Nacht also ich, muss immer damit rechnen, etwa eine halbe Stunde länger Wache zu schieben. Wer Mehrdads Namen auf der Liste hinter sich sieht, weiß, was ihm blüht. Mehrdad zu wecken ist eine Katastrophe. Mindestens eine Viertelstunde muss man für den Versuch, ihn wachzurütteln, einrechnen. Selbst dann, wenn er endlich in seinem Schlafsack sitzt und murmelt: »Ist ja gut, ich komme gleich«, heißt das nicht viel. Dann kehrt man auf seinen Wachposten zurück und wartet hoffnungsvoll eine Weile. Wo bleibt er bloß? Aber Mehrdad ist schon längst wieder schnarchend ins Land der Träume heimgekehrt.

Vor der Tür läuft mir Naghi über den Weg, einer der Lieblinge Tahers, der mich auf eine unheimliche Art mustert. »Was hast du denn, ist was passiert?«, frage ich ihn erstaunt. »Sie, deine Hündin«, er deutet auf Mishka, »sie lockt alle männlichen Hunde in unsere Siedlung. Das ist eine Schande für uns.« Du lieber Gott, was ist ihm denn über die Leber gelaufen? Das kann doch wohl nicht sein Ernst sein? An seinem hochroten Gesicht merke ich aber sofort, dass er nicht scherzt. Unentschieden, ob ich nun lachen oder weinen soll, mache ich mich ohne Kommentar davon, bevor ich möglicherweise in eine heftige Diskussion über freien Sex in der Hundegesellschaft gerate. Naghi macht immer ein Gesicht, als habe er etwas schrecklich Bitteres im Mund. Sein stechender Blick und sein schwarzer Dreitagebart erinnern mich immer wieder an einen Hisbollahkämpfer.

»Ich weiß, Ebi, du musst deinen Kommentar fertig schreiben, aber ich brauche dringend deinen Rat. Weißt du vielleicht, wie man diesem Hund Manieren beibringt?« Ebi sieht mich völlig verdutzt an und versteht nicht, was ich eigentlich meine. Ich erzähle ihm von meiner Begegnung mit Naghi. Ebi legt wortlos den Stift beiseite, steht auf und geht aus dem Zelt. »Was hast du vor?«, will ich wissen. »Ich werde ihn aufsuchen und ihn fragen, was dieser Unsinn soll«, sagt er ärgerlich. »Verschwende nicht deine Zeit, Ebi. Diesen Giftzwerg kannst du mit keinem Vortrag erziehen.« »Mein Vortrag ist nur kurz«, murmelt er, »ich will ihm gern sagen, dass sich nicht einmal die Hisbollah über solche Sachen Gedanken machen würde.« Naghi ist allerdings längst in den Bunker der Sendestation verschwunden, um den Umgang mit den Geräten zu üben. Genosse Taher hatte die Techniker darum gebeten, Naghi anzulernen. Und so lässt Ebi sein Vorhaben fallen.

Auf einem Hügel am rechten Berghang unserer Siedlung haben wir ein Häuschen für die Wache gebaut. In kalten Winternächten werden wir uns dort aufhalten können, um uns ein wenig vor der Kälte zu schützen. Noch ist der Winter allerdings weit weg, es ist richtig warm und das Häuschen wird anderweitig genutzt. Seit einigen Wochen hat sich ein Kämpfer der *Peshmerge* dort eingenistet. Ein kumpelhaft-grober Kerl, der mich mit seinen großen Augen und seinen wulstigen Lippen immer an ein Kamel erinnert.

Er heißt Kazem. Ich habe bislang nicht begriffen, was er hier eigentlich zu suchen hat. Er ist der Einzige von uns, der keine Aufgabe hat und ganze Tage lang nur rumlungert. Es heißt, Taher wolle ihn als einen Vertreter der Organisation nach Baluchestan, einen Landesteil im Südosten Irans, schicken, direkt an der Grenze zu Pakistan. »Sag mal, Ebi, wer ist eigentlich dieser Kazem da oben im Wachhäuschen? Das ist nicht zufällig der Typ, der eine Hisbollahgeisel dazu gezwungen hat, den eigenen Kot zu essen?« »Woher weißt du denn das schon wieder? Es ist lange her und er wurde dafür bestraft«, entgegnet er kurz. »Er wurde bestraft? Dass ich nicht lache! Was soll das für eine Strafe sein, wenn er bald als Vertreter der Organisation nach Baluchestan geschickt wird? Wieso hat man ihn nicht längst rausgeschmissen?« Ich kann es nicht fassen! »Oder halten wir seine Gräueltaten etwa für eine revolutionäre Leistung?« »Sieht fast so aus. Wenn es anders wäre, Zara, hätten wir kaum solche Probleme mit dieser Führung«, sagt Ebi ernst. »Diese und viele andere Fragen werden wir beim nächsten Kongress stellen.« Ebi widmet sich wieder dem Papier auf seinem kleinen Schreibtisch. Er hat für jeden von uns einen solchen kleinen Holztisch gebaut. Jetzt kann jeder bequem schreiben, jedenfalls bequemer als ohne. Ich lasse Ebi in Ruhe seine kritischen Kommentare verfassen, die er ausgerechnet von Salimeh im Radio vorlesen lässt. Ein dezenter Versuch, sich von Taher abzugrenzen, was diesen wiederum regelmäßig auf die Palme bringt.

Ich versuche also nicht, länger mit ihm zu diskutieren. Irgendwie habe ich aber das Gefühl, dass es einen Kongress, bei dem sich die Führung rechtfertigen muss, nicht geben wird.

Ich setze mich nach draußen in den schmalen Schatten des Strauches neben unserem Zelt, denn drinnen ist es heiß wie in einer Sauna, sodass einem fast die Luft wegbleibt. Ich weiß nicht, wie Ebi es hinbekommt, unter solchen Umständen konzentriert zu arbeiten. Er ist so in seine Arbeit vertieft, dass er nichts anderes mehr wahrnimmt. Stickige Luft, Hitze oder Müdigkeit scheinen Fremdwörter für ihn zu sein. »Was macht Taher eigentlich in Kirkuk?«, will ich von meinem schattigen Plätzchen aus wissen. Vor drei Tagen ist Taher nach Kirkuk aufgebrochen und Ebi muss deshalb nun auch seine Arbeit mit erledigen. »Er ist zur Sitzung des Zentralkomitees gefahren«, antwortet Ebi aus dem Zelt. »Und warum bist du nicht mitgefahren?« »Tja, ich bin da nicht drin.« »Wie, du bist doch ebenso Führer wie Taher, wieso bist du dann nicht im Zentralkomitee?« Von Ebi kommt keine Antwort. Ich bin völlig perplex. »Wer ist denn dann überhaupt im Zentralkomitee?« »Zara, wenn du Fragen hast, komm bitte rein und schrei nicht immer von dort draußen. Außerdem will ich gern weiterarbeiten.« Ich gehe wieder rein und baue mich vor seinem Schreibtisch auf. Ebi, der weiß, dass er mich nicht loswird, ehe ich die Antworten auf meine Fragen bekommen habe, setzt mir kurz und knapp Folgendes auseinander:

Die »Minderheit« hat längst fast alle wichtigen Leute in den Führungspositionen verloren. Vier der elf ehemaligen Mitglieder des Zentralkomitees wurden von der islamischen Regierung umgebracht, sechs weitere haben sich im Laufe der Zeit von dem zunehmend starren Dogmatismus der »Minderheit« losgesagt und sitzen nun in Europa. So einfach ist dieser Teil der »Fedayi« mit Tausenden von Anhängern im Iran, in Europa und Amerika unter die Kontrolle eines einzelnen Mannes geraten! Nachdem Taher als Einziger an der Spitze der Organisation übrig geblieben ist, hat er zwei seiner ergebensten Vertrauten zu Mitgliedern des Zentralkomitees gekrönt: eine Frau, die noch in Teheran im Untergrund lebt, und einen Mann namens Parviz, der in Paris sitzt und dort die Prügelpolitik der »Minderheit« fortführt.

»Ich verstehe immer noch nicht, warum du nach dem Zusammenschluss der ›Minderheit‹ mit der ›linken Front der Mehrheit‹ nicht auch im Zentralkomitee sitzt«, sage ich ungeduldig zu Ebi, der versucht mich zu beschwichtigen: »Seitdem wir uns zusammengetan haben, ist ein Kongress anberaumt, der eine neue Führung wählen soll. Aber das ist bis heute nicht passiert. Ich glaube, die Situation ist nur vorübergehend. Spätestens nach dem Kongress hat diese Führung keine Chance mehr, sich durchzusetzen und weiterhin im Alleingang zu entscheiden.« »Aber genau deswegen glaube ich nicht, dass sie es überhaupt zu einem weiteren Kongress kommen lassen. Du kannst mir nicht erzählen, dass es hier nur um die politische Macht geht. Die Organisation verfügt doch bestimmt über große finanzielle Möglichkeiten. Wo bleibt denn das ganze Geld, das die vielen Anhänger aus dem Ausland regelmäßig spenden? Keiner weiß, was damit gemacht wird. Letztlich kann doch keiner von uns diese Führung kontrollieren. Und du glaubst, dass du sie einfach in einem Kongress, den sie selbst veranstaltet, entmachten kannst?« Ich bin inzwischen richtig aufgebracht. Ebi ist doch manchmal wirklich ein hoffnungsloser Optimist, denke ich. Die Tatsache, dass wir von einem paranoiden Typen wie Taher beherrscht werden, bestürzt mich dermaßen, dass ich mich kaum noch auf meine Arbeit konzentrieren kann. Langsam verstehe ich, warum Taher, wie alle Diktatoren, so panische Angst vor der geringsten Kritik hat und warum er sich nur noch mit Hofschranzen umgibt. Mir wird ganz elend zumute. Ich muss mich hinlegen. Ich strecke mich auf dem Zeltboden aus und falle in wenigen Sekunden in den Schlaf.

»Hey, aufstehen, Zara, was ist mit dir los? Jetzt ist nicht die Zeit zum Schlafen, Zara. Du musst deinen Artikel zu Ende schreiben. In einer Stunde muss ich ins Aufnahmestudio.« Ebi versucht, mich wachzurütteln. »Bitte mach kein Theater, Zara!« »Ich kann nicht aufstehen. Lass mich in Ruhe!« Mein Körper reagiert immer mit tiefer Erschöpfung, wenn ich mich in einer scheinbar aussichtslosen Situation befinde.

Etwa eine halbe Stunde später erwache ich erneut. Es ist ein böses Erwachen. Wieder und wieder hämmert mir die Frage im Kopf, warum ich die Wahrheit bisher nicht wusste oder, besser gesagt, nicht wissen wollte. Wie leichtsinnig, wie verschwenderisch bin ich nur mit mir selbst umgegangen! Plötzlich wird es mir vollkommen gleichgültig, was ich für das Radio zu schreiben habe oder ob ich überhaupt noch etwas schreibe. »Ich habe keine Lust mehr, diesen Blödsinn zu verfassen. Was soll es denn schon bewirken? Selbst wenn Tausende im Iran unsere Sendung hören. Diese Organisation ist im wahrsten Sinne zu einer Sekte verkommen. Eine hoffnungslose, armselige Sekte. Wenn wir es nicht schaffen, tatsächlich einen Kongress zu erzwingen, dann haben wir hier unsere Zeit verschwendet. Was sage ich, Zeit, wir haben unser

Leben verschwendet.« Ebi sieht mich ratlos an. Ich denke, insgeheim befürchtet er, dass ich Recht habe, aber er hält an dem Glauben fest, dass diese Organisation noch zu retten ist. »Es wird einen Kongress geben«, sagt er bestimmt. »Und ich bin mir sicher, dass Taher und seine Leute dort keine Chance haben werden. Und bis dahin werden wir schön hier weitermachen, Zara.«

Weit weg, auf der Straße unten im Tal, bewegt sich die Staubwolke eines Autos dem Berg entgegen. Als sie näher kommt, erkenne ich darin einen weißen Landrover, wie er hier nur von den mächtigen kurdischen Gruppen gefahren wird. »Wir könnten doch ohne weiteres auch ein Auto haben, um nicht immer mit irgendeinem Laster durch die Gegend fahren zu müssen, oder?«, frage ich Ebi, als wir mit Mishka einen Spaziergang machen. »Und warum eigentlich können viel kleinere Widerstandsgruppen so viel komfortabler leben als wir, wenn wir tatsächlich so viele Sympathisanten und Spender im Iran und in Europa haben?« »Zara, kannst du bitte aufhören, ständig alles zu hinterfragen und zu kritisieren?« Doch Ebi weiß, dass auch diese Frage durchaus ihre Berechtigung hat. Zu unserem Erstaunen biegt der Landrover direkt in Richtung unseres Camps ab. »Ich glaube, es wird nichts mit unserem Spaziergang, Zara. Wir bekommen Besuch.« Der Landrover passiert gerade unseren Wachposten. Merkwürdig, denke ich, warum hat ihn die Wache einfach so durchfahren lassen? Selbst wenn es sich um eine uns bekannte Person handelt, sind wir verpflichtet, sie anzuhalten und bei der Führung Bescheid zu geben. Ebi und ich sind gespannt, was jetzt passiert. Das Auto fährt ungehindert weiter nach oben und bremst direkt vor unserem Hauptgebäude. Als sich die Beifahrertür öffnet, staunen wir nicht schlecht: Es ist Genosse Taher! Selbstzufrieden setzt er ein breites Grinsen auf, als wolle er sagen: Bin ich nicht der Größte! Nach ihm steigt ein dicklicher Mann aus dem Wagen.

Taher stolziert auf ein paar Leute zu, die sich neugierig genähert haben und präsentiert mit einer majestätischen Handbewegung: »Unser Auto!« »Hättest du gedacht, dass dein Wunsch so schnell realisiert wird?«, bemerkt Ebi schmunzelnd. »Und wer ist der daneben?«, frage ich Ebi. Bevor er mir antworten kann, beugt sich Ali zu mir und flüstert ehrfurchtsvoll: »Oh, Genosse Parviz ist da.« Sofort fängt er an, notdürftig seine Klamotten mit den Händen glatt zu streichen und in Ordnung zu bringen, bevor er ihn begrüßt. Kein Wunder, dass Ali, Naghi, Salimeh und Kazem wie in einem Wettrennen versuchen, den wichtigen Führer des Zentralkomitees als Erster willkommen heißen zu dürfen. Genosse Parviz schüttelt den Begeisterten kurz die Hände und kommt dann direkt auf uns zu. Zuerst schüttelt er meine Hand kräftig. »Sie sind bestimmt Genossin Zara, Ebrahims Frau. He, he.« Was lacht er denn so komisch? »Genosse Taher hat mir unterwegs viel von Ihnen erzählt.« Ach was! Wer sonst, wenn nicht Genosse Taher, könnte so viel von mir erzählen. Ich bin überrascht und von dieser freundlichen Begrüßung etwas verblüfft. Parviz lässt meine Hand endlich los und ergreift die von Ebi. Er zieht ihn an sich und umarmt ihn so innig, als ob Ebi der Einzige sei, der ihm noch gefehlt habe. »Genosse Ebrahim, wie schön, dich wiederzusehen«, verkündet Parviz laut und überschlägt sich fast vor Freude. Wie schön, denke ich, dass es immer wieder Menschen gibt, die einem so viel Leidenschaft entgegenbringen können, während sie einen am liebsten auf den Mond schießen würden. Sie umarmen dich und drücken dir dabei – links, rechts und wieder – links, rechts – ihre feuchten Küsse auf die Wangen. Ohne sie wäre das Leben wahrscheinlich ziemlich trocken. Dass Taher und Parviz Ebi nicht leiden können, weiß hier jeder, aber alle heucheln gut Wetter während dieser rührseligen Begrüßungsszene. Parviz wirkt mit seinen geschwollenen Augen und fleischigen Wangen eher wie ein Händler aus dem Bazar. Nur der obligatorische goldene Ring und die goldene Uhr fehlen ihm noch.

»Komm, Mishka, wir gehen spazieren.« Unterwegs frage ich mich, woher das Auto plötzlich kommt. Haben wir wirklich so viel Geld?

Eine von Tahers Eigenarten ist es, lustige Sachen so zu erzählen, dass niemand darüber lachen kann. Das Abendessen eröffnet Taher üblicherweise mit ein paar seiner flauen Witzeleien. Wenn er dann merkt, dass ihm keiner wirklich Beachtung schenkt, geht er zu den Neuigkeiten über, die Parviz aus Europa mitgebracht hat. Wie gewöhnlich, wenn er meint, er habe eine wichtige Ankündigung zu machen, blickt er mit großen Augen in die Runde, runzelt seine Stirn, streicht sich mit der rechten Hand über seinen Schnurrbart und lässt seine Linke durch die Luft sausen, als wolle er auf einen unsichtbaren Tisch schlagen: »Unsere Anhänger in Paris haben eine Rede von Saleh verhindert und die Versammlung seiner Zuhörer ordentlich aufgemischt.« Er lacht laut und ausgiebig. Saleh ist ein ehemaliges Mitglied des Zentralkomitees und hat vor drei Jahren die »Minderheit« verlassen, um sich den »Volks-Mujaheddin« anzuschließen. Wie stolz Taher darauf ist, einen alten Gefolgsmann derart zu demütigen! Er fährt mit seiner dröhnenden Erfolgspropaganda fort: »Und aus dem Iran können wir vermelden, dass wir Behrouz als einen Spion entlarvt haben, der im Dienste der islamischen Regierung Fallen für unsere Leute auslegt.« Das ist eine glatte Lüge! Behrouz war eines der ältesten Mitglieder der »Minderheit« und war wegen seiner Proteste gegen Tahers Politik kaltgestellt worden. »Genosse Taher, wenn du diese Nachrichten aus einer vertrauenswürdigen Quelle hast, dann solltest du sie offiziell der gesamten Organisation verkünden. Ansonsten solltest du auf diese Art lieber nicht das Ansehen derer beschmutzen, die nicht mit deiner Politik einverstanden sind«, sagt Hamed laut und vernehmlich. Behrouz war eng mit ihm befreundet gewesen und Hamed hatte sich über dessen Entlassung furchtbar aufgeregt. Taher schleudert Hamed feindselige Blicke zu. Die Luft knistert vor Spannung, als Ebi sich einmischt: »Wir haben da andere Informationen. Soweit wir wissen, gibt es keine Spur mehr von Behrouz, seit er in Teheran angekommen ist. Es ist möglich, dass er und seine Familie sich zurzeit in größter Gefahr befinden, und du erlaubst dir, solche Gerüchte über ihn zu verbreiten.« Plötzlich ist es mucksmäuschenstill im Saal, und Taher ist sichtlich blass geworden. Noch nie hat Ebi ihn in der Öffentlichkeit derart angegriffen. Verbissen verdrückt Taher die letzten Reste von seinem Teller und verlässt wortlos den Raum. Unsere Sendung ist seit ein paar Minuten zu Ende und aus dem Radio ertönt nur ein monotones Rauschen. Kaum einer achtet darauf, niemand hat sich heute wirklich fürs Programm interessiert.

Der Konflikt ist wieder aufgebrochen, viel früher als ich erwartet habe.

Die Fronten machen sich zum Kampf bereit.

Die Wahrheit ist, dass Behrouz in Teheran hingerichtet und seine Frau zu zwei Jahren Haft verurteilt worden ist. Diese Nachricht erreicht uns nur wenige Wochen nach diesem Abend durch Behrouz' Schwiegermutter. Völlig überraschend taucht sie mit Behrouz' beiden Söhnen, die gerade mal acht und zehn Jahre alt sind, im Lager von Gelaleh auf. Sie bittet die Organisation um Hilfe für ihre

Flucht nach Europa. Die arme Frau ahnt nicht, wer an Behrouz' Tod eine beträchtliche Mitschuld trägt. Es ist nämlich Taher gewesen, der den Missliebigen nach Teheran zurückgeschickt hatte, wohl wissend, dass er als bekanntes Gesicht eine leichte Beute für den iranischen Geheimdienst sein würde. Als Taher die Nachricht aus Gelaleh bekommt, dass die Schwiegermutter und die Kinder dort seien und sich gern mit ihm treffen wollen, schreit er aufgebracht: »Sie sollen gefälligst bleiben, wo sie sind. Wir haben zurzeit keine Möglichkeit, sie nach Europa zu schicken, und ich habe keine Zeit, sie zu empfangen.« Er gerät derartig in Panik, als wolle ihn Behrouz' Geist in Gestalt seiner beiden Söhne heimsuchen. Irgendwann würden sie wissen wollen, was wirklich mit ihrem Vater geschehen war.

Seit Parviz hier ist, lassen Taher und er sich kaum noch sehen. Die meiste Zeit hocken sie gemeinsam im Büro. Die Atmosphäre im Lager ist gespannt und jede kleine Diskussion droht zu eskalieren. Am dritten Tag fährt Parviz nach Bagdad zurück, um von dort nach Frankreich zu fliegen. Der Abschied verläuft diesmal ohne großartiges Zeremoniell. Wozu auch die Mühe? Parviz' ewige Sitzungen mit Taher tragen auch so ihre Früchte. Nur kurze Zeit später gibt Taher eine neue Satzung zum Abtippen an die Genossin Minu. Diese Satzung schreibt, in knappen Worten, ab sofort dem dreiköpfigen Zentralkomitee die absolute Macht über die Organisation und uneingeschränkte Handlungsfreiheit zu. Nach Belieben kann das Komitee entlassen oder befördern, bestrafen oder belohnen. Dafür bedarf es im Zentralkomitee nicht einmal der Übereinstimmung. Jedes einzelne Mitglied erhält die vollen Machtbefugnisse in seinem oder ihrem Territorium. Der Satzungsentwurf führt in Gelaleh zu großer

Aufregung: »Damit werden wir in keinem Kongress je zu einem Ergebnis kommen, sofern sie überhaupt noch eine Versammlung zulassen«, regt sich Farhad auf, als er mit dem zusammengerollten Papier in der Hand an Tahers Büro vorbei direkt in unser Zelt stapft.

Beim Mittagessen wird er von Taher betont beiläufig begrüßt: »Genosse Farhad, auch mal wieder da! Hast wohl mal wieder Sehnsucht nach uns gehabt, he, he, heh!«

Ebi, Farhad und Hamed ziehen sich daraufhin zwei Tage und Nächte in Hameds Zelt zurück, um zu besprechen, wie es weitergehen soll. Taher ist durch diese unerwartete Sitzung offenbar beunruhigt und schleicht immer wieder um das Zelt herum. »Na, Genossen, schmeckt euch der Tee?«, fragt er ins Zelt hinein und erntet nur stumme Blicke. Wie sehr es ihn plagt, dass er nicht weiß, was in Hameds Zelt vor sich geht! Auch seine Gefolgsleute können ihre feindseligen Blicke uns gegenüber kaum noch verbergen. Sogar Azade und ich ernten diese Blicke, weil wir den drei Abtrünnigen nahe stehen. Am Nachmittag des dritten Tages bricht Farhad nach Gelaleh auf, ohne dass jemand erfährt, was sie beschlossen haben. »Das wird Genosse Taher bald erfahren«, sagt Farhad beim Abschied mit einem schmalen Lächeln.

Das Ergebnis der mysteriösen Verschwörung ist eine Schrift, für die Farhad verantwortlich zeichnet: ein Pamphlet gegen den Satzungsentwurf des Zentralkomitees. Farhad übernimmt damit die Rolle des Angreifers, um Ebi, dem eigentlichen Drahtzieher, den Rücken freizuhalten. Und er übernimmt diese Rolle gern, denn er will Taher schon lange eins auswischen. Taher nimmt nämlich all jene, die in Gelaleh mit Farhads Führung nicht einverstanden sind, mit offenen Armen in Gapilon auf. Dabei gibt sich Taher nach außen entrüstet: »In einer politischen Organisation ist die Autorität der Verantwortlichen das A und O. Ich werde diese Leute zurückschicken. Genosse Farhad soll selbst bestimmen, welche Strafmaßnahmen er ergreift.« Tatsächlich dürfen die Leute aber in Gapilon bleiben und unter Aufsicht der Genossin Salimeh einen Kurs in »Materialismus-Dialektik« belegen. »Genossin Salimeh ist die Fähigste von unseren Frauen, um diese Männer zu Soldaten des Proletariats zu erziehen«, kommentiert Taher Salimehs neue Aufgabe. Das kann ich nur bestätigen.

Es entspinnt sich ein wutentbrannter Schlagabtausch auf dem Papier. Farhad schreibt, Taher reagiert. Der Papierkrieg gipfelt in einer Kampfansage Tahers an alle diejenigen, die seine Auffassungen nicht teilen: »Warnung an alle unsere Mitglieder und Anhänger! In letzter Zeit haben sich gefährliche Auffassungen in unsere Organisation eingeschlichen, die uns zu einem Werkzeug der Bourgeoisie machen wollen. Diese Denkweise finden wir nicht nur bei Farhad, sie hat leider schon viele unserer Anhänger in der Organisation kontaminiert, die schnellstens davon gereinigt werden muss ...«

»Die Antwort auf dieses Geschrei schreibe diesmal ich«, sagt Ebi. Er ist auch tatsächlich der Einzige, der in der Lage ist, die richtigen Worte dafür zu finden und ist außerdem in gewissem Sinne immun, denn Ebi ist zwar ein feinsinniger Mensch, aber wenn es hart auf hart kommt, kann selten jemand argumentativ mit ihm mithalten. Taher weiß das. Er weiß vor allem, dass er auf dieser Ebene der Unterlegene sein wird. Und tatsächlich verfasst Ebi wieder einmal einen überaus diplomatischen Text: »Tahers Auffassungen sind glücklicherweise weder gefährlich, noch werden sie von vielen in unserer Organisation vertreten. Sie werden in der Tat nur von ihm und ein paar seiner Mitläufer geteilt. Wir wollen diese Denkweise auch nicht aus unserer Organisation verbannen, sondern uns beim nächsten Kongress mit ihr auseinander setzen. Tahers Meinung bietet uns eine willkommene Reibungsfläche, die uns hilft, nicht stehen zu bleiben und uns im politischen Kampf weiterzuentwickeln …«

Über unserer Gesellschaft schwebt eine Feindseligkeit, die mir Angst macht.

In erstaunlich kurzer Zeit schafft es Taher, eine Truppe treuer Freunde und Anhänger in Gapilon zu versammeln, die nach und nach aus Teheran und anderen iranischen Städten hier eintreffen. Wir sind überrascht, wie schnell es der Organisation gelingt, die Leute, die Taher jetzt offensichtlich braucht, trotz der langen und gefährlichen Wege hierher zu bringen.

Und plötzlich sitzen wir mit vierzig Personen »oben« in unserem Hauptgebäude in Gapilon beim Essen, die meisten von ihnen fanatische Anhänger Tahers. »Unten«, in Gelaleh, befinden sich dagegen überwiegend diejenigen, die mit Tahers Politik nicht einverstanden sind. Die wenigen in Gapilon, die mehr oder weniger offen gegen Taher sind, werden fortan mit allen Mitteln unter Druck gesetzt.

Unter den Neuankömmlingen befindet sich auch Ozra, das dritte Mitglied des Zentralkomitees, die Frau aus Teheran. Ozra ist klein, hat kurz geschnittenes Haar und ist insgesamt eine unauffällige Erscheinung. Sie stellt sich als nur wenig unterhaltsam heraus. Offenbar hat sie nicht viel mehr zu erzählen, als unermüdlich das müßige Gerede Tahers zu wiederholen. Ab und zu sucht sie aber das Gespräch mit Ebi, vielleicht weil sie zeigen will, dass sie unabhängig ist und Taher nicht unbedingt folgen muss.

Und noch eine andere Frau aus Teheran ist eingetroffen, die ich allerdings nur flüchtig aus der Zeit des Teheraner Untergrundlebens kenne. Damals hatte ich Sarina für eine sympathische, sehr belesene, wenngleich auch manchmal etwas merkwürdige Frau gehalten. Hinter ihrer dicken Brille kneift sie konzentriert die Augen zusammen, und genau dann, wenn du etwas Ernsthaftes aus ihrem Mund erwartest, schießt sie eine Lachsalve ab. Seit sie hier ist, finde ich sie nur noch merkwürdig und frage mich oft, ob ihr die lange Zeit im Untergrund geschadet hat. Sie schlendert mit wiegendem Busen durch das Lager und trällert in grellem Sopran banale Lieder. Die ganze Zeit über faulenzt sie, als wäre sie im Urlaub und plaudert mit den Männern. Diese sind nach den vielen Jahren im Gebirge eine derartige Offenheit von Seiten einer Frau nicht mehr gewöhnt, fühlen sich geschmeichelt und missverstehen ihre Art schnell als ein »Angebot«. Alle paar Minuten ertönen irgendwo Sarinas grelle Lachsalven, sodass man ihnen nirgendwo in dieser Siedlung entkommen kann. »Dieses entzückende Lachen geht mir langsam auf die Nerven«, beschwert sich selbst Ebi, den sonst eigentlich kaum etwas aus der Ruhe bringen kann.

Meistens erwischt man Sarina in Gesellschaft von Akbar, einem *Peshmerge* aus Gelaleh, auch einer der Leute, die sich dort mit Farhad angelegt hatten. Und dafür ist er prompt von Taher mit dem Posten des Militärkommandeurs unserer Radiostation belohnt worden. »Ich werde das dumme Gefühl nicht los, dass Sarina sich gezielt an Akbar hängt. Wenn man sich die Neuankömmlinge der letzten Zeit genauer anschaut, hat man den Eindruck, dass jeder eine bestimmte Funktion zu erfüllen hat. Sarina soll offensichtlich Tahers Männer bei der Stange halten, besonders den neu gewählten Kommandeur der Radiostation«, äußere ich meine Gedanken gegenüber Ebi. Der schüttelt den Kopf: »Jetzt übertreibst du aber langsam, Zara.« Ich ziehe es vor, nichts mehr dazu zu sagen und lasse Ebi in Ruhe. Dennoch hoffe ich inständig, dass er Recht hat.

Auch zwei Ehepaare sind nach Gapilon gekommen, die ihre Funktion anscheinend von Anfang an genau begriffen haben. Nahid, eine der Ehefrauen, übernimmt offenbar die Rolle einer Kommandeurin und will uns Frauen einen zusätzlichen Kampfkurs aufzwingen. Sie ist von sehr kräftiger Statur, ziemlich dick, und hat eine solch dröhnende Bassstimme, die sich kaum von der eines Mannes unterscheidet. Nahid ist das perfekte Mannweib, das unter revolutionärer Gesinnung vor allem Grobheit versteht. Von hinten sieht man wegen ihrer breiten Schultern und ihrer vom Körper abstehenden Arme kaum, dass sie eine Frau ist. Einen gewissen Unterhaltungswert hat der ständige Konflikt zwischen Nahid und Salimeh, die sich in ihrem Bemühen um die Gunst Tahers fast überschlagen. Der Ehrgeiz der beiden bei der Erfüllung »revolutionärer Pflichten«, der vor allem Taher beeindrucken soll, endet regelmäßig in einem amüsanten Wettkampf: »Genossin Salimeh, ich glaube, du putzt dein Gewehr nicht regelmäßig. Sieh mal hier, wie klebrig alles ist!« »Genossin Nahid, putz du bitte dein eigenes Gewehr so, wie du es für richtig hältst, und stecke deine Nase nicht in meine Angelegenheiten. Ich glaube nicht, dass du berechtigt bist, mir zu sagen, wo es langgeht.«

Auch Nahids Mann, Dawar, hält sich für einen Muster-Revolutionär und versucht, alle anderen dahin zu erziehen: »Glaubst du nicht, Genossin Zara, dass ein Hund ein Zeichen für die Dekadenz der Bourgeoisie ist?«, fragt er bescheiden, in der Art eines mahnenden Priesters. Ich schaue ihn entgeistert an: »Doch, genau das denke ich, Genosse Dawar«, und rufe Mishka, um sie zu füttern. Dawar ist kleiner als Nahid und vom Charakter eigentlich eher sanft, aber unter Nahids Fuchtel versucht er radikal zu sein. »Er hatte selbst einmal einen Hund«, erzählt mir Hamed kurz darauf, der ihn noch von früher kennt. Ach, daher der leise Ton, denke ich.

Die anderen Neuankömmlinge sind ein Ehepaar aus dem Süden Irans. Die Frau ist hochschwanger und Mazair, ihr Mann, hat es eilig, seine Familie nach Europa zu bringen, bevor das Kind zur Welt kommt. Er weiß sehr gut, dass sein Schicksal in Tahers Händen liegt. Und so wird er zu einem Gefolgsmann aus Not, der Taher dennoch treueste Dienste leistet.

Jeden Abend, wenn ich Wache halten muss und dabei in aller Stille die ganze Siedlung von oben betrachte, frage ich mich, ob wir nicht auf einem Pulverfass sitzen.

Taher gibt sich noch immer nicht zufrieden. Nun will er auch noch die Kontrolle über Gelaleh erlangen. Dafür schickt er zuerst Salimeh und Akbar nach Gelaleh, damit sie die Geldausgaben dort genauestens überprüfen. »Wir wollen nur sichergehen, dass es im Lager keine Geldwäschereien oder unnötigen Verschwendungen gibt.« Diese Unverschämtheit lässt Taher schriftlich an Farhad überbringen. Er schämt sich nicht, seine Ziele völlig unverschleiert in Angriff zu nehmen.

Taher verwendet das Geld aus dem Irak grundsätzlich nur für »oben«, für die Niederlassung in Gapilon, während Parviz einen Großteil des Geldes aus Europa auf seinem Privatkonto anlegt. An der Lebensqualität in Gelaleh hat sich die ganze Zeit über kaum etwas geändert: Sie existieren immer nahe der Elendsgrenze. »Lass uns nach Gapilon fahren, um endlich wieder eine richtige Mahlzeit zu essen«, war einer der Standard-Witze dort.

Salimeh und Akbar kehren mit einem Bericht aus Gelaleh zurück, der genauestens dokumentiert, wie verschwenderisch Farhad mit dem Geld der Organisation umgeht: »Im Lager haben wir einen unerklärlich großen

Vorrat an weißen Bohnen sowie einige Obstkonserven vorgefunden«, steht dort schwarz auf weiß. Es waren fünf Dosen Pfirsiche, die Farhad für seinen unterernährten Sohn gekauft hatte.

»Ich könnte kotzen, wenn ich so was lese«, sage ich zu Ebi, der genauso fassungslos auf den Bericht starrt. Die angebliche Verschwendung nimmt Taher weiterhin zum Anlass, Nahid und ihren Mann als Aufpasser nach Gelaleh zu schicken.

Als Reaktion auf diese Frechheit kommen Farhad und Rasool, der Kommandeur der *Peshmerge*, nach Gapilon, um Taher zur Rede zu stellen. Die beiden verlassen uns nach einer kurzen, aber heftigen Diskussion noch am selben Tag ohne jedes Ergebnis, aber noch ärgerlicher als zuvor.

Wo sind wir gelandet? In einem Kleinkrieg zwischen Menschen, die einst bereit waren, gemeinsam für ein Ziel zu sterben.

Es ist drei Uhr nachts. Ich halte Wache in dieser kalten Winternacht im November 1985. Der Schnee hat alles mit einer dichten weißen Decke überzogen, und im Mondlicht ist es so hell, dass ich auch die kleinste Bewegung in der Umgebung wahrnehmen kann. Oft denke ich während meiner Wachen an meine Familie, an unser Haus. An das Essen, das meine Mutter an Feiertagen für uns zubereitete. Es hat immer so gut geschmeckt. Ich kann es beinahe riechen. Ich denke an die vielen Morgen, an denen mein Vater mich mit tausend Tricks zu wecken versucht hatte. Ich denke immer wieder an meine Schwester und frage mich, wie es ihr wohl geht. Ich weiß nur, dass sie in Paris lebt, Musik studiert und geheiratet hat. Ein Foto von ihrer Hochzeit hatte ich bekommen, auf dem sie seltsamerweise nur allein zu sehen war, ohne ihren Bräutigam. Warum eigentlich? Hat sie Angst, dass ich ihn nicht hübsch genug fände? Hat sie immer noch so viel Angst vor meinem Urteil? Meine Schwester hat mir nicht mehr geschrieben, obwohl sie mir aus Paris viel einfacher Briefe hätte schicken können als aus Teheran. Ob sie mich wohl vergessen hat? Ich erinnere mich an die schöne Zeit an der Universität und die vielen Freunde, mit denen ich lachen konnte.

Doch in den letzten Wochen kann ich während der Wachen nicht mehr träumen. Wenn ich um Mitternacht einsam auf dem Hügel stehe, quält mich allein die Frage, welches Schicksal uns hier erwartet. Diese Frage verwirrt meine Gedanken so sehr, dass ich sie einfach nicht mehr sammeln kann. Ein Klopfen auf meine Schulter reißt mich zurück ins Hier und Jetzt. »Du hältst ja Wache, Zara! Ich stehe schon lange hinter dir und beobachte dich.« Es ist Mehrdad, der die nächste Wache übernimmt. Gott sei Dank, dass er von selbst wach geworden ist, sonst hätte ich ihn erst hundertmal rufen und rütteln müssen. »Was ist denn passiert, dass du ganz von alleine aufgestanden bist?« »Ich habe bis eben gearbeitet. Der Sender hatte einen technischen Defekt, den ich bis morgen reparieren musste.« Mehrdad tritt ganz nahe an mich heran: »Wusstest du, dass Naghi demnächst die technische Leitung der Sendestation übernimmt? Ich glaube, sie wollen mich loswerden. Sie dulden niemanden mehr in wichtigen Positionen, der nicht völlig auf ihrer Linie ist.« Mehrdad wird noch leiser und flüstert jetzt ganz nah an meinem Ohr: »Naghi hat Ebrahims Antwort auf Tahers letztes Heft mit in den Senderaum gebracht und war total aggressiv. Er sagt, Genosse Taher brauche es nur zu befehlen, dann würden sie Ebrahim einfach fertig machen.« Ich danke

Mehrdad für diese Warnung, wünsche ihm eine gute Wache und gehe aufgeregt zurück zu unserem Zelt. »Ebi, Ebi, steh auf! Ich muss dir etwas Wichtiges sagen.« »Lass mich bitte schlafen. Ich bin so wahnsinnig müde. Du kannst deine Berichte auch morgen loswerden«, murmelt er schlaftrunken. »Nein, das kann ich eben nicht. Wach auf, es ist wirklich wichtig.« Ich erzähle ihm, was ich von Mehrdad gehört habe. »Ach, Quatsch. Mach dir keine Sorgen. Sie können nichts tun. Jetzt lass mich schlafen!« Er hat sich kaum umgedreht, da fängt er schon wieder an zu schnarchen!

Überall habe ich Mishka heute gesucht. Nachts, während der Wache, war sie bei mir. Es tut gut, wenn sie dabei ist. Sie lässt mich dann keine Minute allein. Doch seit heute Morgen ist sie spurlos verschwunden. Vielleicht hat Naghi Recht, ich hätte sie besser erziehen sollen. Bestimmt hat sie sich mit einem Hund aus dem Dorf davongetrollt. Bis mittags mache ich mir noch keine Gedanken. Am Nachmittag aber werde ich langsam unruhig. »Ebi, so lange war sie noch nie weg. Ich gehe sie jetzt suchen.« »Vielleicht ist sie der Liebe ihres Lebens begegnet und braucht dich jetzt nicht mehr«, antwortet Ebi sorglos.

Es wird dunkel. Nach dem Abendessen suche und rufe ich sie noch ein paar Mal in der Umgebung. Nichts. »Mach dir keine Sorgen, Zara, spätestens zur Wache kommt sie zu dir zurück. Das mit der großen Liebe war nur ein Scherz«, versucht Ebi mich nun zu beruhigen. »Du bist manchmal wahnsinnig komisch, Ebi. Mishka war noch nie so lange weg. Sie kommt tagsüber immer wieder zu uns zurück, auch wenn sie gern mit den Dorfhunden spielt. Ich befürchte, ihr ist etwas zugestoßen.«

»Du siehst immer gleich schwarz. Was soll Mishka denn schon zugestoßen sein?« »Was weiß ich? Wölfe. Vielleicht haben Wölfe sie angegriffen und jetzt liegt sie verletzt irgendwo in den Bergen.« Vielleicht taucht sie ja während meiner Wache auf.

Endlich neigt sich die Wache ihrem Ende zu. Es ist eiskalt. Hier oben auf dem Hügel, wo wir Wache stehen, sieht man das ganze Tal, das »Tor zum Ende der Welt« und unsere Siedlung, die mir von Tag zu Tag hässlicher erscheint. Meine einzige Freude waren meine Ausflüge mit Mishka. Nun ist sie auch nicht mehr da. Wo steckt sie bloß? Bei jedem Geräusch, jeder Bewegung und jedem Schatten denke ich, sie ist es vielleicht. Vergeblich rufe ich sie alle paar Minuten. »Mishka! Mishka!« Vielleicht kann sie mich hören und kommt doch noch zurück. Doch langsam verliere ich die Hoffnung, dass sie wieder auftaucht.

Saber ist meine Ablösung. Ich gehe den Hügel hinunter zum Hauptgebäude, um ihn zu wecken. Zwischen fast dreißig Köpfen, die bis zur Nase in ihre Schlafsäcke eingemummelt sind, finde ich ihn endlich. »Saber, du bist an der Reihe«, sage ich leise und wärme mich kurz am Ofen, bis ich sicher bin, dass er tatsächlich wach ist. Dann verlasse ich das Zimmer wieder und warte draußen auf ihn, bis er sich angezogen hat. »Kalt, was?« Saber reibt sich die Hände. »Ja, es ist wirklich kalt. Ich war die ganze Zeit auf Rundgang und habe überall nach Mishka gesucht. Sie ist nirgends zu finden. Ich habe das dumme Gefühl, ihr ist was Böses zugestoßen. Niemand hat sie seit gestern mehr gesehen.« Saber sieht mich merkwürdig mitleidig an und fragt: »Wirklich? Keiner hat sie gesehen? Auch Naghi nicht?« »Was meinst du damit, auch Naghi nicht? Weißt du vielleicht etwas, was ich nicht weiß?« Saber drückt sich um eine Antwort und ich werde langsam wütend: »Was soll das? Jetzt sag schon endlich!« »Die ganze Siedlung weiß es schon, nur du und Ebrahim nicht!« »Was? Was wissen alle?« »Dass Mishka tot ist. Naghi hat sie erschossen, als er sie gestern unterwegs zum Dorf gesehen hat. Ach, Zara, es tut mir so Leid, dir das sagen zu müssen. Sie sind Schweine. Allesamt. Sie wissen genau, wie gern du Mishka gehabt hast und wie aufgeregt du sie gesucht hast. Heimlich haben sie sich darüber lustig gemacht, dass du sie nicht mehr finden kannst.« Saber trottet den Hügel hinauf und ich bleibe in der eiskalten Nacht allein. Wie lange ich so dastehe, weiß ich nicht mehr. Irgendwann bemerke ich nur, dass meine Füße völlig betäubt sind, und schleppe mich zu unserem Zelt. Es hat wieder angefangen zu schneien. Die Schneeflocken setzen sich auf mein Gesicht und mischen sich mit meinen Tränen. Was sind das für Menschen? Woher kommt so viel blinder Hass? Was haben sie gegen einen Hund? Was haben sie durchgemacht, dass sie zu so etwas fähig sind? Ach, zum Teufel mit dem, was sie erlebt haben. Ich will Mishka und es gibt sie nicht mehr. Wo hat diese menschliche Bestie sie erschossen? Ach, wie sehr hasse ich alle diese Verfluchten. »Warum weinst du?«, fragt Ebi, der noch wach ist und liest. »Sie haben Mishka getötet.« »Was?«, ruft er aus. »Wer denn?« »Naghi.« »Ich bringe ihn um, diesen verdammten Mistkerl!« »Hier wimmelt es von solchen Scheusalen, Ebi. Und mit ihm solltest du dich schon gar nicht anlegen. Er hat es nicht verdient, meine Trauer zu sehen und deine Wut auch nicht. Genau das wollen sie doch bloß.«

»Kannst du uns zu ihr bringen?«, bitte ich Saber, nachdem seine Wache zu Ende ist. Saber führt uns über einen Pfad zum Berghang oberhalb der Siedlung. Der graue Morgen dämmert bereits und von weitem sehe ich etwas im Schnee liegen. »Bis du sicher, dass du es unbedingt sehen willst?«, fragt mich Ebi. Ich gehe dem reglosen Körper noch schneller entgegen. Da liegt sie. Voller Blut auf rotem Schnee. Die Kugeln haben ihren Brustkorb zerfetzt. Sie muss von einer Kalaschnikow aus weiter Entfernung getroffen worden sein, denn die Kugeln haben auch ein klaffendes Loch in ihren Rücken gerissen. Mishkas weißgoldenes Fell ist mit gefrorenem Blut getränkt. Ich fange wieder an, zu weinen. Auch wenn ich nicht wissen kann, was einer Mutter ihr Kind bedeutet, glaube ich, dass ich Mishka wie ein eigenes Kind geliebt habe. Mir kommt der erste Tag in den Sinn, als ich sie hungrig und winselnd ganz in der Nähe dieser Gegend fand. Und noch immer weiß ich nicht, was damals ihrer Mutter passiert war. Ob sie auch erschossen worden war?

Die nächsten Tage bleibe ich in unserem Zelt. Lust zu essen habe ich nicht und spazieren zu gehen schon gar nicht. Ich tue so, als ob es mir gut ginge, aber in mir kocht es vor Wut und Hass. Ein unbeschreiblicher Hass, den ich nicht loswerde und der vor allem mich selbst fertig macht. »Glaubst du, Naghi wollte einfach nur meinen Hund erschießen? Ich denke, er wollte uns noch etwas anderes demonstrieren. Er wollte zeigen, dass er auch uns erschießen wird, wenn es so weitergeht.« »Das wird er nicht. Taher wird ihm so etwas nicht erlauben. Taher ist ein Sturkopf, aber kein Krimineller«, antwortet Ebi. Warum sieht Ebi noch immer nicht, was hier vor sich geht?

Mitte November 1985 verteilt Taher ein weiteres Schriftstück. Diesmal schimpft er nur noch und stößt offene Drohungen aus. »Bist du immer noch der Überzeugung, dass wir irgendwann einen friedlichen Kongress erleben werden?«, frage ich Ebi, der wieder einmal sichtlich unbeeindruckt einen seiner sarkastischen Antwortbriefe aufsetzt.

Während dieser Tage schickt Taher einen Boten nach Gelaleh mit der Anordnung, dass zwei *Peshmerge*, die angeblich Propaganda gegen ihn betrieben haben, aus der Gruppe entfernt werden sollen. Rasool ignoriert seine Anordnung und schickt den Boten einfach wieder zurück. Daraufhin droht Taher sogar Rasool mit Entlassung und Verbannung.

Azade, die sich von den Bauarbeiten einen kaputten Rücken geholt hat, leidet unter schrecklichen Schmerzen, die mit keinem Schmerzmittel mehr zu betäuben sind. Hamed fordert deshalb bei Taher ein, dass sie zur Behandlung nach Kirkuk geschickt wird. Fahrt und Behandlung soll Azade aber nur unter der Bedingung erhalten, dass sie sich »besinnt und den richtigen Weg wählt«, sonst müsse sie ihre Schmerzen noch lange erdulden. Daraufhin schreibt Azade einen Brief an Hamed, in dem sie ihr Entsetzen über die unwürdigen Verhältnisse zum Ausdruck bringt. Den Postweg innerhalb des Lagers wählt sie, weil ein längeres Treffen mit Hamed alles noch schwieriger machen könnte. Taher hatte die beiden kürzlich nämlich schon einmal konspirativer Beziehungen bezichtigt und deswegen stundenlang verhört. Hamed, der wie immer mit ausgebeulten Taschen voller Zettel und Kleinkram herumläuft, kann den Brief aber nicht mehr finden, als er ihn in seinem Zelt lesen will. Verzweifelt verstreut er den Inhalt seiner Hosentaschen auf dem Zeltboden. Irgendwie gerät der Brief in Tahers Hände. Dieser lässt Azade wieder zu einer regelrechten Vernehmung vorführen und Hamed wird beschuldigt, zu »Unruhe und antiorganisatorischen Handlungen« angestiftet zu haben. »Geh sofort zu Taher und sag ihm, dass er kein Recht hat, deinen privaten Brief zu lesen und zu behalten!«, fordert Ebi mit Nachdruck. Hamed zögert zunächst, macht sich dann aber doch auf den Weg zum Büro. Ebi und ich warten ungeduldig, wie Taher darauf reagieren wird.

Es dauert keine halbe Stunde, als wir Tahers zittriges Schreien hören: »Ali! Ali, hol sofort Kazem!« Tatsächlich eilt Ali zu dem kleinen Wachhäuschen, das Kazem noch immer bewohnt. Nach ein paar Minuten sehen wir Ali mit Kazem, der bewaffnet ist, zurückeilen. »Ebi, du musst zum Büro, bevor es zu spät ist!« Er überlegt einen Moment und sagt dann: »Hamed kommt allein zurecht. Taher hat nicht den Mut und ist nicht so dumm, tatsächlich Gewalt anzuwenden.« Ich verstehe ihn nicht. Er bleibt einfach vor dem Zelt stehen. Ich halte es nicht mehr aus vor Sorge und gehe im Dunkeln zum Bürogebäude. Heimlich blicke ich durch das Fenster in das hell erleuchtete Innere. Hamed sitzt in einer Ecke, ein paar Meter von ihm steht Kazem mit angelegtem Gewehr, Taher steht mit hochrotem Gesicht in der Mitte des Zimmers, während Ali die Tür bewacht. »Genosse Hamed, bitte zwing mich nicht, zu schießen. Wenn Genosse Taher es befiehlt, werde ich es tun. Gib auf und geh!«, fleht Kazem mit zittriger Stimme, kreidebleich. Ozra und Doktor Sepehr sitzen in der gegenüberliegenden Ecke des Raumes und schauen schweigend zu. »Schmeiß ihn raus!«, schreit Taher. Kazem tritt näher an Hamed heran und hält ihm sein Gewehr nun direkt vors Gesicht. Hamed drückt den Lauf mit zwei Fingern beiseite. »Mach dich nicht lächerlich, Kazem. Wenn ich vor Typen wie dir Angst hätte, wäre ich nicht hier«, sagt er mit zittriger Stimme, sich mühsam beherrschend. »Was mache ich, Genosse Taher?«, fragt Kazem hilflos. Taher bleibt ein paar Sekunden regungslos und brüllt dann plötzlich wieder: »Schmeiß ihn raus, verdammt noch mal!« »Bitte, Genosse Hamed, geh!«, fleht Kazem darauf wieder. Hamed erhebt sich nun aus seiner Ecke und geht direkt auf Taher zu: »Ich gehe, aber nur, wenn ich meinen Brief zurückbekomme.« Taher merkt, dass ein beinahe heulender Kazem wohl kaum geeignet ist, Hamed weiter zu bedrohen. Er wirft Kazem einen verächtlichen Blick zu und bedeutet ihm mit einer Handbewegung, dass er verschwinden soll. Hat Taher wirklich erwartet, dass Kazem einen Genossen einfach so erschießt? Taher zieht den Brief aus seiner Hosentasche und wirft ihn Hamed vor die Füße, während Kazem zögerlich zur Tür geht. Ich entferne mich schnell vom Gebäude und ducke mich hinter ein Gebüsch.

Ebi hat Recht gehabt. Taher hat sich nicht getraut, wirklich bis zum Letzten zu gehen. Doch wer weiß, wann er auch diese Skrupel überwindet?

Dass Taher überhaupt so reagieren konnte, war Schock genug für mich. Ich gehe nicht zurück zum Zelt. Ich bin so verwirrt, dass ich in diesem Moment allein sein möchte.

Ein beißender, kalter Wind bläst mir den Schnee ins Gesicht. In diesen Nächten Wache zu halten ist schrecklicher denn je. Es ist eine Strafe, aus dem Schlafsack zu kriechen, und jede Minute dauert zwei Stunden. Ali soll mich bald ablösen. Wir begrüßen uns kaum noch. Ich habe ihn von vornherein nicht gemocht, und nun ist unsere Feindseligkeit nicht mehr zu verhehlen. Sogar ihn zur Ablösung zu rufen, ist mir zuwider. Aber bis dahin dauert es noch eine drei viertel Stunde. Plötzlich kommt aus der Dunkelheit jemand auf mich zu. Es ist Saber. Nach zweieinhalb Jahren erkenne ich die meisten Leute an ihrer Körperhaltung und an ihrem Gang. »Was machst du denn bei dem schrecklichen Wetter noch draußen? Du hattest doch schon längst deine Wache, oder?«, frage ich ihn. Innerlich freue ich mich sehr, etwas Gesellschaft zu haben. »Weißt du, dass dies deine letzte Wache ist, Zara? Nicht nur deine, es war auch meine und die von einigen anderen«, sagt er ernst. »Ach, wie schön. Nichts könnte mich mehr freuen«, mache ich mich lustig, obwohl ich ahne, was das bedeutet. »Das ist wirklich kein Grund zur Freude. Sie haben kein Vertrauen mehr zu uns«, entgegnet Saber. »Was soll denn der Unsinn, was denken die sich denn? Dass wir einen Putsch planen?«, frage ich aufgebracht. Irgendwie bekomme ich das Gefühl, dass jemand in der Nähe ist und uns beobachtet. »Es ist besser, du gehst jetzt«, sage ich zu Saber.

Mein Gefühl hat mich nicht getäuscht. Ali schläft nicht, als ich ihn wecken will. Er steht schon angezogen vor der Tür des Hauptgebäudes und seine Kleider sind voller Schnee. »Du hast wohl schon eine Runde Wache gehalten, oder?«, frage ich ihn und lasse ihn einfach stehen, bevor er sich die Mühe machen muss, nach einer Antwort zu suchen.

Ich kann nicht einschlafen. Nicht nur, weil es in unserem Zelt auch nicht viel wärmer ist als draußen, sondern weil ich mich ernsthaft frage, was sie nun wirklich vorhaben. In meiner Not wecke ich Ebi, der wie immer seelenruhig schläft. »Wenn sie uns nicht mehr vertrauen und uns in der Nacht keine Wache mehr halten lassen, werden sie uns früher oder später loswerden wollen. Sie wollen jeden Widerstand im Keim ersticken. Warum glaubst du mir nicht?« »Zara, fang bloß nicht schon wieder mit deinen Albträumen an. Wenn hier jemandem aus den eigenen Reihen etwas zustößt, wird das das Ende von allem sein, und Taher ist nicht verrückt. Er ist ein Dogmatiker, gut, vielleicht auch ein Fanatiker, aber er ist bestimmt kein Dummkopf.« »Ebi, sie werden irgendwann aufhören, uns nur mit den Waffen zu bedrohen. Irgendwann werden sie auch auf uns schießen. Farhad meint auch, dass wir die Organisation Taher und seinen Leute überlassen und von hier verschwinden sollten. Ebi, ich glaube, das wäre besser für uns.« »Wir warten noch ab. Und wenn

Taher keinen Kongress mehr einberuft, dann machen wir es.« Das ist alles, was Ebi mir zur Beruhigung sagen kann! Warum hängt er nur so dickköpfig an dieser Organisation? Ist er vielleicht sogar von demselben Fanatismus besessen wie Taher? Das kann ich mir nicht vorstellen, so habe ich ihn nie kennen gelernt. Oder glaubt er, dass man im Leben nie aufgeben darf? Auf keinen Fall, unter keinen Umständen?

Hier liegt Gewalt in der Luft. Hat unser Leben denn nur in *diesem* Tal und im Kampf innerhalb *dieser* Organisation Bedeutung? Gibt es wirklich keinen anderen Weg?

Inmitten dieser hoch angespannten Stimmung passiert etwas, das uns alle ablenkt. An einem Morgen fliegen zwei Bomber der islamischen Regierung über unsere Siedlung. So tief, dass die oberen Äste der hohen Bäume zittern. Sie fliegen in Richtung einer Siedlung, wo sich die iranische »Demokratische Partei Kurdistans« niedergelassen hat. Durch das schreckliche Grollen nach einer Detonation und den dicken Qualm, der hinter den Hügeln aufsteigt, wissen wir, dass sie angegriffen worden sind. Glücklicherweise verfehlen die Bomben ihr Ziel und schlagen am Rand der Siedlung ein, sodass keiner verletzt wird.

Dieser Angriff bringt erneut Furcht ins Tal der Widerstandsgruppen. Paradoxerweise beruhigen sich dadurch aber auch unsere eigenen Ängste, und die Situation in unserem Lager entspannt sich ein wenig. An diesem Nachmittag kommt Taher nach langer Zeit wieder zu unserem Zelt und will mit Ebi reden. Er will wissen, ob unsere Sendestation gegen solche Angriffe sicher genug sei. »Nein, keinesfalls. Bei 1000-kg-Bomben hält auch unser Bunker nicht stand«, klärt Ebi ihn auf und nutzt diese Gelegenheit, um mit Taher ein paar vernünftige Worte zu wechseln. Sie gehen miteinander nach draußen und sprechen stundenlang. Alle Anwesenden beobachten neugierig, wie die beiden Männer im Gespräch wieder und wieder das Volleyballfeld auf und ab schreiten. An ihren Mienen kann man nichts ablesen, es ist nicht ersichtlich, worüber sie gerade verhandeln. Ist es endlich eine friedliche Aussprache? Versuchen sie nach all diesen Feindseligkeiten endlich einen Kompromiss zu finden? Oder verläuft ihr Gespräch in denselben Bahnen, die uns so weit auseinander geführt haben? Es wird Abend und Ebi und Taher diskutieren noch immer. Sie schließen erst, als der Koch zum Abendessen ruft. Im Gemeinschaftsraum ist es warm und es riecht nach feuchter Kleidung. Obwohl mehr als vierzig Leuten hier sitzen, ist es stiller denn je. Alle Köpfe drehen sich zur Tür, als die beiden eintreten. Es sieht tatsächlich so aus, als ob die verfeindeten Pole unserer Organisation sich wieder versöhnt hätten. Nach einer Ewigkeit unterhalten sie sich wieder freundlich, wie vernünftige Menschen. Dieser plötzliche Einklang wirkt Wunder. Von diesem Moment an kommen auch die anderen wieder ins Gespräch, Leute, die sich die letzte Zeit über nicht mehr ausstehen konnten. Saber und Naghi, die aus derselben Region im Iran kommen und einmal befreundet waren, haben sich seit Wochen angefeindet oder angeschwiegen. Nun teilen sie ihr Essen. Mehrdad und Kazem finden auf einmal wieder ein gemeinsames Thema, über das sie sogar miteinander lachen können. »Ich fand deinen Kommentar über die Regierungskrise wegen des Irak-Iran-Krieges sehr gut, Genossin Zara«, macht sich Salimeh plötzlich an mich ran. Um Gottes willen. »Ja, wirklich?«, versuche ich, sie anzulächeln. Mit ihr habe ich mir nun wirklich nichts zu erzählen. Weder in der Vergangenheit noch in diesem Moment. In meinen Augen hat sie einen hinterhältigen Charakter, mit dem ich mich wohl niemals anfreunden kann.

Egal, ob Ebi und Taher sich nun gut verstehen oder nicht. Die Tatsache, dass die Leute hier dermaßen unter dem Einfluss ihrer Führer stehen, bestürzt mich. Ich will nur schnellstens zurück und von Ebi erfahren, was die beiden miteinander besprochen haben.

»Worüber habt ihr denn so lange diskutiert?«, frage ich später im Zelt.

»Am wichtigsten war mir, Taher begreiflich zu machen, dass ich nicht sein Feind bin und nichts gegen ihn als Person habe. Es geht mir nur um die Politik, die er betreibt. Es geht mir um die zersetzende Stimmung, die als Folge dieser Politik in der Organisation herrscht. Ich habe versucht, ihm klar zu machen, dass aus diesem Konflikt, der uns in sich zu verschlucken droht, keine der Fronten ohne ein blaues Auge herauskommt. Ich wollte ihn davon überzeugen, dass er keine Angst haben müsse, seinen Platz im Zentralkomitee zu verlieren. Ich persönlich werde ihn wählen. Weiter habe ich versucht, ihm deutlich zu machen, dass er sich von Parviz trennen muss. Parviz' politischer Weg in Europa ist falsch und er ist für diesen wichtigen Posten auf keinen Fall geeignet. Und ich habe ihm ein paar praktische Vorschläge gemacht, die ihn sehr gefreut haben.« Ich bin überrascht. »Und wie lauten diese Vorschläge?«, will ich wissen. Ebi hat Taher vorgeschlagen, eine Reise nach Europa zu machen, um sich zu informieren, in welches der europäischen Länder wir eventuell unseren Sender verlegen können. Uns ist nämlich schon länger klar, dass mit dem Scheitern der Verhandlungen zwischen Saddam Hussein und seinen kurdischen Gegnern, Talebani und Barezani, die Ära der »Freien Zone« im irakischen Teil Kurdistans bald vorbei sein wird. Dann werden wir den Bombardierungen beider Regierungen ausgesetzt sein. Früher oder später werden wir also gezwungen sein, unsere paar Habseligkeiten zusammenzupacken und auch dieses Gebiet zu verlassen.

Das ist aber nicht alles, was Ebi vorgeschlagen hat. Taher soll endlich die Kontrolle über das, was Parviz in Europa treibt, ausüben. Er soll ernsthaft prüfen, wo die vielen Gelder bleiben, die die Organisation von Sympathisanten und auch vom Irak bekommt. Dass wir seit etwa einem halben Jahr Gelder vom Irak bekommen und davon auch das Auto gekauft haben, ist kein Geheimnis mehr. »Und was war Tahers Antwort?«, frage ich Ebi. »Er ist mit allem einverstanden. Ich glaube, er hält es sogar für eine gute Idee, nach Europa zu fliegen, nicht nur der Organisation wegen, sondern auch, um zu sehen, was in Europa los ist.« »Du meinst, er soll mal ein bisschen Urlaub machen? Wahrscheinlich tut es Taher gut, zu sehen, dass die Welt nicht nur aus diesem Tal besteht. Aber ich bin gespannt, wie die anderen Mitglieder des Zentralkomitees das finden, vor allem Parviz.«

Es dauert nicht lange, bis das Zentralkomitee sich wieder zusammenfindet. Zwei Tage darauf verlässt Parviz unsere Siedlung in Richtung Paris.

»Wir sind es, Freunde!«

Parviz' Auto ist hinter einer Wegbiegung verschwunden. Taher, der ihn noch ein Stück zum Auto begleitet hatte, kommt jetzt zurück und geht schnurstracks auf unser Zelt zu. »Der sieht aber finster aus«, sage ich zu Ebi. Schon steht er vor unserem Zelt und fragt knapp: »Genosse Ebrahim, können Sie bitte kurz rauskommen!« Es ist noch früh am Morgen, doch von Taher kommt nicht einmal eine Begrüßung. Als Ebi vor das Zelt tritt, streckt Taher seine Hand aus und reicht ihm einen Brief: »Der ist für Sie.« Dann wendet er sich abrupt ab und stampft mit übertrieben energischen Schritten davon. Ebi bleibt verdutzt vor dem Zelt stehen und schaut ihm hinterher. Taher marschiert weiter zu Hameds Zelt.

Als Ebi den Brief aufreißt, bin ich gleich hinter ihm, um zu sehen, was drinsteht. Es ist eine Verwarnung. In aller Kürze fordert das Zentralkomitee von Ebi, er solle seine »sektiererischen Verbindungen« zu gewissen Mitgliedern der Organisation aufgeben, sonst würden sie ihn dafür zur Rechenschaft ziehen.

Tahers freundliche Reden waren nichts weiter als heiße Luft gewesen. »Sie wollen also doch Krieg, Ebi«, stelle ich fest, während Ebi ungläubig auf das Papier starrt. »Wahrscheinlich hattest du Recht, Zara…«, doch bevor er den Satz zu Ende bringen kann, steht Hamed völlig aufgelöst und noch blasser als Ebi vor uns: »Sie haben mich entlassen. Hier, seht selbst, was sie mir geschrieben haben«, sagt er matt. Er reicht Ebi seinen Brief. Darin wird Hamed des »Verrats organisationsinterner Informationen« an die »Demokratische Partei Kurdistans« beschuldigt. Zudem werden ihm »verschwörerische Beziehungen« zu dieser Partei unterstellt. Tatsächlich unterhält Hamed viel engere Beziehungen zur »Demokratischen Partei Kurdistans« und auch allen anderen oppositionellen Gruppen in diesem Gebiet als Taher, der diese Kontakte offensichtlich wie das Feuer scheut. Hamed ist eine bekannte Persönlichkeit, weil er eines der ältesten Mitglieder in der »Fedayi« ist. Ihm diese Kontakte jetzt vorzuwerfen ist rein mutwillig und bloße Schikane. »Das ist noch nicht alles. Weiter unten steht, dass ich bis heute Mittag die Siedlung verlassen muss. Ich habe kein Recht mehr, mich hier oder in Gelaleh aufzuhalten.« Wir sind alle drei fassungslos und wollen nicht glauben, was da schwarz auf weiß steht. »Ich habe Taher darauf hingewiesen«, berichtet Hamed, »dass sie ohne Kongressbeschluss niemanden einfach so entlassen können. Er antwortete, es würde keinen Kongress geben, solange diese Organisation nicht gründlich von Verschwörern wie mir und etlichen anderen gereinigt sei.« Ebis Blick wandert hinüber zu Tahers Büro: »Wer hier bleibt und wer gehen muss, entscheidet nicht Taher, sondern nur die Mehrheit im Kongress! Wir werden den Kongress heute selbst einberufen.« Nur wenig später macht sich ein Bote mit einem Brief von Ebi an Farhad auf den Weg nach Gelaleh.

Mittags schallt wie gewöhnlich der Ruf zum Essen über den Platz. Ebi, Hamed und ich gehen zusammen runter. Doch als wir in den Speisesaal eintreten, ist kaum jemand dort. Taher, Doktor Sepehr und Ozra fehlen. Auch Naghi, Salimeh, Kazem und Maziar und noch viele andere aus Tahers Gefolgschaft sind nicht da. Nur Saber, Azade und Mehrdad sitzen mit uns gemeinsam am Tuch auf dem Boden, während Ali als Tageskoch an der Tür wartet. »Ich habe diesen Saal beim Essen noch nie so leer erlebt«, flüstere ich Ebi zu. »Die Herrschaften fehlen alle.« Von ihm kommt nur ein ratloser Blick. Es ist ein Uhr und damit ist das an Hamed gestellte Ultimatum, die Siedlung zu verlassen, abgelaufen. Hamed fragt Ali, wo die anderen geblieben seien. »Sie haben etwas *Wichtiges* zu erledigen«, sagt dieser bedeutungsvoll und geht hinaus. Wie er das betont hat! Etwas *Wichtiges*!

Es wird plötzlich unheimlich. Hier drinnen macht sich eine Stille breit wie in einem Geisterhaus. Ratlos sitzen wir vor unseren leeren Tellern und wissen nicht, was das alles bedeuten soll. Boykottieren sie jetzt etwa aus Protest das gemeinsame Essen? Plötzlich fliegt die Tür des Saales mit einem Tritt auf. Naghi steht in der Türöffnung. Er tritt mit voller Kraft gegen unsere Waffen, die an der Wand gelehnt stehen. Sie fallen mit schepperndem Krach durcheinander. Mit einem Fuß auf dem Waffenhaufen richtet er seine Kalaschnikow auf uns. Durch die Stille der Schrecksekunden dringt das Klicken des Entsicherungshebels.

Wir sind alle kreidebleich und bleiben wie versteinert am Boden sitzen. Gleich hinter Naghi sind Kazem, Maziar und auch Ali hereingestürmt, alle bewaffnet. Kazem geht direkt auf Hamed zu und baut sich drohend vor ihm auf: »Sie verlassen augenblicklich die Siedlung. Sofort!« »Warum? Ich bleibe hier, bis die Mehrheit über mich entschieden hat!« Hamed hat Mühe, das Zittern in seiner Stimme zu verbergen. »Das ist ein Befehl«, schreit Kazem nun, um sich dann aber wieder etwas zu fangen: »Stehen Sie auf und gehen Sie, sonst sind wir gezwungen, Gewalt anzuwenden.« Ebi erhebt sich: »Was soll das? Schämt ihr euch nicht? Nehmt die Waffen herunter.« »Mischen Sie sich nicht ein, Genosse Ebrahim«, sagt Ali nachdrücklich. Kazem brüllt jetzt: »Genosse Hamed, ein letztes Mal! Gehen Sie.« Hamed sitzt völlig regungslos da und wiederholt immer wieder: »Warum? Hier ist meine Organisation …« Kazem und die anderen tauschen einen kurzen Blick, dann packen sie Hamed gemeinsam an Armen und Beinen. Hamed schreit und wehrt sich heftig, doch sie schleifen ihn über den Boden zur Tür. Azade und ich springen fast gleichzeitig auf und wollen Hamed zu Hilfe eilen: »Seid ihr verrückt geworden, lasst ihn los …« »Noch einen Schritt weiter und ich schieße.« Naghi versperrt uns mit erhobenem Gewehr den Weg.

Mehrdad und Saber sind die ganze Zeit wie unter Schock sitzen geblieben und rühren sich nicht, wie zwei aus Stein gemeißelte Skulpturen hocken sie da. Kein Ton kommt über ihre Lippen, nichts. Naghi hält uns weiter in Schach. Nur Ebi folgt schimpfend den Männern, die Hamed jetzt an den Beinen durch Schnee, Matsch und Steine schleifen. Niemand achtet auf ihn. Hamed tobt und windet sich und versucht vergeblich, sich irgendwo festzukrallen. Kazem und der andere zerren ihn weiter, während Ali ihnen mit angelegtem Gewehr folgt. Bald hören wir nur noch Hameds verzweifeltes Schreien und sehen die Schleifspuren im Schnee, die den ganzen Hang hinunterlaufen. Azade und ich stehen mit weichen Knien vor dem Essraum und müssen mit ansehen, wie sie ihn am Fuße des Hangs weiterschleifen, wie ein wildes Tier. Etwa auf der Hälfte des Weges ist auch Ebi zurückgeblieben und sieht machtlos zu. Weit unten im Tal lassen sie Hamed endlich los, treten ein paar Schritte zurück und bleiben dann erst mal stehen, um sicherzugehen, dass er nicht wieder zurückkommt. Dann endlich machen sie kehrt und gehen mit gesenkten Blicken an uns vorüber.

Hamed liegt noch immer am Boden. Und wir stehen hier oben mit einem unbeschreiblichen Gefühl von Hilflosigkeit. Mehrdad und Saber sind noch immer im Speisesaal. Azade weint. Und ich? Ich weiß kaum noch, was ich fühle. Mir rollen die Tränen über die Wangen. Wut und Hass fallen aufgelöst in Wasser und Salz zu Boden. Sobald Tahers Handlanger sich zurückgezogen haben, geht Ebi hinunter zu Hamed.

Langsam richtet sich Hamed wieder auf, gebeugt und gebrochen, seine Kleider vom Schneematsch durchnässt.

Aus dem Wachzelt an der Straße kommt der Wachposten auf ihn zu. Es ist einer, der es bisher geschafft hat, sich aus allem so weit wie möglich rauszuhalten. Doch jetzt schimpft er laut über diese Unmenschen und bittet Ebi und Hamed ins Zelt. Hoffentlich lassen diese Mistkerle ihn wenigstens dort in Ruhe! Merkwürdigerweise scheint sich jetzt aber keiner mehr für ihn zu interessieren. Vielleicht ist er dort unten ja einfach auch weit genug weg. Als die Sonne untergeht, kommt ein trauriger Schatten den Berg herauf: Es ist Ebi.

Er will jetzt keine Zeit mehr verlieren: »Azade, du musst bei Sonnenaufgang nach Gelaleh gehen und alle Leute von dort hierher holen. Du bist die Einzige, auf die sie vielleicht hören. Sag ihnen, dass sie keine Zeit verlieren dürfen, aber sie müssen unbedingt ohne Waffen kommen, hörst du, Azade? Ohne Gewehre! Es ist wichtig. Niemand darf auf die Idee kommen, Gewalt mit Gewalt zu beantworten. Nimm einen von uns mit, vielleicht Sohrab.« Ebi packt seinen Schlafsack. »Übernachtest du heute im Wachzelt?«, frage ich ihn. »Ja, ich kann Hamed jetzt nicht allein lassen.«

Azade übernachtet bei mir. Der Gedanke, im Frauenraum neben Salimeh zu schlafen, ist ihr unerträglich. Die ganze Zeit beobachten wir das Wachzelt unten im Tal und hoffen, dass Tahers Männer keine weiteren Pläne aushecken. Diese Nacht vergeht unendlich langsam. Ich gehe noch mal runter zum Hauptgebäude, um mich zu vergewissern, ob alles wirklich ruhig bleibt, und sehe Taher, Salimeh, Doktor Sepehr, Kazem und Nahgi davor stehen und laut lachen. Sie feiern tatsächlich! Worauf werden sie ihre Plastiktassen wohl erheben? Auf das Ende der »Fedayi«, deren Name für uns einmal der Inbegriff heldenhafter Menschenwürde war? Als ich an dieser verfaulten Gesellschaft vorbei in Richtung Küche gehe, schleudere ich ihnen meine hasserfüllten Blicke entgegen. Sie verstummen abrupt und sehen mir misstrauisch nach. Der Rest der Gruppe sitzt im Esszimmer und unterhält sich laut und ungezwungen, als ob nichts geschehen sei. Niemand hört den Meldungen im Radio zu, das noch immer im Hintergrund dudelt. Warum sollten sie auch? Sie halten sich jetzt für diejenigen, die den Lauf der Dinge bestimmen. Aus diesem Stimmengewirr, vermischt mit Musik, dringt hin und wieder das grelle, aufreizende Lachen Sarinas'. Gott, wie klingt es hässlich. Alles erscheint mir hässlich heute Nacht. Am Küchengebäude treffe ich Saber. »Zara, hör zu, ich werde sie alle umbringen. Ich habe mich entschieden, ich werde diesen Abschaum mit Dauerfeuer belegen, wenn Ebi es nur befiehlt.« Er ist vollkommen außer sich. »Bist du verrückt geworden?« »Nein. Wenn hier jemand verrückt ist, dann diese Bande dort drüben«, er ruckt mit seinem Kopf verächtlich in ihre Richtung. »Morgen früh um zehn Uhr warte ich hier vor der Küche auf dich. Du brauchst nur aus eurem Zelt zu kommen. Wenn du lachst, wird es heißen, dass Ebrahim einverstanden ist, und dann erledige ich alles selbst. Wenn du stumm bleibst, heißt die Antwort Nein.«

Sobald Ebi im Morgengrauen zu unserem Zelt zurückkommt, um Azade nach Gelaleh zu schicken und ihr letzte

Anweisungen zu geben, erzähle ich ihm von der Begegnung mit Saber. »Du bleibst, solange er auf dich wartet, im Zelt und bewegst dich nicht vom Fleck. Die Gefahr, dass er alles Mögliche als dein Lachen auslegt, ist mir zu groß«, befiehlt Ebi. Dann wendet er sich an Azade. »Was ist mit Sohrab?« »Ebi, ich konnte ihn nicht finden. Seit gestern Abend ist er verschwunden. Ich habe überall nach ihm gefragt. Jemand meinte, er sei noch gestern Nacht allein nach Gelaleh aufgebrochen«, gesteht Azade besorgt. »So ein Mist! Wie kommt er dazu, eigenmächtig zu handeln«, regt sich Ebi nun auf, »nicht, dass er einen Aufstand anzettelt. Damit macht er alles nur noch schlimmer.« Für einen Moment sind wir alle ratlos. »Ich werde allein nach Gelaleh gehen und versuchen, sie aufzuhalten«, schlägt Azade schließlich vor. »Ich kann dich unmöglich allein gehen lassen. Fünf Stunden durch den Schnee, das ist viel zu gefährlich«, verwirft Ebi ihr Angebot. »Versuch, Mehrdad zu finden, und nimm ihn mit«, entscheidet er schließlich. »Aber passt auf, dass euch keiner beobachtet, und nehmt den Weg über die Berge und achtet vor allem darauf, dass Kazem euch nicht sieht. Und vergiss nicht, Azade, sie dürfen nicht bewaffnet kommen!« Azade schnallt sich ihren Munitionsgurt um, zieht die Jacke darüber, schultert ihr G3 und verlässt uns eilig.

Ich kann in dieser Aufregung leider nichts anderes tun als abwarten. Durch das Fenster unseres Zeltes beobachte ich das Lager. Hoffentlich schaffen es Azade und Mehrdad, unentdeckt von hier zu verschwinden. Dieses Warten ist zermürbend, und auch der Versuch, mir mit der roten Lenin-Gesamtausgabe die Zeit zu vertreiben, misslingt. Wenn ich wenigstens einen meiner Romain-Rolland- oder Dostojewski-Romane hier hätte. Ich rücke immer näher zum »Aladin«, um mich aufzuwärmen. Der kleine Ölofen schafft es nicht, die winterliche Kälte aus dem Zelt zu vertreiben.

Pünktlich um zehn Uhr morgens steht Saber, wie angekündigt, vor dem Küchengebäude. Vorsichtig beobachte ich ihn aus der Ecke des Fensters, sodass er mich nicht sehen kann. Er wartet vor der Küche und schaut ungeduldig zu unserem Zelt herüber. Ali tritt nebenan aus dem Hauptgebäude. Als er Saber sieht, der unruhig von einem Bein auf das andere tritt, geht er auf ihn zu und spricht mit ihm. Ob Ali wohl Verdacht geschöpft hat? Noch einmal blickt Saber suchend zu unserem Zelt herüber und kehrt schließlich mit hängenden Schultern in die Küche zurück.

Gegen Mittag verlasse ich endlich das Zelt. Diese Untätigkeit ist nicht auszuhalten. Ich will wenigstens versuchen herauszubekommen, ob Azade und Mehrdad unbemerkt aufbrechen konnten. Als ich auf der Höhe unseres Schwimmbeckens bin, sehe ich Mehrdad aus dem Klo herauskommen. »Wieso bist du denn noch hier? Wo ist Azade?«, flüstere ich aufgeregt. »Azade? Woher soll ich wissen, wo sie ist? Seit heute Nacht habe ich niemanden mehr gesehen, bis auf Naghi, der mich keine Minute aus den Augen lässt. Ich habe ihn schon gefragt, ob er mich auch aufs Klo begleiten will. Sieh mal, da steht er schon wieder und beobachtet uns.« Mehrdad schaut ihn wütend an und tritt noch näher zu mir: »Ich kann nichts tun. Der macht mich wahnsinnig. Ich wollte eigentlich nach unten zu Hamed, aber das ist wohl keine gute Idee unter diesen Umständen«, flüstert er. »Um Gottes willen, lass das bloß. Sie warten nur auf eine Gelegenheit, um auch gegen uns vorzugehen.« Unser Gespräch dauert nicht lang, da steuert Naghi auch schon auf uns zu. So als ob nichts wäre, dreht Mehrdad den Wasserhahn auf und beginnt seine Hände einzuseifen. Ich entferne mich wie zufällig und streife ziellos über das Gelände, in der Hoffnung eine Spur von Azade zu finden. Doch auch vom Volleyballfeld, von wo man fast das ganze Gebiet überblicken kann, ist keine Spur von ihr zu sehen. Sie wird wohl kaum im Frauenzimmer sein, um mit Salimeh Tee zu trinken. Kein Mensch weit und breit. Das Land ist bis zum Horizont von einem frischen Schneeschleier überzogen. Die Eiszapfen an den kahlen Büschen glitzern in der Sonne und tropfen leise vor sich hin. Ein Kaninchen huscht über den Schnee, hält kurz inne, als es mich sieht und flüchtet unter einen Fels.

Azade muss alleine gegangen sein, sonst wäre sie längst zu unserem Zelt zurückgekommen. Weil Mehrdad unter ständiger Bewachung steht, hatte sie auch gar keine andere Wahl, als allein zu gehen. Hoffentlich kommt sie heil durch die Berge. Es ist kurz vor zwölf. Wenn ihr nichts passiert ist, muss sie bald in Gelaleh sein.

Plötzlich höre ich ein Geschrei aus der Sendestation. Taher kommt furchtbar aufgeregt herausgerannt und trommelt seine Leute zusammen: »Nahid hat sich gerade per Funk gemeldet. Die aus Gelaleh sind unterwegs hierher! Wir brauchen Barrikaden, schnell!« Aus allen Gebäuden eilen Menschen herbei und sammeln sich um Taher. »Sie sind schon vor ein paar Stunden losgegangen und werden jede Minute hier auftauchen«, schreit er und läuft mit hochrotem Kopf über den Platz, um seine Männer beim Barrikadenbau anzufeuern. Ständig werden Befehle hin und her geschrien.

Die Nachricht vom gewaltsamen Rausschmiss Hameds ist also, längst bevor Azade Gelaleh erreicht haben kann, dort angekommen. Sohrab muss die Botschaft schon in der Nacht überbracht haben. Das bedeutet, dass sie bewaffnet kommen, ohne Zweifel. Auch unter normalen Umständen läuft außerhalb der Siedlung niemand von uns ohne Waffe herum. Sofort gehe ich nach unten, um Ebi Bescheid zu geben, was passiert ist. Doch ich bin kaum fünfzig Meter vorangekommen, als sich mir Ali plötzlich in den Weg stellt: »Genossin Zara, kommen Sie bitte mit!« »Wohin denn?« »Wir gehen zu Ihrem Zelt. Ich will Ihr Gewehr und Ebrahims Pistole.« Mir bleibt keine andere Wahl, als ihm zu folgen. Beim Zelt angekommen, gebe ich ihm die Waffen. Ebi ist nicht da, aber er hat seine Pistole im Zelt gelassen. Behängt mit zwei Gewehren und dem Pistolenhalfter geht Ali ohne jeden weiteren Kommentar wieder davon. Gott sei Dank kommt Ebi kurz darauf vom Wachzelt zurück. Ich bin völlig aufgelöst. »Was ist hier los? Was wollte Ali von dir?« Ich erzähle ihm, was gerade passiert ist. Auch, dass Ali uns eben entwaffnet hat. »Zara, bleib du erst mal hier. Ich muss sofort Hamed von hier wegschicken. Er ist in großer Gefahr.« Und er läuft wieder nach unten.

Plötzlich kommt eine Person die Straße zu unserer Siedlung herauf. Ist es schon jemand aus Gelaleh? Als er etwa die Höhe des Wachzeltes erreicht hat, erkenne ich, dass es keiner von uns ist. Ausgerechnet jetzt ein Besucher? Der Wachposten hält ihn an und macht sich kurz darauf auf den Weg nach oben, um den Fremden anzumelden: »Ein *Peshmerge* der ›Demokratischen Partei Kurdistans‹ lässt anfragen, ob ...« »Schick ihn weg!«, schneidet Taher ihm das Wort ab.

»Heute geht es leider nicht«, sagt der Wachhabende. Der *Peshmerge* hat nicht erwartet, abgewiesen zu werden, aber noch erstaunter ist er, als Hamed aus dem Wachzelt stürzt und ihn anfleht, er solle ihn mitnehmen, er sei in Lebensgefahr. Und tatsächlich hält sich Hamed dicht vor dem Besucher und versucht, in seiner Deckung zu bleiben, während die beiden das Lager verlassen. »Halt, wo wollen die beiden hin?«, brüllt Taher. Erst jetzt hat er bemerkt, dass Hamed fliehen will. »Haltet sie auf!

Lasst ihn nicht weiter gehen.« Doch bevor Naghi und Kazem den Hang hinuntergelaufen sind, ist Hamed mit dem Fremden längst über alle Berge. Naghi und Kazem bleiben auf halbem Wege stehen und blicken fragend zu Taher, der abwinkt und Zeichen gibt, dass sie zurückkommen sollen. Kurze Zeit später verlässt auch Ebi lockeren Schrittes das Wachzelt und kommt nach oben. Als er mit einem feinen Lächeln an Taher vorbeigeht, schlägt dieser sich wütend die Faust in seine Hand und flucht laut vor sich hin.

Ich atme tief durch, als Ebi endlich ins Zelt kommt. Ich hatte wirklich Angst, dass sie ihm jetzt etwas antun. »Und nun? Was machen wir jetzt?«, frage ich ihn ängstlich. Auch Ebi weiß diesmal keine Antwort.

Die Nachricht von der Gewalt gegen Hamed, die Sohrab noch in der Nacht überbracht hatte, war in Gelaleh mit Bestürzung aufgenommen worden. Fast die gesamte Siedlung, alle, auch die Frauen mit ihren Kindern, brachen im Morgengrauen nach Gapilon auf. Zurück blieb nur ein kläglicher Rest von Tahers Anhängern, unter ihnen auch Nahid und Dawar. Azade war diesem Zug auf halbem Wege begegnet. Ihr Flehen, sie sollten die Gewehre zurücklassen oder irgendwo niederlegen, fand kein Gehör. Jeden in diesem Zug sprach sie an, vom Anfang bis zum Ende der langen Schlange, doch niemand wollte es hören. Farhad und Rasool erklärten ihr, dass Ebis Anweisung, ohne Waffen nach Gapilon zu kommen, sie zu spät erreiche. Jetzt könnten sie auch nichts mehr ändern. Die *Peshmerge* würden ihre Waffen weder mitten auf dem Weg an der Straße ablegen noch umkehren, um sie ins Lager zurückzubringen. »Außerdem weiß jeder, dass keine Gruppe unbewaffnet durch das Gebirge zieht. Und Ebrahim kann nicht ernsthaft glauben, dass ein *Pesh-*

merge freiwillig seine Waffe ablegt!«, hatte Rasool die Diskussion beendet.

»Eins, zwei, drei ...« Tahers Gebrüll lässt mich schon wieder aufschrecken. Was, zum Teufel, zählt er denn da? Die Antwort finde ich beim Blick hinunter auf die Straße. Er zählt die Leute aus Gelaleh. Eine Schlange von mehr als fünfzig Personen nähert sich der Siedlung. Sie ist nur noch etwa hundert Meter vom Wachzelt entfernt. Kazem, Naghi und Maziar laufen ihnen entgegen. Maziar postiert sich hinter einem Felsen, die anderen beiden bleiben vor dem leeren Wachzelt stehen.

Ich kann Einzelne von ihnen erkennen. »Ebi, sie sind da. Alle sind gekommen. Sogar Behrouz' Schwiegermutter mit den Kindern. Und Jale. Sie trägt Pejman auf dem Arm.« Ebi, der die ganze Zeit wie ein Löwe im Käfig im Zelt auf und ab gegangen ist, hält inne. »Gott sei Dank! Sie sind nicht gekommen, um Krieg zu führen. Wenn sie angreifen wollten, wären sie auch nicht von der Straße aus gekommen. Sie sind keinesfalls so dumm, sich dort als Zielscheibe aufzustellen. Wenn diese Holzköpfe das bloß verstehen.« Etwa in der Mitte des Zuges entdecke ich Farhad und Karim. »Sieh mal, dort sind auch Azade und Hamed«, rufe ich aufgeregt. Die Leute kommen näher, langsam und friedlich. Ebi seufzt vor Erleichterung.

»Genosse Taher, sie sind gleich hier, was sollen wir tun?«, ruft Kazem nach oben. Taher bleibt vorsichtig geduckt hinter seiner Barrikade und befiehlt aufgebracht: »Sie müssen ihre Waffen abgeben. Wer nach oben kommen will, soll erst entwaffnet werden!« »Was, wenn sie sich weigern?«, kommt als nächste Frage von unten. »Dann schießt ihr!«

Die Gruppe aus Gelaleh hat mit Kind und Kegel beinahe die Siedlung erreicht. Etwa zehn Meter vom Wachzelt stockt der Zug. Kazem und Naghi richten ihre Waffen auf die Neuankömmlinge. »Wir sind nicht gekommen, um zu kämpfen, was soll dieser Unsinn?«, höre ich noch.

»Ebi, kannst du mir helfen?«, frage ich verzweifelt ins Telefon. »Womit denn?« »Mit meiner Geschichte. Von dem Punkt an, am 24. Januar 1986, der Tag, an dem die Leute aus Gelaleh uns erreichten und vor der Siedlung warteten, von da an weiß ich nichts mehr. Ich kann mich anstrengen, wie ich will, ich kann mich an nichts mehr erinnern. Ich bekomme kein Wort mehr aufs Papier. In meinem Gedächtnis ist von dieser Zeit nur ein schwarzes, großes Loch geblieben.« Vom anderen Ende der Leitung kommt keine Antwort. »Hallo, Ebi, bist du noch da?« »Ja, ich bin noch da«, sagt er leise. Dann schweigt er bedrückt. »Kannst du mir helfen? Es tut mir Leid, dir den Tag mit dieser Geschichte zu versauen, aber ich komme wirklich keinen Satz mehr weiter.«

Die Sonne scheint in meine Küchenfenster. Eine Weile sitzen wir uns schweigend gegenüber. »Möchtest du noch Tee?« »Ja, bitte.« Ebi sieht bekümmert aus. Er beginnt:

»Es war so ein sonniger Tag wie heute. Aber es war kalt. Das Tal war so schön, ganz bedeckt mit weißem, unberührtem Schnee. An jede Einzelheit kann ich mich genau erinnern, auch nach so vielen Jahren noch. Als würde es sich vor meinen Augen abspielen.

Kurz vor dem Wachzelt blieb der Zug aus Gelaleh stehen. Zwei der *Peshmerge* traten vor. ›Sie sagen, Sie seien völlig neutral‹, rief Kazem von unten. ›Und wollen nur gegen Hameds Entlassung protestieren.‹ ›Egal, was sie wollen‹, rief Taher zurück, ›sie sollen gefälligst erst ihre

Waffen ablegen.‹ ›Sie sagen, wir gehören alle derselben Organisation an, und es ist eine Schande für sie, von den eigenen Freunden entwaffnet zu werden.‹ ›Dann sollen sie verdammt noch mal verschwinden.‹ Die beiden *Peshmerge* zögerten eine Weile, gingen dann aber wieder in die Reihe zurück. Der Zug bewegte sich jetzt ein Stück weiter. Von unserem Zelt aus konnte ich schon Behrouz' Schwiegermutter sehen, die besorgt die beiden Kinder festhielt. Kurz vor dem Ende stand Jale und versuchte, ihren Sohn zu beruhigen, der jetzt laut weinte. Pejman hatte Angst und wollte nicht weitergehen, genau wie damals, als er uns zum ersten Mal gesehen hatte.

Hätten sie doch ihre Waffen abgelegt. ›Kommt bloß nicht näher!‹ Kazems plötzlicher Schrei erschreckte uns alle. ›Nimm deine Waffe runter, bitte Firooz‹, rief Kazem. ›Kazem, wir sind doch Freunde und haben zusammen gekämpft! Weißt du eigentlich, was für einen Blödsinn du da von mir verlangst? Das hier ist doch unsere Organisation. Was ist denn bloß in dich gefahren?‹ Firooz kam noch einen Schritt näher und mit ihm auch Rasool, der Kommandant: ›Wir sind in friedlicher Absicht gekommen. Ihr wisst das besser als jeder andere. Sag dem Genossen Taher, dass wir nur mit ihm reden wollen.‹ ›Kommt nicht näher, sonst …‹ Kazem heulte jetzt fast, doch bevor er zu Ende gesprochen hat, zerriss ein Schuss die Stille im Tal. Für einen Moment waren alle wie versteinert. Als ob die Zeit stehen geblieben war. Als ob niemand mehr atmete. Für ein paar Sekunden begriff keiner, dass die Katastrophe schon passiert war. Rasool drehte sich zur Seite und stürzte zu Boden. Die Kugel hatte ihn mitten ins Herz getroffen. Plötzlich ein Dauerfeuer aus Maschinengewehren und alle flohen auseinander. Die *Peshmerge* verteilten sich im Tal. Von oben wurden jetzt auch Handgranaten geworfen. Es krachte und knallte aus allen Richtungen. Nur Jale und ihr Sohn blieben noch eine ganze Weile verwirrt mitten auf dem Weg stehen. Sie hielt die Hände vor Pejmans Augen, doch sie schien nicht zu begreifen, in welcher Gefahr sie sich befanden. Jemand musste sie wegbringen, hinter einen Felsen. Zwischen all den Explosionen ertönte plötzlich der Befehl ›Auf Ebrahims Zelt!‹ und ich habe geschrien: ›Auf den Boden, Zara!‹ Der Kommandeur der Radiostation, Akbar, schrie seinen Befehl wieder und wieder. ›Ich kann das nicht‹, heulte einer. ›Ebrahim! Zara! Kommt raus, ihr Verfluchten!‹, brüllte Akbar von unten. Und ich weiß bis heute nicht, Zara, was plötzlich in dich gefahren war, aber du bist einfach aufgestanden und wolltest tatsächlich rausgehen. Ich habe versucht, dich irgendwie festzuhalten, aber du warst zu schnell und mit einem Mal ungeheuer kräftig. Zwischen den Gewehrsalven und Explosionen hast du dich tatsächlich vor das Zelt gestellt und Akbar angeschrien: ›Was willst du von uns, du Henker?‹ Als ich dich wieder reinzerren wollte, sah ich, wie er auf dich anlegte. Doch genau in diesem Moment hat jemand von hinten sein Gewehr zur Seite weggestoßen.«

Ebi holt tief Luft. Er ist völlig aufgewühlt vom Erzählen und ich starre auf das Blatt vor mir, auf dem ich Notizen gemacht habe. Hinter einem Schleier aus Tränen kann ich meine Schrift nicht mehr erkennen. »Wer war das denn?«, frage ich. »Es war Doktor Sepehr. Er hat dich angebrüllt: ›Geh wieder rein, Zara, bist du verrückt geworden?‹ Ich brauchte wirklich meine ganze Kraft, um dich ins Zelt zurückzuziehen. Ich habe dich auf den Boden gezwungen und mir in diesem Moment nichts sehnlicher gewünscht, als alle dort oben auf der Barrikade zu erschießen. Nacheinander, jeden einzeln, direkt in die Stirn.« Als Ebi das sagt, danke ich dem Himmel, dass sie uns vorher unsere Waffen weggenommen hatten. »Erzähl weiter, Ebi!«

»Jale hatte Pejman irgendwann allein hinter dem Felsen zurückgelassen und war losgerannt, um im Parteilager der ›Jekati‹ im Tal von Gapilon Hilfe zu holen. Aber die *Peshmerge* der ›Jekati‹ waren schon zu uns unterwegs. Sie hatten die Schüsse und Explosionen gehört und dachten, feindliche Truppen wären ins Tal eingefallen. ›Es sind keine Feinde, sondern unsere eigenen Genossen‹, sagte Jale, als sie ihnen in die Arme lief.

›*Tagha makai!*‹ riefen die Kämpfer. ›Nicht schießen!‹, als sie sich unserer Siedlung näherten. Zur Warnung feuerten sie Dauersalven aus ihren Kalaschnikows in die Luft. ›*Tagha makai*‹, war jetzt überall zu hören, während die ›Jekati‹ ausschwärmten. Langsam ebbte das Feuer ab. Als wir wieder aus dem Zelt heraustreten wollten, stand da noch einmal Akbar und drohte damit, uns zu erschießen. Aber diesmal waren zwei ›Jekati‹-Leute zur Stelle, die ihn wegzerrten.

Unten im Tal, vor dem Wachzelt, lagen drei blutig entstellte Körper. Rasool lag dort. Nur ein paar Meter weiter Kazem und Naghi. Sie waren von zahllosen Einschüssen zerfetzt. Die *Peshmerge* aus Gelaleh hatten ihre ganze Wut auf sie abgefeuert.

Weiter oben am Hang lagen noch zwei weitere Tote, aber ich hatte nicht den Mut zu fragen, wer sie waren.«

Ebi spricht noch weiter. Auf den Blättern vor mir haben sich große Flecken aus Tinte und Tränen gebildet. Es lässt sich nicht mehr lesen, was ich geschrieben habe. Aber jede Sekunde dieses schrecklichen Tages ist mir wieder so klar im Gedächtnis, als ob ich heute alles noch einmal erlebt habe.

Ich fühle mich nur noch leer und betäubt. All das, was ich nach diesem Nachmittag des 24. Januar 1986 durchlebt habe, verliert in diesem Moment seine Bedeutung: die vielen Sorgen, der Ärger und Ehrgeiz um Studium, Arbeit und Zukunft, manch ein Liebeskummer, und die vielen Ängste, aber auch Freude und Erfolge, all das, was ein Leben ausmacht. Und ein Ruf klingt wieder ganz klar in meinen Ohren:

»Nicht schießen! Wir sind es, Freunde!«

Eine viel zu lange Zeit

Es ist schon Abend und in meiner Küche ist es langsam dunkel geworden. Ebi ist längst gegangen. Ich sitze hier allein mit meiner Geschichte, die noch lange nicht an ihrem Ende ist.

Am Abend des 24. Januar 1986 nahmen uns die *Peshmerge* der »Jekati« mit in ihre Siedlung, um weitere blutige Auseinandersetzungen zu vermeiden. Wir blieben dort über Nacht und kehrten am nächsten Tag in ihrer Begleitung in unsere Niederlassung zurück. Die Gebäude wurden von den »Jekati« unter uns aufgeteilt. Die Radiostation verschlossen sie, damit keiner aus Tahers Gruppe auf die Idee käme, irgendwelche Lügen über uns zu verbreiten.

Aus allen iranischen Oppositionsgruppen in Kurdistan stellte die »Jekati« eine Kommission zusammen, die den 24. Januar untersuchen sollte. Diese Kommission hielt sich nur an die Fakten dieses schrecklichen Tages. Die Hintergründe, wie es dazu gekommen war, ließen sie außen vor, was wir damals alle als richtig empfanden. Innerhalb von drei Tagen wurden alle Beteiligten verhört und anschließend eine Resolution herausgegeben, worin Taher allein für den Tod von fünf Menschen und für zwei Schwerverletzte verantwortlich gemacht wurde. Dennoch bestand die »Jekati« darauf, keine Strafe auszusprechen, um sich nicht in die Angelegenheiten iranischer Gruppen einzumischen: »Die Strafe überlassen wir der Geschichte«, hieß es in der Resolution der Kommission.

Taher machte sich noch in derselben Nacht aus dem Staub. Er verließ die »Freie Zone« und suchte Zuflucht in Kirkuk. Tag für Tag verschwanden immer mehr seiner Leute. Einer nach dem anderen verließen sie die Siedlung. Innerhalb einer Woche waren wir die einzigen Anwesenden dort.

Die Letzten von Tahers Leuten hatten sich kaum verdrückt, da tauchten plötzlich mehrere irakische Hubschrauber über unserer Siedlung auf. Es war am Nachmittag, als wir vom Lärm ihrer Motoren überrascht wurden. Zuerst nahmen wir an, ihr Ziel sei die Niederlassung der »Jekati«. Nach den Einschlägen der ersten Raketen zwischen dem Büro und dem Hauptgebäude war jedoch klar, dass wir das Ziel waren. Hatte Taher seine Beziehung zum Irak für eine letzte Rache genutzt, um uns endgültig aus der politischen Szene zu entfernen? Glücklicherweise wurde bei diesem Angriff niemand verletzt. Aber wir konnten keinen Tag länger dort bleiben. Vorübergehend zogen wir in ein Dorf namens Haladan, in ein verlassenes Schulgebäude. Haladan lag hinter dem »Tor zum Ende der Welt«. Nun konnte ich endlich sehen, wie die Welt hinter diesem Tor aussah, und ich stellte fest, dass sie genauso aussah wie die davor!

Der 24. Januar 1986 *wird als brandheißes Thema im Iran und im Ausland diskutiert. »BBC«, »Voice of America« und »Radio Israel« berichten in ihren Sendungen über die »blutige Auseinandersetzung« in der »Fedayi«. Noch ausführlicher berichten die staatlichen Zeitungen der islamischen Regierung.*

Die Aufzeichnungen der Untersuchungskommission ver-

breiten sich innerhalb kürzester Zeit und führen zu einer nochmaligen Aufspaltung der »Fedayi«-Anhänger in Europa, Amerika und im Iran, in Befürworter und Gegner des Zentralkomitees.

In diesen schwarzen Tagen quälte mich aber vor allem die Frage, wie ich meinen Eltern, die nun sicherlich von allem gehört hatten, mitteilen konnte, dass ich noch am Leben war.

Bei der ersten sich bietenden Gelegenheit flog Hamed für ein paar Wochen nach Paris, um unsere Möglichkeiten dort auszuloten und mit vielen Anhängern zu sprechen, die nach einer akzeptablen Antwort auf die Katastrophe suchten. Als ob es in dieser Welt irgendeinen Krieg gäbe, der sich durch akzeptable Gründe verbrämen ließe.

Ich gab Hamed einen kurzen Brief an meine Eltern mit, in dem ich versuchte, ihnen das Unerklärliche zu erklären.

Die gerechte »Jekati«-Kommission hatte in ihrer Resolution auch festgelegt, unsere Technik zwischen den beiden Fronten aufzuteilen. Eine Hälfte wurde Taher zugesprochen. Obwohl er die »Freie Zone« verlassen hatte und sich mit irakischen Geldern in Kirkuk längst eine komplette Sendestation errichtet hatte, bestand »Jekati«-Führer Jalal Talebani auf der Einhaltung der Resolution. Mit unserer Hälfte war aber so lange nichts anzufangen, bis Hamed endlich die fehlenden Teile aus Europa herbeischaffte.

Wir zogen erneut um. Diesmal in das Dorf Chakhmag, dort erbauten wir wieder eine Siedlung und richteten wieder eine Radiostation ein. Zuerst war ein Kuhstall unser Aufnahmestudio, wegen der guten Akustik. Aber die Flöhe waren ein Albtraum, der uns auch nach der Sendung weiter begleitete. Wieder fingen wir an mit: »Hier ist die Stimme der ›Fedayi‹, die Stimme all derer, die für Freiheit, Demokratie ...«

In der Zeit nach dem 24. Januar 1986 lernten wir auch, was Hunger und Elend wirklich bedeuteten. Die Hilfe, die wir in diesem Jahr bekamen, reichte nur knapp zum Überleben.

Dennoch erschien uns die Welt in Ordnung. Endlich waren wir nur noch Gleichgesinnte, die einen demokratischen Neubeginn wollten.

Die Wunden saßen jedoch viel tiefer, als wir dachten. Die Hoffnungen und Erwartungen von Menschen, die ihr Leben riskiert oder sogar ihre besten Freunde erschossen haben, sind unerfüllbar hoch. Alles sollte nun von heute auf morgen gut und rein sein, so als könne man das Vergangene einfach ungeschehen machen. Eine Illusion! Wir versuchten alles, die autoritären Strukturen aufzubrechen: Es gab wieder Sitzungen, Diskussionen und Abstimmungen. Für die Menschen aber, die weder im Leben noch in der Organisation jemals Demokratie erlebt und erfahren hatten, blieb diese Organisationsform ein abstraktes Mysterium. Diese Menschen waren es gewohnt, in Hierarchien zu leben – nach unten treten, nach oben buckeln. Leute wie Naghi und Kazem erstanden förmlich wieder auf, nur mit anderen Gesichtern und Namen. Ich fand wieder eine Mishka, und diesmal wurde sie gehängt! Ich fragte mich oft, ob der Totalitarismus, von dem wir besessen waren, die Urquelle dieser Wiedergeburten war.

Dennoch war unter den fünf Männern unserer jetzigen Führung keiner mehr, der, wie Taher oder Parvis, bereit gewesen wäre, alles zu tun, um an der Macht zu bleiben. Alle trugen die Erfahrung eines Blutbades in sich. Allen reichte es ein für alle Mal.

Ende 1987, als die Verhandlungen zwischen Saddam Hussein und seinen kurdischen Gegnern ohne jedes Ergebnis abgebrochen wurden, schmolz die »Freie Zone« im irakischen Teil Kurdistans immer weiter zusammen. Wir wurden, wie schon lange befürchtet, nun tatsächlich von iranischen und irakischen Kampfflugzeugen bombardiert. Viele im »Tal der Wiederstandsgruppen«, so hieß inzwischen das verbliebene Gebiet, wo sich iranische Gruppen gesammelt hatten, kamen dabei ums Leben. Das schrecklichste Ereignis in dieser Zeit war ein irakischer Giftgasangriff auf die Radiostation der »Komale«. Fast keiner überlebte diesen Angriff. Die wunderschönen Stimmen des Sprechers und der Sprecherin ihrer Sendung, die ich jeden Tag um sechzehn Uhr so gerne gehört hatte, verstummten an diesem Herbstnachmittag für immer. Noch lange Zeit danach wollte ich einfach nicht glauben, dass sie nie wieder zu hören sein würden.

Und so viele Jahre später träume ich noch immer von Flugzeugen, die plötzlich aus allen Himmelsrichtungen auftauchen und ihre Bomben fallen lassen. Aus jedem Winkel steigt dicker Qualm. In den meisten dieser Träume wird meine Heimatstadt Teheran bombardiert. Die Flugzeuge tauchen dann plötzlich über dem Gebirge auf. Ich schreie den Leute auf der Straße zu: »Legt euch hin!« Doch vor diesen Flugzeugen gibt es keine Rettung. Sie werfen nicht nur ihre Bomben, sie verfolgen die Menschen und erschießen sie. Überallhin verfolgen sie uns, sogar in unsere Wohnungen. Nicht einmal unter dem Bett gibt es Schutz. Manchmal kann ich den Piloten mit seiner dunklen Brille sogar erkennen, sehe, wie er mich in meinem Versteck entdeckt hat und mich nun erschießen will.

Unsere Gruppe verteilte sich auf die irakischen Städte Raniyah und Sulaymaniyah. Ebi ging mit einer Gruppe nach Sulaymaiyah, wo das Telefonnetz besser war, um von dort die Kontakte mit der Organisation in Europa und mit anderen Ländern zu pflegen. Ich musste nach Raniyah, wo wir unsere Radiostation wieder aufbauten. Raniyah war von bewaffneten Gruppen aller Art bevölkert. Eine kleine, schmutzige Stadt, deren Abwässer neben den Häusern durch die ungepflasterten Gassen liefen. Wenn es dunkel wurde, gingen wir nur selten aus dem Haus.

Als Anfang 1988 einige von uns nach Europa gingen, teils weil sie krank waren, teils um dort in der Organisation zu arbeiten, blieb ich als einzige Frau unter zwanzig Männern in dem Haus in Raniyah zurück. Bis auf zwei von ihnen mochte mich keiner besonders. Offiziell war nämlich einer aus der Führung für den Sender zuständig. Da er aber keine Erfahrung mit der Radioarbeit hatte, überließ er alles mir. Ich musste nun über vieles entscheiden, und es war für die kriegerischen Männer der *Peshmerge* eine schwierige Herausforderung, sich der Autorität einer Frau unterzuordnen. Sie fühlten sich furchtbar unterlegen und suchten vergeblich die verlorene Gerechtigkeit.

Unser Haus besaß außer dem Senderaum nur noch zwei weitere Zimmer. Ein größeres und ein kleines. Als ich darauf bestand, das kleine Zimmer für mich zu bekommen, musste ich mir wieder das übliche Gerede anhören: »In einer proletarischen Organisation müssen alle gleichberechtigt sein.« Nur hatte ich diesmal keine Geduld mehr, mir diesen Unsinn anzuhören. An einem Morgen, als einer der Männer sich erlaubte, in mein Zimmer zu kommen, ohne vorher anzuklopfen, weil das Zimmer seiner Meinung nach »uns allen gehörte«, verpasste ich ihm eine schallende Ohrfeige. Darauf folgten Drohungen von anderen Genossen, sie würden es mir schon noch zeigen, doch das war mir dermaßen gleichgültig, dass sie mich einfach in Ruhe ließen. Für die Organisation allerdings war die Ohrfeige nicht zu ignorieren. Sie zitierten uns beide vor ein Gericht, wo ich mich so wenig reuevoll zeigte, dass man die Sache auf sich beruhen ließ.

Diese Zeit war nicht nur sehr schwer für mich, sondern auch sehr einsam. Ich hatte in Raniyah keinen, mit dem ich reden konnte. Ebi fehlte mir sehr, aber ihn zu besuchen war schwierig. Die Strecke zwischen Raniyah und Sulaymaniyah war umständlich und gefährlich. Die Straßen waren teilweise nicht ausgebaut, stellenweise sogar vermint. Dazu kam der Krieg zwischen den Kurden und dem Irak. So schaffte ich es vielleicht alle zwei Monate ein Mal, die fünfstündige Autofahrt auf mich zu nehmen.

Und so schrieb ich Briefe an Ebi. Ich schrieb und schrieb und schrieb. Ich schrieb Liebesbriefe, wie ich sie nie zuvor einem Mann geschrieben hatte und auch danach nie wieder.

Mein Aufenthalt in Raniyah dauerte etwa ein Jahr.

Kurdistan 1988. *Als der Krieg zwischen dem Iran und dem Irak beendet ist, setzen noch heftigere Angriffe der irakischen Regierung auf Kurdistan ein. Sie zerstört sogar Städte, die unter ihrer eigenen Kontrolle stehen, nur weil sich unter der Bevölkerung viele Anhänger kurdischer Widerstandsgruppen befinden. Die Regierung stellt ein Ultimatum, demzufolge die Bewohner Raniyahs innerhalb der nächsten 24 Stunden ihre Stadt zu verlassen haben, Raniyah soll, wie viele andere kurdische Städte zuvor, mit Panzern und Bulldozern dem Erdboden gleichgemacht werden. Während dieser Stunden packen die Menschen nicht nur alle ihre Habseligkeiten, sie steigen mit Hämmern und Zangen auf die Dächer und brechen ihre eigenen Häuser ab, um so viel Baumaterial wie möglich mitzunehmen, selbst die Eisendrähte aus dem Beton. Diese Menschen werden mitten in die Wüste im*

Süden Iraks verbannt und müssen dort ohne jegliche Unterstützung neue Siedlungen für sich errichten.

Unsere Gruppe siedelte nach Sulaymaniyah über. Dort bezogen wir wieder alle gemeinsam ein Haus. Etwa dreißig Männer und ich immer noch als einzige Frau. In dem riesigen Haus hatten Ebi und ich endlich wieder ein kleines gemeinsames Zimmer. Ebi arbeitete überwiegend für die Zeitschrift »Kar«, und ich blieb wieder ganz allein mit der Verantwortung für meine Sendung, die Tag für Tag an Substanz verlor. Meine Arbeit erschien mir so bedeutungslos wie nie zuvor. Zudem ließ ein Teil der Genossen nichts ungetan, sogar die Aufnahme der Sendebeiträge zu stören. Eines Tages machten sie so viel Krach, dass die Aufnahme, trotz der Dämmung des Studios, kaum noch sendbar war. Diese Männer waren in der Hauptsache ehemalige *Peshmerge*, die nun ohne konkrete Aufgabe in der Küche im ersten Stock saßen und mit Küchengeräten die Geräuschkulisse einer Kriegszene nachstellten! Meine Bitte, mit diesem Unsinn aufzuhören, beeindruckte erwartungsgemäß niemanden. Nichts hatte mehr Sinn. »Ebi, in diesem Haufen bleibe ich keine Minute länger«, sagte ich ihm an diesem Abend.

Warum hatte ich so lange Zeit gebraucht, um endlich aufzugeben?

†

Ich legte meinen Pass auf den Tresen: Ich hieß jetzt Romia Luciani. Ich konnte kein Wort Italienisch und der Pass war nicht sehr professionell gefälscht. Hoffentlich stellte man mir keine Fragen. Der Beamte am Flughafen Frankfurt schaute sich den Pass sorgfältig an, reichte ihn mir mit einem höflichen Lächeln zurück und nahm den

Ausweis des Franzosen hinter mir zur Hand: Ebi. Auch er kam ohne weiteres durch.

Ein paar Freunde aus der Organisation erwarteten uns, um uns abzuholen. Wir fuhren nach Darmstadt in ihr geschmackvoll eingerichtetes Reihenhaus. Mit dem Abendessen hatten sich unsere Gastgeber viel Mühe gemacht: Es gab wunderbare Lachssteaks und mein Lieblingsessen *Fesenjun*, ein Gericht aus Hähnchenbrust mit Walnüssen und Granatapfelsauce! Nach dem Dessert nahmen wir im Wohnzimmer in der bequemen Ledergarnitur Platz und wurden mit tausend Fragen bombardiert. Das alles lief an mir vorbei wie ein Film. Seit ich aus dem Flugzeug ausgestiegen war, fragte ich mich, was ich hier eigentlich machte. Plötzlich wurde mir schwindelig. Ich entschuldigte mich und ging nach draußen. Ziellos lief ich durch die Straßen. Und jetzt?

Diese Frage lässt sich weder einfach noch schnell beantworten. Nicht einmal Jahre später habe ich eine Antwort darauf.

In dem Moment, in dem ich das erste Mal deutschen Boden betrat, wusste ich nicht, dass ich eine Welt für immer verloren hatte. Dass alles, was ich bis dahin gesehen und erlebt hatte, mir für immer zu einem Traum geronnen war. Einem unerreichbaren Traum. Die Wege, die Täler, die Dörfer, die Höhlenbewohner, die Fahrt mit der Zeitmaschine. Wenn ich gewusst hätte, dass ich später, wenn ich dieses Buch schreibe, all das furchtbar vermissen würde, was ich einmal verdammt habe, hätte ich von jedem Stein und Baum, jedem Dorf, jeder kargen Mahlzeit und einsamen Wache ein genaues Bild in meinem Kopf aufbewahrt. Damals war ich noch zu jung, um zu wissen, dass alles im Leben irgendwann zur bloßen Erinnerung wird. Ich wusste nicht, dass ich mich auf eine Reise begeben hatte, die nirgendwo zu buchen ist und sich nicht wiederholen lässt. Ich habe eine Welt verlassen, die ich nie wiedersehen werde. Damals dachte ich noch, dass nur mein Land zu dieser unerreichbaren Welt gehören würde.

Kurz nach unserer Ankunft in Deutschland fiel die Berliner Mauer. Eine Ironie des Schicksals, dass damit ausgerechnet jetzt ein System zusammenbrach, an das auch wir so lange geglaubt hatten. Als die totalitären Seiten dieses Sozialismus in allen Einzelheiten publik wurden, entdeckte ich große Ähnlichkeiten mit dem, was wir im Kleinen unmittelbar hinter uns hatten. Im Persischen gibt es das Sprichwort: »Der Himmel hat überall die gleiche Farbe.« Wir hatten nicht glauben wollen, dass der Himmel über der sozialistischen Welt die gleiche Farbe hatte wie in unserem engen Tal.

Iran 1989. *Ayatollah Khomeini stirbt und hinterlässt eine Hölle aus Elend und Armut. Unmengen von Toten, hingerichtet oder im Krieg gefallen. Der finanzielle Verlust durch den Iran-Irak-Krieg wird auf über 1000 Milliarden Dollar geschätzt. Die Währung hat das Hundertfache ihres Wertes eingebüßt. Ein Großteil der Firmen im Land ist pleite.*

Ein Jahr vor seinem Tod hat Khomeini eine Dreier-Kommission eingesetzt, die die übervollen Gefängnisse zu »bereinigen« hat. Jeder Inhaftierte, der eine der drei Fragen: »Bist du Moslem? Glaubst du immer noch an deine Partei? Bist du bereit, in der Öffentlichkeit zu bereuen?« nicht mit »Ja« beantwortet, wird hingerichtet. Dagegen erhebt sogar der zweitoberste Geistliche des Landes, Ayatollah Montazeri, Einspruch und wird prompt kaltgestellt. Mehrere tausend Menschen werden in Massengräbern verscharrt. Dort werden sie auch in fünfzehn Jahren noch liegen.

Mit der finanziellen Unterstützung unserer Familien nahmen Ebi und ich uns eine kleine Wohnung in Hannover, und die bedrückende Atmosphäre eines Asylantenheims blieb uns erspart. Kurze Zeit später kehrte Ebi nach Kurdistan zurück.

In den möblierten zwanzig Quadratmetern lag ich drei Monate auf einer alten braunen Dreier-Couch. Alle halbe Stunde fiel ich in ein traumloses Vakuum, aus dem ich mit großer Angst wieder erwachte. Wer bin ich? Was suche ich hier? Was soll nun passieren? Was habe ich in den letzten zehn Jahren überhaupt gemacht? Was ist davon geblieben? Mit diesen Fragen im Kopf versank ich wieder in das Vakuum, wurde wieder wach und schlief wieder ein.

Die Anrufe meiner Eltern aus dem Iran waren das Einzige, was mich aus diesem Albtraum herauszureißen vermochte und mir das Gefühl gab, einen Kontakt zur realen Welt zu haben. Ich versuchte, mich am Telefon gelassen und fröhlich zu geben. »Hallo«, schrie ich fast. »Ja, mir geht es bestens, wie geht es euch …?« Irgendwann kam dann der Anruf meiner Mutter: »Wir haben endlich unser Visum bekommen, Gott, hat es gedauert.« Sie gab aufgeregt die Einzelheiten ihrer Ankunft durch, Zeit, Flugnummer … Doch ich hörte nicht mehr zu, ich fragte mich nur, ob es wirklich wahr sein konnte, dass wir uns wieder sehen würden.

Ich traute meinen Augen kaum, als sich die Glastür des Transit-Bereichs im Frankfurter Flughafen öffnete und sie tatsächlich suchenden Blickes heraustraten. Sie waren wirklich da. Und sie waren gar nicht so alt geworden, wie ich befürchtet hatte.

Gleich am ersten Abend wollte meine Mutter sofort alles wissen. »Ach, Mama, es war nicht so schlimm, wie du es dir ausgemalt hast.« Ob wir in Häusern gelebt haben? »Natürlich, was denkst du denn?« Wie es mit dem Essen war? »Wie soll es denn gewesen sein? Wir haben immer genug gute Dinge zum Essen gehabt und viel gesünder gelebt als ihr.« Ob es gefährlich war? »Wenn es so gefährlich gewesen wäre, wie du es dir vorgestellt hast, säße ich jetzt nicht hier vor euch. Ihr habt euch aber wirklich zu viele Sorgen gemacht!«, beantwortete ich meiner Mutter die Fragen, die sich über all die Jahre angestaut hatten. Sogar in diesem Augenblick, wo ich vor ihr saß, ließen sie die Ängste um mich nicht los. »Eigentlich hätte ich mir um euch viel größere Sorgen machen müssen. Ihr wart doch unter Raketenbeschuss vom Irak. Tag und Nacht haben die doch Teheran bombardiert. Ihr habt euch doch in viel größerer Gefahr befunden als ich in Kurdistan. Dort war es im Vergleich richtig ruhig.« »Ach, Maryam, wenn es so gefährlich gewesen wäre, wie du es dir vorgestellt hast, dann wären wir jetzt auch nicht hier«, gab mein Vater zurück.

Drei Monate blieben meine Eltern bei mir. Drei Monate lang zwang ich mich, die gleiche Maryam zu sein, die sie von früher kannten. Die Maryam, die immer weiß, was sie will, die selbstbewusst auftritt und immer alles hinbekommt. Gott, wenn sie gewusst hätten, dass ich gar nichts hinbekam und nicht mal eine diffuse Vorstellung vom meinem Leben in der Zukunft hatte. Wenn sie gewusst hätten, dass ich nicht einmal mehr mit den kleinsten und normalsten Dingen des Lebens fertig wurde.

Dieser permanente Zwang, mich »normal« zu benehmen, half mir aber tatsächlich, wieder auf die Beine zu kommen. Ich streifte durch Boutiquen, joggte täglich acht Kilometer und schrieb ein paar Artikel für eine in den USA erscheinende, persische Zeitschrift. Das Leben musste weitergehen. Und ich würde wieder einen Weg für mich finden. Hoffentlich.

»Lebst du noch?« Es war Jawads Stimme. Ein Hochspannungsstrom schoss durch meinen Körper. »Ja, wie du hörst. Wo bist du, rufst du aus Teheran an?« »Nein ich bin in Hamburg und fliege in zwei Tagen nach New York«, sagte er laut. Er klang aufgeregt. O Gott, so nah war er. »Und was willst du in New York?«, fragte ich. »Ich will meine Frau besuchen. Sie lebt jetzt dort. Einmal im Jahr fliege ich hin, um sie zu besuchen.« Wahre Liebe, dachte ich. »Du freust dich bestimmt sehr, oder?« »Ja«, sagte er knapp. »Aber ich habe noch zwei Tage Zeit und möchte euch unbedingt sehen, bevor ich fliege.« »Woher hast du unsere Telefonnummer?«, fragte ich. »Das bleibt mein Geheimnis«, antwortete er. Typisch Jawad, dachte ich, er hat immer gern Geheimnisse. »Ich freue mich sehr, dich wiederzusehen, aber Ebi ist nicht hier. Er ist unterwegs und kommt in den nächsten zwei Tagen ganz bestimmt nicht zurück.« Jawad blieb einen Moment still, bevor er fragte: »Aber du bist doch da?« »Ja, in den nächsten zwei Tagen bin ich auf alle Fälle hier!« »Ich nehme gleich den Zug um fünfzehn Uhr fünfundzwanzig. Dann bin ich um siebzehn Uhr zwölf in Hannover. Holst du mich ab?«, fragte er. »Mal sehen«, lachte ich.

Ich legte den Hörer auf und zitterte vor Aufregung. Nach so vielen Jahren, in denen ein Kontakt mit ihm unmöglich war, nach so vielen Träumen, in denen ich immer nur eine Spur von Jawad finden konnte, würde er nun in ein paar Stunden hier sein. Ich wusste nicht mehr, was ich für ihn empfand. Unter meine Gefühle mischten sich die Wehmut einer verlorenen Liebe, Sehnsucht und Gekränktheit. Vor allem aber erfasste mich eine undefinierbare Neugier: Wer wird Jawad heute sein, wie wird er aussehen? Plötzlich fiel mir auf, dass ich kein klares Bild mehr von ihm hatte.

Jawad sah fabelhaft aus. »Du siehst gut aus, noch attraktiver als vor sieben Jahren«, sagte ich ihm und erschrak selbst dabei. Meine Güte, es sind sieben Jahre, die inzwischen vergangen sind. Jawad war immer noch derselbe, mit immer neuen Ideen im Kopf. Auch seine immer leicht spöttische, herausfordernde Art war gleich geblieben: »Was habt ihr Verrückten eigentlich in den ganzen Jahren gemacht, Maryam? Was habt ihr bloß die ganze Zeit in den Bergen getrieben, fernab von der zivilisierten Welt?« »Soweit ich weiß, waren einige der Berichte fürs Radio von dir höchstpersönlich verfasst, Jawad. Und auch einige geheime Codemeldungen habe ich, wenn ich mich recht erinnere, am Ende der Sendungen extra für dich vorgelesen. Du hast von deiner zivilisierten Welt aus doch schön mitgemacht bei dem, was wir getrieben haben, oder? Wenn alles vorbei ist, fällt es keinem schwer, so abfällig darüber zu reden.« Jawad war der Alte. Er konnte noch immer stundenlang vor mir philosophieren und euphorisch über seine neuesten Einsichten in die Politik reden oder auch die ganze Nacht Gedichte von Hafez für mich rezitieren. Das war noch immer der Mann, von dem ich so lange geträumt hatte. Nur eines hatte sich gravierend geändert: ich. Während er mir gegenübersaß, pausenlos redete, alles kritisierte und seine neuen Thesen erklärte, dachte ich: Wäre ich die Braut seiner traumhaften Hochzeit von einst gewesen, hätte ich mich schon längst wieder von ihm getrennt. Ich war nicht mehr die Alte.

Als Ebi aus Kurdistan zurückkam, erzählte ich ihm von Jawad. Ich erzählte nicht nur von seinem Besuch, ich erzählte ihm alles, was ich schon seit Jahren hatte erzählen wollen. »Ach, du Arme, warum hast du mir all das nicht viel früher gesagt? Ich hätte bestimmt einen Weg gefunden, dass ihr zusammenkommt«, lachte Ebi. »Schon gut, Ebi, ich bedauere nicht, dass ich deine Vermittlung nicht hatte. Jetzt jedenfalls nicht mehr.«

Als unser gemeinsames Leben in Neustadt am Rübenberge, einer kleineren Stadt in der Nähe von Hannover, begann, und zwar zum ersten Mal als ein gewöhnliches Ehepaar, stand ich vor einem großen Rätsel: Was heißt denn Leben in normalen Verhältnissen? Was bedeutet überhaupt eine Ehe, eine richtige Ehe, so wie etliche andere Menschen sie führen? Dieses Rätsel blieb mir bis heute ungelöst. Ich kannte Ebi nie als einen Ehemann im klassischen Sinn des Wortes. Allein schon Begriffe wie Ehemann, Schwiegermutter und dergleichen empfinde ich irgendwie als bedrückend.

Wir bekamen ein gemeinsames Kind. Doch das ändert nichts daran, dass ich in Ebi alles andere sah als einen Ehemann.

Ob er mich jemals als eine Ehefrau gesehen hat, anstelle der »Genossin Zara«? Vielleicht.

Ebi war ein Führer, und er war mehr als ein Freund. Das ist er auch jetzt noch, acht Jahre nachdem wir uns getrennt haben. Ebi ist ein Teil meiner Vergangenheit, meiner Geschichte, mit all den widersprüchlichen Gefühlen, die ich dafür empfinde.

Ich habe 14 Jahre gebraucht, um mich überhaupt wieder mit dieser Geschichte auseinander setzen zu können. In all diesen Jahren habe ich das Vergangene nur noch verdrängt. Ich habe jeden Kontakt mit den Menschen, die ich aus der Zeit in Kurdistan kannte, vermieden. Farhad und Hamed sind die Einzigen, die aus dieser Zeit als Freunde geblieben sind. Farhad lebt mit seiner Familie in Wien und ist Chefredakteur einer kleinen persischen Zeitschrift. Sein Sohn, der kleine Pejman, ist ein Computerprofi geworden, der die Zeit in Kurdistan vollständig aus seinen Erinnerungen gelöscht hat. Hamed lebt in Paris und spricht noch immer genauso laut und aufgewühlt, wann immer er sich meldet. Nicht einmal die Lust oder Neugier brachte ich auf, auch nur eine Zeile von dem zu lesen, was sie in all diesen Jahren in ihren Zeitschriften noch immer veröffentlichen. Und ich glaube auch nicht, dass mich irgendeine Kraft zu dieser Welt zurückbringen kann.

Die Illusion, es würde bald irgendein Wunder passieren und wir würden in den Iran zurückkehren, ließ mich auch in Deutschland nicht los. Ich war nicht in der Lage, langfristig zu denken oder für mein Leben einen Plan zu entwerfen. In den ersten eineinhalb Jahren in Deutschland war es auch nicht eben leicht, sich einen Lebensplan zurechtzubasteln. Ohne Pass und nur mit einer vorläufigen Aufenthaltserlaubnis durften Ebi und ich einen Radius von mehr als 25 Kilometer um unser Wohngebiet nicht verlassen. Ich reiste trotzdem illegal kreuz und quer durch Europa, um alle möglichen Freunde und Bekannte aus meiner Jugend zu besuchen, bis ich schließlich an der holländischen Grenze verhaftet wurde. Nach einer peinlichen Ganzkörperuntersuchung unterließ ich meinen Abenteuertourismus. Eineinhalb Jahre später, als ich nach einer achtstündigen »Vernehmung« endlich als politischer Flüchtling anerkannt und mein belangloses Dasein durch den blauen Asylpass gekrönt wurde, durfte ich die erste richtige Sprachschule besuchen.

Die Vorstellung, wieder ganz bei null anzufangen, war so entmutigend, dass ich ein Studium fast für unmöglich hielt. Ich hatte auch kein Abiturzeugnis und keine Bescheinigungen darüber, dass ich bereits sechs Semester Physik studiert hatte. Außerdem, selbst wenn ich die Scheine gehabt hätte, hätte ich doch nur mein »Lieblingsfach« Physik weiterstudieren können, und dazu hatte ich wirklich gar keine Lust.

In den ganzen Jahren neben Ebi hatte ich versucht, mein richtiges Alter zu verheimlichen, und so getan, als sei ich mindestens zehn Jahre älter. Im Studienkolleg, die Voraussetzung für ein Studium, saß ich mit 32 und einem sechs Monate alten Kind unter 19-Jährigen und versuchte zehn Jahre jünger zu wirken. Ich führte dieses Spiel noch sieben Jahre weiter, bis ich mein Architekturstudium abgeschlossen hatte.

Je näher das Ende des Studiums rückte, umso mehr holte mich meine Vergangenheit wieder ein und ich konnte mir nicht mehr vorstellen, einfach als Architektin in der Ecke eines Büros ruhig vor mich hin zu arbeiten. Ich machte mein Architektur-Diplom und legte es in eine Schublade und besuchte eine Journalistik-Schule. Diesmal, als deren Leiter mich nach meinem Alter fragte, sagte ich erleichtert: 41! Es war ein so herrlicher Moment.

Nach all diesen Jahren und trotz Kind, Studium, Fortbildung und Job komme ich noch immer mit vielen einfachen Dingen des Lebens nicht wirklich zurecht, oder besser gesagt: Ich interessiere mich nicht dafür. Ich kann zwar stundenlang entwerfen, malen oder eine Veranstaltung organisieren, aber den Alltag bekomme ich nur schwer in den Griff. Ans Einkaufen denke ich erst dann, wenn in den Schränken nichts Essbares mehr zu finden ist, und auch dann vergesse ich, eine Tüte mitzunehmen. Mich in der Rolle einer Mutter zurechtzufinden war allerdings die schwierigste Herausforderung meines Lebens. Meinen kleinen Sohn zu lieben hieß nicht automatisch, dass ich mit ihm viel anfangen konnte. So hat er zwangsläufig gelernt, dass seine Mutter etwas anders ist als die Mütter von seinen Freunden. »So schlimm bist du auch nicht, Mama«, tröstet er mich.

Die Hoffnung auf eine Veränderung im Iran, für die wir so lange gekämpft haben, die Sehnsucht nach einer Rückkehr und der Traum, wieder auf den Straßen von Teheran zu spazieren, sind nach all diesen Jahren noch immer ein brennender Mittelpunkt meines Lebens geblieben. Auf eine Mitarbeit in den immer noch existierenden Resten von damaligen Organisationen und ihren überkommenen Strukturen setze ich allerdings keine Hoffnung mehr. Es gibt neue Wege, neue Ideen und ich lege wieder los.

»Maryam, ich fliege nächste Woche nach Teheran, willst du mir etwas für deine Eltern mitgeben?«, fragt mich meine Freundin am Telefon. »Nein, aber ich kann dich zum Flughafen bringen.« »Ach, ich hab schon wieder so viel Gepäck mit«, klagt sie auf dem Beifahrersitz. »Den ganzen Schlussverkauf bin ich durch alle Kaufhäuser gehetzt, um nur ja das Richtige für jeden zu finden!«

Wie gern würde ich ihre Sorgen haben!

Wehmütig bleibe ich noch, bis zum letzten Moment, im Terminal und winke hinter der Glaswand meiner glücklichen Freundin, die bereits das Kopftuch aus ihrer Handtasche zieht und unter dem Kinn verknotet, bevor sie in der Gangway der Iran-Air Maschine verschwindet.

Ob ich die Welt, von der ich in all diesen Jahren geträumt habe, jemals wieder finden werde? Das Haus, in dem ich meine Jugend verbracht habe, ist jedenfalls längst abgerissen. Die grüne Gasse, in der mein Elternhaus stand, ist zu einer breiten Straße ausgebaut worden und wird mittlerweile von einer Reihe fünfgeschossiger Apartments gesäumt. »Alles hat sich dort geändert«, erzählen mir meine Gäste aus dem Iran immer wieder. »Die Menschen, die Stadt, die Stimmung. Es ist ein Dschungel von Autobahnen und Hochhäusern geworden, dein Teheran.

Die Menschen haben keine Zeit füreinander und jeder schlägt sich auf eigene Faust durch.«

Ich will daran nicht glauben. Ich werde dort bestimmt noch ein Zeichen aus meiner Kindheit finden und sei es auch noch so klein. Die Berge im Norden Teherans haben sie nicht wegrasiert und ich werde dort wieder wandern, obwohl ich nach sieben Jahren Kurdistan noch immer an Höhenangst leide. Ich werde zum Kaspischen Meer fahren, und es wird mich mit seinen blaugrünen wilden Wellen wieder aufnehmen. Irgendwann.

Ergänzungen und Hintergründe

(1) *Als die Religiösen im Iran an die Macht kamen, waren sie nicht in der Lage, zu regieren. Ayatollah Khomeini bestimmte eine der bekanntesten altliberalen Persönlichkeiten, Bazargan, zum ersten Primierminister der Republik. Das gesamte Kabinett der ersten islamischen Regierung bestand überwiegend aus Liberalen. Diese schlugen einen neuen Verfassungsentwurf vor, der sich an Belgien und Frankreich orientierte. Der erste Präsident, Abol Hassan Banisadr, war ebenfalls ein Liberal-Religiöser, der in Frankreich studiert hatte. Die erste Regierung strebte eine Demokratie nach westlichem Vorbild an und war gegen einen Gottesstaat. Sogar ein Teil des Klerus lehnte diesen ab. Der bekannteste Gegner war Ayatollah Taleghanie, der schon zu Beginn der islamischen Regierung auf mysteriöse Weise verstarb. Khomeini und seine »Hisbollah« (Partei Gottes), die auf der Wiedereinführung des 1400 Jahre alten islamischen Gesetzes bestand, duldeten Bazargan nicht länger als ein halbes Jahr und beseitigten ihn und sein Kabinett schließlich mit Gewalt. Viele seiner Minister wurden verhaftet und blieben über mehrere Jahre im Gefängnis. Sogar heute, da ich dieses Buch schreibe, sitzen zwei von ihnen wieder ein. Es dauerte zwei Jahrzehnte, bis wieder eine liberal-religiöse Mitte in der islamischen Regierung vertreten war. Im Jahr 1997 kam Präsident Khatami mit 20 Millionen, das heißt 80 % der Wählerstimmen, an*

die Macht. Er ist jedoch kein Mann, der diese Kraft für einen Demokratisierungsprozess mobilisieren kann. Dennoch wackelt die islamische Regierung unter anderem aufgrund von Machtkämpfen zwischen Fanatikern und den gemäßigt Religiösen.

(2) »Fedayi« wurde 1970 als geheime Organisation gegen das Schah-Regime gegründet und entwickelte sich nach der Revolution 1979 zur größten linken Widerstandsgruppe im Iran. Mit der zunehmenden Gewalttätigkeit der islamischen Regierung wurden die Meinungsunterschiede innerhalb der »Fedayi«, wie darauf zu reagieren sei, immer größer und es kam schließlich zur Spaltung.

Die so genannte »Mehrheit« stand unter dem starken Einfluss der damaligen Sowjetunion. Sie war der Auffassung, die islamische Regierung sei eine antiimperialistische und deshalb zu unterstützen, frei nach dem Motto: »Der Feind des Imperialismus ist mein Freund.« Dass sich die »Mehrheit« dem Regime gegenüber plötzlich so wohlwollend verhielt, war für viele Anhänger der »Fedayi« eine schmerzhafte Enttäuschung, und viele kehrten der Organisation den Rücken.

Der linksradikale Flügel der »Fedayi«, die so genannte »Minderheit«, war der Auffassung, die islamische Regierung sei konterrevolutionär, und wollte diese unverzüglich mit Gewalt beseitigen. Die »Minderheit« erkannte nicht, dass die Macht der Regierung in der Mehrheit der Stimmen des Volkes verankert war und lieferte mit ihren anarchistischen Taktiken die eigene Organisation an das Messer des Niedergangs.

Der dritte Teil, die so genannte »Linke Front der Mehrheit«, vertrat die Auffassung, auch wenn die islamische Regierung eine antiimperialistische sei, bliebe sie doch in erster Linie eine totalitäre Regierung, deren Despotismus man bekämpfen müsse – und zwar mit politischen Mitteln.

Die gemäßigte »Linke Front der Mehrheit« versuchte bis zum letzten Moment das Auseinanderbrechen der »Fedayi« zu verhindern. Sie bestand auf einer offenen Diskussion, vor allem auch über interne Meinungsverschiedenheiten. Dass diese Politik kaum eine Chance hatte, war kein Wunder. Der jahrelange Untergrundkampf hatte jede demokratische Tradition in der »Fedayi« zunichte gemacht. Zudem hatte die »Fedayi« auch keine Vorbilder für eine demokratische Struktur innerhalb der sozialistischen Welt. Nicht nur das, die Anhänger der »Fedayi« waren Teil einer Gesellschaft, die nur mit extremen Werten vertraut war.

(3) Die »Volks-Mujaheddin« wurden 1971 als liberal-religiöse Untergrundgruppe gegründet. Auch in dieser Gruppe gab es unterschiedliche politische Richtungen. Ein nicht unwesentlicher Teil stand unter maoistischem Einfluss, ein Teil war eher liberal und ein kleiner Teil stark religiös. Nachdem die »Fedayi« zersplittert war und ihre Macht verloren hatte, wurden die Volks-Mujaheddin, die mit der Parole »Freiheit« auf die Bühne kamen, zur wichtigsten Widerstandsorganisation. Die Volks-Mujaheddin wurden von Abol Hassan Banisadr, dem ersten Präsidenten der islamischen Republik, unterstützt. Mit zunehmendem Druck gegen die Opposition riefen die Volks-Mujaheddin ihre Anhänger zum bewaffneten Aufstand. Ein Kampf, der von vornherein zum Scheitern verurteilt war. Sie hatten die Macht der islamischen Regierung völlig unterschätzt. Diese nutzte die Chance, um den gesamten Widerstand zu zerschlagen. Der Führer der Volks-Mujaheddin, Masud Rajavi, flüchtete gemeinsam mit Präsident Banisadr in einem Linienflugzeug nach Paris – beide als Frauen verkleidet. Masud Rajavi sagte später in einem Interview, als er für seinen Aufruf zum Widerstand kritisiert wurde: »Man kann nicht so viele Sympathisanten in seiner Tasche verstecken.« Aus den Volks-Mujaheddin im irakischen

Exil wurde eine totalitär-religiöse Gruppe, die jahrelang auf irakischer Seite gegen den Iran kämpfte und sich derzeit den Amerikanern als Vertreter des iranischen Volkes und Verfechter der Demokratie zu verkaufen versucht.

Einige Anmerkungen

Dade (kurd.) – Schwester
Fesenjun – Gericht aus Hähnchenbrust mit Walnüssen und Granatapfelsauce
Ghalyun – Wasserpfeife
Hel – hellgrünes, duftendes Gewürz, das man in den Tee gibt
Hijab – die islamische Kleiderordnung
Jash (kurd.) – Spion
Joleh (kurd.) – Patrouille
Jub – offener Wasserkanal am Straßenrand
Kelim – orientalischer Teppich
Pasdar – Soldaten der Hisbollahmiliz
Peshmerge (kurd.) – kurdischer Kämpfer
Phalude –Getränk aus Süßmelone, Eis und Zucker
Poshti – großes Kissen, das zum Anlehnen dient
Pousewaneh (kurd.) – Stulpen aus reiner Ziegenwolle
Samowar – Teekocher
Sofreh – großes Tuch, das man auf dem Boden ausbreitet und auf dem das Essen steht
Taftun – dünnes Weißbrot
Tanoor – kreisrundes Loch in der Erde zum Brotbacken
Tazbih – Gebetskette
Tschador – langes Tuch, das die Haare bedeckt und über die Schultern bis zum Boden reicht

Danksagung

Als ein Dozent der Journalistik-Schule uns die Übungsaufgabe stellte, einen Reisebericht zu schreiben, schrieb ich die ersten drei Seiten meiner Reise und zeigte es ihm. Er las sie und schaute leicht verwirrt von dem Text wieder auf: »Das ist aber nicht, was ich wollte.« Das war mir auch klar, aber das war, was ich wollte. Ich schrieb die nächsten drei Seiten und immer weiter, ohne die kleinste Hoffnung, diese Geschichte je zu Ende bringen zu können.

Und ohne die Unterstützung derjenigen, die mir unermüdlich geholfen und mir den Mut und die Motivation geschenkt haben, weiterzuschreiben, wäre mir dies auch nicht gelungen.

Ich danke Anne Bubenzer, Dorit Fröhling, Magdalene Melchers, Rudolf Parzhuber, Klaus Schell und Roland Steiner. Ihr wart großartig.

Ich danke meinem Exmann »Ebi«, der eine meiner wichtigsten Informationsquellen beim Schreiben dieses Buches war und mir in allen schwierigen Passagen dieser Geschichte half.

Ich danke Arian, meinem Sohn, für den ich in den Monaten des Schreibens selten Zeit hatte. Er hat mich für die wenigen Seiten, die er lesen durfte, mit Begeisterung gelobt und mich immer wieder aufgebaut. Danke für deine Geduld, dein Verständnis und auch für deine süßen Korrekturen. Du bist mein Schatz.

Dieses Buch schenke ich meinen Eltern, die ich liebe und so sehr vermisse.

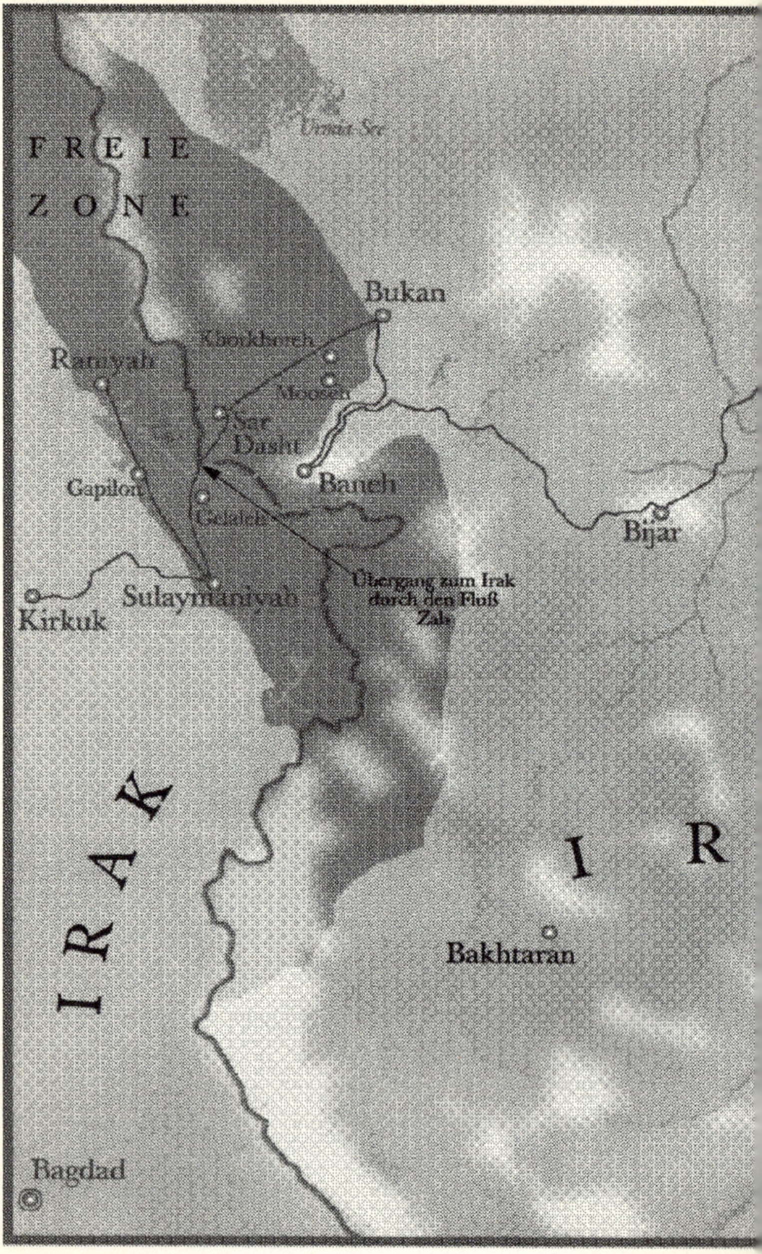
FREIE ZONE
Bukan
Ranyah
Sar Dasht
Baneh
Gapilon
Bijar
Übergang zum Irak durch den Fluß Zab
Sulaymaniyah
Kirkuk
IRAK
IR
Bakhtaran
Bagdad

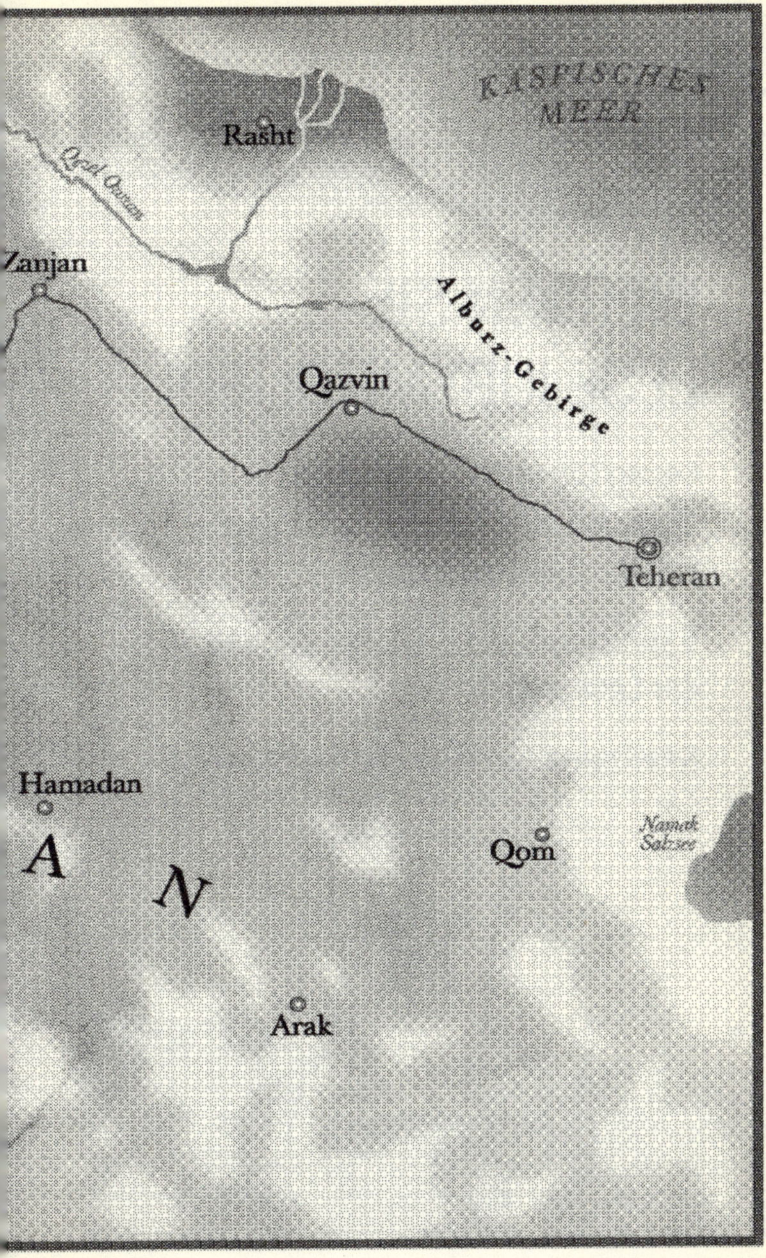
KASPISCHES
MEER
Rasht
Zanjan
Alburz-Gebirge
Qazvin
Teheran
Hamadan
Namak
Salzsee
Qom
A
N
Arak

WWW.LESEJURY.DE
WERDEN SIE LESEJURYMITGLIED!
Lesen Sie unter www.lesejury.de die exklusiven Leseproben ausgewählter Taschenbücher
Bewerten Sie die Bücher anhand der Leseproben
Gewinnen Sie tolle Überraschungen